하상주의 가치투자

하상주의 가치투자

하상주 지음

머리말

벌써 아침저녁으로 찬바람이 불고 있다. 곧 겨울이 올 것이다. 경제흐름에서도 경기를 계절로 비유하는 경우가 있다. 보통 겨울은 경기가 마지막으로 어려운 국면을 지나는 것으로 표현된다.

그러나 지금의 경기 흐름은 이런 전통적인 움직임을 보이지 않고 있다. 이것은 정부나 중앙은행이 너무나 높은 비중으로 경제 속에 들어가 자연스런 경기흐름을 막고 있기 때문이다. 경제 생산액 중에서 정부 지출이 차지하는 비중이 일부 국가에서는 절반 이상인 경우도 있다.

전통적으로 각국 중앙은행들은 단기정책금리 조정을 통해 경제 흐름에 영향을 주어왔으나 이제는 엄청난 규모로 자산을 늘려서 경기의 자연스러운 흐름을 억지로 조정하고 있다.

중앙은행들은 자신들의 통화정책이 경제위기를 막아냈다고 자랑하지만 이제는 바로 이들 중앙은행들이 저성장, 나아가서 새로운 경제위기의 주범으로 자리하고 있다.

우리가 지금 살고 있는 시대는 자본주의 사회가 아니라 신용주의 사회이다. 자본주의란 소득의 누적으로 저축이 쌓이고, 이 저축이 투자로 전환되어 생산하고, 다시 소득이 발생하는 과정이다. 그러나 지금은 이런 방식으로 경제가 진행되지 않는다. 이보다는 훨씬 더 큰 다른 힘이 작동하고 있다. 바로 신용-부채를 늘려서 이것으로 소비하고, 그래서 생산이 일어나서 성장하는 신용주의 사회로 들어가 있는 것이다.

그럼 이런 신용은 어디서 나오는 것일까? 바로 중앙은행을 비롯한 은행제도가 만들어내고 있다. 특히 중앙은행은 아무런 비용도 들이지 않고, 즉 무에서 유(구매력)를 만들어내고 있다. 과거에는 금본위제 탓으로 중앙은행이 마음대로 통화를 찍어낼 수 없었다. 그러나 이제 중앙은행은 아무런 규제도 받지 않고 마음대로 통화를 찍어낼 수 있다. 나아가서 그것도 거의 제로 금리로 은행에게 빌려주고 있다.

이렇게 낮은 금리의 자금은 조금이라도 이익이 날 만한 곳곳으로 흘러가 거의 모든 자산의 가격을 매우 높은 수준으로 올려놓았다. 즉 위험 자산의 가격이 너무 올라간 것이다. 다시 이런 자산들이 정상적인 위험 수준을 갖게 된다면, 이런 자산의 가격이 떨어지는 것은 너무나 자명한 일이다.

자연 현상을 비롯해서 이 세상 모든 사물과 사건에는 그에 맞는 위험을 거느리고 있다. 여기서 위험이란 변동을 말하고, 그 변동이 예상과 달리 일어나므로 이것은 자주 손실을 가져온다. 사람은 병들고 죽고, 자동차는 사고가 나고, 자연에서는 폭풍이 온다. 기업은 가끔 불경기에 들어가기도 하고 부도를 낸다. 나아가서 금융자산은 그것이 대표하는 가치의 변동으로 가격에 변동이 온다. 이렇게 모든 자산의 가격은 그것에 맞는 위험을 내포하고 있다.

그런데 중앙은행이 엄청난 돈을 찍어내어, 그것도 거의 제로 금리로 찍어내어 풀어버리자 아무도 이 공짜 돈을 손에 들고 있으려 하지 않고, 조금이라도 가격이 올라갈 것 같은 자산으로 몰려가서 자산의 가치를 그것이 갖고 있는 위험을 무시하고 올려버렸다. 많은 사람들이 거의 공짜인 돈을 빌려서 투자를 하고 있다. 그래서 위험은 더욱 높아졌다.

혹시 자산의 가격이 떨어지면 중앙은행은 다시 통화를 찍어내어 이들 자산의 가격을 올리려고 할 것이다. 그러나 이것은 이미 자산의 가격 속에 있는 위험의 정도를 정상보다 너무 낮게 평가하고 있기 때문에 더욱 더 위험을 키우는 일이 될 뿐이다. 우리는 곧 이런 위험이 현실로 나타나는 추운 겨울을 만나게 될 것이다.

만약 돈을 찍어내 이런 위험을 제거할 수 있다면 이 세상은 곧 천국이 된다. 아니 이 세상은 자연을 거스르는 지옥이 될 것이다.

이런 겨울이 오면 과연 이 책에서 주장하는 가치투자가 어떤 의미를 가질지 궁금해진다. 만약 미국시장에 위험이 오면 한국시장에도 같이 위험이 올 것이고, 한국시장에 위험이 오면 시장에 있는 거의 모든 회사의 가격도 같이 떨어질 가능성이 매우 높다.

이런 위험을 눈앞에 두고서 다시 책을 수정하는 작업에 들어갔다. 독자들에게는 이런 위험이 오더라도 회사의 실적에 별 영향을 주지 않는 회사들을 찾으라는 말을 하고 싶다.

이런 회사들은 어떤 회사들일까? 아마도 우리의 일상적인 삶 및 기본적인 의식주와 관련이 깊은 회사들일 것이다. 이런 회사들만이 앞으로 불어올 차가운 겨울바람을 견디게 하는 따뜻한 외투가 되어줄 것이다. 필자는 이 책을 읽는 독자들이 이 추운 겨울을 견디고 다시 따뜻한 바람이 불어오는 봄을 맞기를 기대한다.

2014년 10월 하상주

초판 머리말

새해가 밝아왔다. 많은 어려움이 예상되는 한 해다. 이 어려운 시기를 뚫고 나가기 위한 새로운 다짐이 필요하다. 우리가 할 수 있는 일은 가치 있는 회사를 더 열심히 찾아내는 것이다. 어디서 숨어 있는 가치를 찾아낼 것인가? 남이 모르는 숨겨진 가치를 찾는 것은 쉬운 일이 아니다.

남보다 더 열심히 공부하고 상식에 맞는 생각을 해야 하고 독립적인 생각과 행동을 할 수 있어야 한다. 그러는 한편 언제나 자신이 틀릴 수 있다는 것을 인정해야 한다. 결국은 제대로 된 인생을 살아야 한다는 말이다. 좋은 투자란 결국 좋은 인생을 산다는 말의 다름이 아니다. 그렇지 않은 성공 투자란 단순히 우연일 뿐이다. 우리는 우연으로 온 행운을 자기 노력의 성공으로 착각하는 사람들을 본다. 하기는 우연한 행운도 열심히 노력하는 사람에게나 찾아오기는 하지만 말이다.

우리가 주식을 산다는 것은 결국은 회사를 사는 것이다. 이것이 주식투자의 핵심이다. 왜 회사를 사는가? 주가가 올라가기를 기대하기 때문인가? 아니다. 그 회사가 새로운 가치를 만들어낼 것을 기대하기 때문이다. 새로운 가치를 만들어내지 않는데 어떻게 그 회사의 주가가 올라갈 수 있다는 말인가? 올라간다면 가짜다.

새로운 가치를 만들어낸다는 말은 무슨 뜻일까? 회사가 장사를 해서 순이익을 내면 가치를 만들어낸 것일까? 아니다. 회사를 경영하려면 자본을 투자해야 한다. 그 자본에는 당연히 비용이 들어간다. 그러므로 자본에 들어가는 비용보다 더 많은 수익을 만들어내야 비로소 새로운 가치를 만들어

냈다고 말할 수 있다. 이것이 주식투자의 핵심이다. 우리는 이 원리를 본문에서 자세히 다룰 것이다. 그러나 이보다 더 중요한 것이 있다. 이것은 미래 예측에 관련된 것이다. 주식투자에서 중요한 것은 미래에 관한 것이다. 이미 지나간 실적은 주가와는 상관이 없다. 미래 이익이 중요할 뿐이다.

그러나 불행하게도 우리는 미래를 알지 못한다. 최대한 그럴 것이라고 예측할 뿐이다. 따라서 이런 예측은 언제라도 틀릴 수 있다. 그러므로 자신이 예측한 기업의 가치에 비해서 주가가 더 싼 회사를 찾아야 한다. 그래야 예측이 틀렸을 때 오는 손실을 피할 수 있다.

결국 투자란 최대한 미래 불확실성을 하나하나 제거하여 확실한 것으로 만들어가는 과정이다. 그러고도 남는 불확실성은 가치보다 낮은 가격의 차이로 메워야 한다. 이런 안전장치, 즉 갑옷을 입고 주식시장이라는 전쟁터로 나가야 상처를 입지 않는다. 잘못하면 목숨을 잃을 수도 있다.

이 책은 5년 전에 쓴《펀드보다 안전한 가치투자》를 개정하여 새로운 이름으로 발간하는 것이다. 모든 데이터를 새로운 기준으로 바꾸었으며, 국제회계기준의 도입으로 일어난 변화도 새로 집어넣었다. 그리고 분석사례에 들어간 회사와 분석지표도 바꾸었다.

이 한 권의 책이 주식투자를 시작하거나 또는 투자 경험이 있는 사람들에게 그들이 투자한 회사가 성장하고 그 결과 장기로 저축 이상의 투자 수익을 안겨줄 수 있는 계기를 만들어주기를 희망한다.

2012년 1월　하상주

차례

4장. 경쟁력으로 좋은 회사 찾는 법

5장.
기업의 가치 평가

세상 모든 일이 그러하듯이 투자에도 언제나 비용이 따라붙는다. 비용보다 더 높은 수익을 얻어야만 투자에 성공한다. 그러므로 투자란 투자한 자본 또는 자산에서 나올 것으로 예상하는 수익이 투자를 위해 들어가는 비용 이상이 되도록 힘쓰는 과정이다.

투자 후 실제 투자 수익이 비용보다 더 크면 개인 재산이 늘고, 사회는 발전하고 성장한다. 이런 기준으로 본다면 투자자가 가장 기본으로 갖추어야 할 것은 비용 이상의 수익이 날 가능성이 높은 투자 대상을 찾아내는 능력이다. 여기서 투자자란 가치 있는 것을 만들어내기 위해 또는 만들어내는 데 도움이 되도록 자본을 투자하는 사람을 말한다.

개인 투자자, 회사, 금융기관 또는 정부가 이 기본 원리를 벗어나면 개인 또는 사회 전체에 때로는 심각한 문제가 생긴다. 예를 들어 길거리 또는 인터넷에서 주민등록번호만 확인하고 신용카드를 만들어주는 회사는 투자의 비용과 예상 수익을 제대로 검토했다고 볼 수 없다. 이런 영업 행태를 그냥 내버려둔 감독 기관도 마찬가지다. 갚을 능력도 없으면서 카드를 마구 사용하고, 갚지 않겠다고 떼를 쓰는 카드 사용자는 말할 필요도 없다. 그리고 이런 식으로 영업하는 카드 회사들이 발행한 채권이나 주식의 위험을 제대로 평가하지 못한 기관들의 가치 평가 능력은 도저히 믿을 수가 없다. 나아가서 카드 회사들이 발행한 회사채에 고객이 맡긴 돈을 투자하는 기관 투자가들의 위험 관리 능력도 마찬가지다.

1997년 한국에 일어났던 외환위기는 한 사회의 경제나 금융에서 일어날 수 있는 위험을 잘 관리하는 것이 개인이나 기업에게 얼마나 중요한지를 알려주었다. 외환위기 이후 많은 사람들이 입으로는 투자에서 위험 관리의 중요성을 이야기했지만 실제로 한국사회에서 투자 위험을 관리하는 능력이 나아졌는지는 의심스럽다. 이것은 투자에서 위험을 관리하는 것이 결코 말처럼 쉽지 않다는 것을 의미한다.

주식투자 역시 마찬가지다. 투자에서 수익을 내려는 욕심에 눈이 멀어버리면 투자에 언제나 따라다니는 위험을 보지 못하게 된다. 주식투자를 하는 방법에도 여러 가지가 있다. 각 방법은 주식시장이 갖고 있는 이런저런 성격 중에서 하나의 측면을 찾아내 그것을 가장 잘 살릴 수 있는 일정한 투자 원칙을 만든 것이다. 각각의 방법에는 강점과 약점이 있다. 어떤 투자 방법을 선택하는가도 중요하지만 어떤 방법이든지 그 방법이 갖고 있는 약점은 최대한 줄이고 강점은 최대로 키워서 그 방법을 자신의 것으로 만드는 것이 중요하다.

지금부터 이 책에서 이야기하려는 것은 그 몇 가지 방법 중에서 일반적으로 가치투자라고 부르는 것이다. 이것은 여러 가지 방법 중에서 투자의 위험, 즉 투자의 손실 가능성을 최대로 피하고 싶어하는 방법이다. 심하게 말하면 겁쟁이들이 주로 사용하는 방법이다. 이 방법을 한마디로 줄인다면 좋은 회사를 찾아서 그 회사가 갖고 있는 가치보다 더 낮은 가격에 그 회사

주식을 사는 것이다.

말로는 지극히 당연한 소리로 들리나 실제로 이렇게 하기는 쉽지 않다. 어떤 회사가 좋은 회사인지 알기도 어렵고, 설령 좋은 회사를 찾았다 하더라도 그 회사의 값어치가 얼마나 될지 알아내기도 쉽지 않다. 그러나 뒤집어서 보면 이런 일이 어렵기 때문에 이 방법을 몸에 익히면 그만큼 투자에 성공할 가능성이 높아진다. 이 방법을 몸에 익히면 앞으로 또 언젠가 다가올 금융위기를 피해 갈 수 있다. 피해 갈 수 있을 뿐만 아니라 이를 잘 이용할 수도 있다. 이 방법을 몸에 익히면 투자를 통해서 세상을 보는 또 하나의 새로운 눈을 갖게 된다.

이 책은 모두 5장으로 구성되어 있다. 1장은 투자에 관한 가장 기본적인 이야기다. 투자의 세계는 기본적으로 현실 세계를 반영한다. 그러나 항상 그런 것은 아니다. 나아가서 투자의 세계에서 만들어진 집단 심리가 현실 세계에 영향을 주기도 한다. 그리고 현실 세계에서 숨어 있어 잘 보이지 않았던 것도 투자의 세계를 통해서 보면 현실 세계를 움직이는 원리가 적나라하게 드러나는 경우가 많다. 현실 세계와 투자의 세계 모두 돈이 중요하지만 투자 세계에서는 돈이 작동하는 원리가 더 적나라하게 드러난다.

돈이란 원래 거래의 편리함과 사회가 생산한 가치를 저장할 하나의 수단으로 공동체에서 자연발생적으로 생겨난 것이다. 돈, 이 중에서도 지금 우리가 사용하는 종이돈은 사실 아무런 값어치가 없다. 종이돈을 만들기 위해서 들어간 것은 종이와 잉크뿐이다. 모든 사람들이 그것을 거래 수단으로 인정하기 때문에 중앙은행이 발행한 종이돈이나 은행이 발행한 약속어음이 종이 위에 적힌 동그라미 수만큼의 가치를 가진다.

우리는 어떤 물건의 가격은 그 물건에 대한 수요와 공급에 따라서 결정된다고 배웠다. 그런데 어떤 물건의 수요와 공급은 그 사회 속에 흘러다니는 돈의 양이나 방향에도 큰 영향을 받는다. 이것에는 정부가 아주 큰 힘을 행사한다. 정부만이 종이돈을 찍어낼 수 있기 때문이다. 처음에는 단순히 하나의 수단에 지나지 않았던 돈이 이제는 거꾸로 물건의 수요와 공급에 영향을 주어서 물건의 가격을 결정하는 힘을 갖게 된 것이다. 이처럼 정부만이 찍어낼 수 있는 돈의 양은 가계가 소비하는 일반 소비품의 가격뿐만 아니라 채권이나 주식과 같은 금융자산 그리고 주택과 같은 부동산 가격에도 큰 영향을 미친다.

나아가서 이 종이돈은 자신의 모습을 마음대로 바꿀 수 있다. 때로는 내구소비재로 때로는 은행 저축으로 때로는 주식으로 모양을 바꾼다. 종이돈은 이렇게 모양을 바꾸어가면서 투자 세계의 속성을 알몸으로 드러낸다. 예를 들어 100만 원의 돈이 주식으로 바뀌면 이제 그 돈의 값어치는 처음 그 주식을 산 100만 원과는 모든 관계를 끊어버린다. 회사의 자산=주식으로 변신한 100만 원의 가치는 이제 앞으로 그 회사가 얼마나 장사를 잘할 것인가에만 달려 있다. 그것은 200만 원으로 늘어날 수도 있고 50만 원으로 줄어들 수도 있다. 투자자가 그 100만 원을 마련하기 위해서 과거 10년 동안 열심히 일했던 노력의 가치를 10년이 아닌 20년짜리로 만들어주기도 하지만 5년짜리로 만들어버리기도 한다. 이처럼 돈의 속성을 이해해야 비로소 투자가 갖는 위험을 이해할 수 있으며, 나아가서 주식투자가 갖는 위험도 이해할 수 있게 된다.

2장에서는 투자의 일반적인 원칙을 정리했다. 투자의 세계에 적용할 수 있는 일반 원칙을 찾아내는 데는 분명 한계가 있지만 그렇다고 이 원칙들을 무시해서는 안 된다. 왜냐하면 사람의 의사 결정 과정은 때로 아주 단순하고 때로 아주 복잡하며, 인간 이성보다는 원시시대부터 갖고 내려온 심리 작동에 더 많은 영향을 받기 때문이다. 따지고 보면 인간이 자랑으로 내세우는 이성 능력이라는 것도 많은 한계를 갖고 있고, 그것이 인간 심리를 만나면 고개를 떨구고 힘을 쓰지 못한다. 그런데 이런 큰 힘을 행사하는 인간의 심리 작용은 정말이지 모순투성이다.

그래서 어떤 원칙을 세워두어야만 인간 이성과 심리가 가진 한계 때문에 자신도 모르게 되풀이해 저지르는 실수를 막을 수 있다. 예를 들면 신용을 확인하지 않고 카드를 발행한 회사, 또는 이런 회사의 채권에 투자한 기관들이 그런 투자가 가지고 올 수도 있는 위험을 모를 정도로 바보는 아니다. 큰 위험이 올 수도 있다는 것을 알면서도 우선 눈앞에 보이는 돈을 벌기 위해 위험이 일어나지 않을 수도 있다고 스스로 최면을 거는 것이다. 또는 그런 위험이 일어나도 나는 손해를 보지 않는다고 생각했을지도 모른다. 사회생활에서 법이나 도덕이 필요하듯이 투자 세계에도 인간이 지닌 욕망이나 자기 속임에서 오는 큰 손실을 막아줄 수 있는 투자의 일반 원칙이 필요하다.

여기서 한발 더 나아가 중요한 것은 이런 일반 원칙을 자신의 것으로 만들어가는 것이다. 자신의 주관적인 체험과 경험을 통해 일반 원칙이 지닌 강점과 약점을 이해하고 그 원칙을 자유롭게 사용할 수 있는 수준이 되어야 한다. 그래야 무술을 배우기 위해 산속으로 들어간 제자가 스승의 그늘을 벗어나서 혼자의 힘으로 투자의 세계에 한 발을 들이밀 수 있다.

3장에서는 좋은 회사를 찾아내는 방법을 이야기한다. 그것은 크게 두 가지로 나누어서 접근할 수 있다. 하나는 회사가 장사를 하고 난 뒤 그 결과를 보고하는 영업보고서를 보고 알아내는 것이고, 다른 하나는 이런 영업보고서에 나오는 숫자에는 잘 잡히지 않는 회사의 질적인 측면을 조사하여 알아내는 것이다.

3장은 영업보고서를 통해 알아내는 방법을 이야기한다. 대부분의 규칙이나 원칙들이 그러하듯이 영업보고서도 회사의 가치를 드러내는 한 가지 수단에 지나지 않는다. 그러므로 가장 중요한 것은 영업보고서를 통해 회사의 가치를 짐작하되 절대로 이 숫자의 늪에 빠지지 않는 것이다.

4장 역시 좋은 회사를 찾아내는 방법을 이야기하고 있는데 이것은 3장의 숫자를 통한 접근으로는 찾기 어려운 회사의 질적인 가치를 찾아내는 것이며, 숫자를 통해 찾아낸 가치를 확인하는 절차다. 이런 접근에는 여러 가지 이름을 붙일 수 있지만 그 중 가장 적절한 이름은 '경쟁력이 높은 회사' 또는 '돈을 버는 방식이 안정되어 있고, 그 방식이 오래 갈 수 있는 회사'를 찾는 과정이라고 할 수 있다.

5장은 이렇게 찾은 좋은 회사가 갖는 가치의 값어치를 짐작하는 절차를 이야기한다. 기본적으로 회사 가치란 그 회사의 미래 모습에 따라서 결정된다. 그러므로 회사의 값어치를 짐작하려면 회사의 미래를 짐작해야 하는데, 그것을 정확히 알아맞힌다는 것은 거의 불가능에 가깝다. 인생이나 투자나 둘 다 알 수 없는 미래를 걸어간다는 점에서는 마찬가지다. 미래를 알 수 없다고 살기를 그만둘 수 없듯이 투자를 하려면 미래를 피해 갈 수가 없다. 불확실한 미래를 가능한 확실한 것으로 만들어가는 것 외에 달리 길이 없다. 이것이 바로 투자다. 우리가 3장과 4장에서 좋은 회사를 찾아내려는 것도 바로 불확실한 미래에서 최대한 불확실성을 줄여보기 위해서다.

회사의 미래 모습이 어느 정도 보이면 회사의 가치 평가는 거의 끝난 것이나 마찬가지다. 그러나 사람마다 회사의 미래를 보는 눈이 다를 수밖에 없으며, 자기가 보는 미래 모습이 반드시 맞을 것이라는 보장도 없다. 그리고 한번 회사의 미래 모습을 보았다고 해서 그것이 고정되는 것도 아니다. 회사가 발 딛고 있는 환경은 계속 바뀌어가고 회사 역시 계속 변해간다. 그리고 회사를 보는 사람들의 생각도 변해간다. 그러므로 우리가 회사 가치를 평가한다고 말하지만 이것은 절대로 객관적이거나 고정된 값이 아니다. 대략 이 정도가 적당할 것이라고 짐작할 뿐이다.

투자가 여기서 끝나는 것은 아니다. 주식시장은 김 아무개라는 이름 없는 한 개인이 그 회사의 값어치가 얼마쯤 된다고 생각하는 것에 아무런 관심도 없다. 주식시장의 가격은 언제나 시장에 참여하고 있는 다수의 생각을 반영하면서 움직인다. 그래서 투자자는 때로 자신의 판단과 시장의 판단이 다를 경우 이것을 투자의 기회라고 생각하고 시장이 자신의 판단을 따라올 때까지 기다리는 힘든 시간을 견뎌야 한다. 여기서 때로는 성공하고, 때로는 실패하겠지만 실패를 통해 얻은 교훈의 힘으로 그 다음의 투자에서는 실패보다 성공의 확률을 더 높여나가는 것이 바로 투자의 길이다.

Value Investing

1 주식투자를 시작하기 전에

투자란 미래를 대비하여 지금 절약하는 것이다. 그러나 투자가 언제나 성공하는 것은 아니다. 그래서 투자란 한편으로는 투자 실패를 줄이는 노력이기도 하다. 투자 실패를 줄이는 방법 중 하나는 투자에 늘 따라다니는 위험을 몸으로 느끼는 겁쟁이 투자자가 되는 것이다. 겁쟁이 투자자는 자신이 남보다 더 잘 알아서 실패 가능성은 낮고 성공 가능성은 높은 분야에만 투자한다. 그러나 주머니에 돈을 잔뜩 넣고 우연히 광산 근처를 지나는데 광부 차림의 어떤 사람이 은근히 다가와 주위를 살피면서 다이아몬드를 꺼내 보이며 시장가격의 10%에 팔겠다고 할 때 이것이 사실은 유리 덩어리일 수도 있다고 생각하고 그냥 지나치는 사람이 과연 몇이나 될까?

VALUE INVESTING

가치란 무엇인가

이 책은 제목에서 드러나듯이 처음부터 끝까지 가치란 놈과 씨름하면서 낮과 밤을 보낸다. 그래서 어쩔 수 없이 '가치'란 도대체 무엇인지를 정공법으로 다루지 않을 수 없다.

가치가 무엇인지는 사실 이해하기 쉽다. 나에게 또는 너에게 그리고 우리에게 필요한 것이면 그것을 가치 있다고 말한다. 예를 들어 인간이 살아가는 데 필요한 의식주를 해결해주는 것은 모두 가치가 있다. 물론 시대가 변하고 인간의 욕망이 바뀌면 인간에게 가치 있는 것도 의식주의 범위를 넘어서서 조금씩 바뀌어간다. 예를 들어 인터넷이나 스마트폰을 이용하게 된 것이 그다지 오래 되지 않았으나 이제는 인터넷이 되지 않거나 스마트폰이 없으면 심리적으로 불안해하는 사람이 있고 사회도 제대로 돌아가지 않는다.

이렇게 하여 사회는 인간에게 필요한 것(보통 재화와 서비스라고 부른다)을 중심에 두고 굴러간다. 나는 나에게 필요한 것을 만들고, 나에게 필요하지만 내가 만들지 못하는 것은 내가 만든 것을 주고 다른 사람이 만든 것과 바꾸어야 한다. 이때 우리는 어쩔 수 없이 내가 만든 것과 다른 사람이 만든 것을 비교하게 된다. 즉 내 것과 남의 것의 가치를 서로 비교할 수밖에 없다. 가치를 비교하려면 어떤 형태로든 가치를 드러내야 한다.

내가 만든 사과 한 개는 스스로 사과 한 개의 값어치가 얼마라고 소리치지 못한다. 사과 한 개는 짚신 한 켤레와 바꿀 때에만 사과 한 개의 가치를 드러낼 수 있다. 즉 가치는 자기 자신이 아닌 다른 무엇의 도움을 받아야만 자신을 드러낼 수 있는 슬픈 존재다. 이때 이 역할을 맡아서 무대에 등장한 것이 바로 '돈'이다.

돈의 가치는 계속 변한다

돈은 인간이 경제생활을 위해서 만들어낸 하나의 수단이었다. 그러나 수단에 불과했던 돈이 이제는 많은 경우 거꾸로 주인의 자리를 차지하여 한 사회 전체나 개인의 경제생활에 커다란 힘을 행사하고 있다. 그러므로 돈의 노예가 아니라 돈의 주인이 되려면 돈의 생리를 이해해야 한다. 특히 주식투자를 하려는 사람은 가장 먼저 돈의 생리를 이해해야 한다. 예를 들어, 은행 저축은 좋은 것이고 주식투자는 나쁜 것이라고 윤리적으로 구분하고 있는 한 영원히 돈의 생리를 이해하지 못한다. 돈의 생리를 이해하지 못하면 투기에 빠지기 쉽다.

돈의 생리를 알기는 쉽지 않다. 돈이란 가만히 따지고 보면 종이 위에 잉크로 1만 원이라고 한국은행이 인쇄한 것이다. 이 종이쪽지로 세금을 내고, 가게에서 물건도 살 수 있다. 열심히 일한 대가를 이 종이쪽지로 바꾸어서 오랫동안 보관하기도 한다. 이 종이쪽지가 단순히 종이쪽지가 아니고 돈으로 변하는 것은 종이쪽지 위에 찍힌 세종대왕의 얼굴 때문이 아니라 정부가 이것이 돈이라고 선언했고, 사회 구성원들이 그것을 돈이라고 인정하기 때문이다. 즉 돈이 힘을 가지는 것은 종이와 잉크라는 물질에서 나오는 것이 아니고 사회 구성원들이 돈이 가치를 담아내는 그릇이

[그림 1-1] 1962년 12월 1일 한국은행 발행 화폐

라고 믿기 때문이다. 이 믿음이 때로는 미신이 되기도 하고 그 믿음에 배신을 당하기도 하지만 말이다.

종이 위에 1만 원이라고 찍혀 있으나 이 돈의 가치가 언제나 1만 원인 것은 아니다. 어제 1억 원 하던 강남의 집값이 오늘 2억 원으로 올라가면 그 집을 기준으로 내가 어제 갖고 있던 1억 원은 숫자로는 여전히 1억 원이지만 그 가치는 절반으로 뚝 떨어진 것이다. 사실 사람들은 돈이라는 것을 무엇인가 남에게 가치 있는 것을 생산하여 서로 바꾸거나 미래를 위해서 생산한 가치를 저장하는 하나의 수단으로 사용한다. 과거에는 이것이 그냥 생산물이거나 금이었으나 이제는 모두 종이돈으로 바뀌었다.

만약 정부가 돈을 많이 찍어내거나 물가가 너무 많이 올라가면 그 동안 종이돈으로 바꾸어서 모아두었던 나의 재산은 값어치가 떨어진다. 이것은 사회에 돈의 양이 많아진다는 의미에서는 위조지폐와 다를 바가 없다. 단지 위조지폐는 찍어내는 사람이 자신의 이익을 위해 다른 사람들이 가진 돈 값을 낮추는 것이고, 정부가 돈을 찍어내는 것은 사회 전체를 위해 다른 사람들이 가진 돈 값을 떨어뜨린다는 차이가 있을 뿐이다.

종이돈이 늘어나거나 물가가 올라가면 그 동안 종이돈으로 바꾸어 두었던 재산은 값어치를 잃어버리는데 이 가치는 내가 아닌 누군가로 옮겨간다. 한 나라가 경제를 운용하는 몇 가지 주요 목표 중 하나는 종이돈의 가치를 그대로 유지하는 것이다. 이 종이돈의 가치가 너무 떨어지거나 너무 올라가는 것은 좋지 않다. 한국에는 지금도 종이돈의 가치가 1년에 3% 정도씩 계속 떨어지고 있다. 만약 이것이 10년간 계속된다면 어떤 일이 일어날까?

단순히 계산해서 10년 전에 자신의 재산 1만 원을 그냥 종이돈으로 집안 금고에 넣어두었는데 그 후 매년 1년에 3%씩 돈의 가치가 떨어졌다고 하자. 그러면 10년 뒤에 이 종이돈은 숫자로는 여전히 1만 원이지만 실질 가치는 7,400원 정도가 된다.

우리는 알고 있든 아니든 이런 상황에 나름대로 대응하려고 한다. 그래서 현금을 그냥 금고에 넣어두지 않고 은행에 빌려주기도 하고, 때로는 은행의 힘을 빌리지 않고 돈을 필요로 하는 회사나 정부에 빌려주기도 한다. 돈을 빌려주는 사람은 다음 두 가지를 확인할 것이다. 첫째, 빌려가는 사람이 예를 들어 10년 뒤에 갚아준다는 약속을 과연 지킬 수 있는 사람인지 확인할 것이다. 둘째는 지금 빌려주는 돈 1만 원을 10년 뒤에 돌려받았을 때 최소 지금 1만 원짜리 물건을 10년 뒤에도 살 수 있을 정도의 돈(10년 사이에 물가가 30% 올라간다면 1만3,000원)을 되돌려줄 것을 요구할 것이다.

그런데 빌려가는 사람마다 10년 뒤의 약속을 지킬 수 있는 정도, 즉 신용의 정도가 다르다. 그래서 신용 정도가 높은 사람에게는 그냥 1만3,000원을 받기로 하고 지금 1만 원을 빌려줄지 모르나 신용이 낮은 사람에게는 빌려주지 않을 것이다. 혹시 그 사람이 1만3,000원보다 더 많은 1만5,000원을 돌려주겠다고 하면 어쩌면 빌려줄지 모른다. 은행은 망해도 정부가 일정 금액은 보증하므로 은행에게는 마음놓고 빌려주고 그 약속인 은행 통장을 받을 것이다. 그리고 정부도 약속을 지킬 것이므로 종이쪽지인 현금을 빌려주고 정부가 언제 얼마를 갚아주겠다고 약속한 또 다른 종이쪽지인 국채를 받을 것이다.

그러나 기업으로 오면 사정이 좀 달라진다. 기업도 약속은 하지만 장사를 잘못하면 망할 수도 있다. 그래서 투자자는 당연히 기업에게 은행이나 정부보다 더 많은 돈을 돌려주기를 요구한다. 그래서 돈이 필요한 기업은 은행이나 정부보다는 더 많은 돈을 돌려주겠다고 약속하고 돈을 빌린다.

기업이 은행을 통하지 않고 직접 돈을 빌리는 방법은 두 가지다. 하나는 정부의 국채처럼 언제 얼마를 갚겠다고 약속한 종이쪽지인 회사채를 발행하는 것이고, 다른 하나는 이런 약속이 없는 대신에 기업의 주인이 될 수 있는 권리를 적은 종이쪽지인 주식을 발행하는 것이다.

회사채를 사는 사람이 회사채 종이쪽지를 갖고 있다가 회사가 약속한 대로 돈을 돌려주면 그 회사와 맺은 관계는 끝난다. 그러나 회사가 발행한 주식을 산 경우 투자자는 회사의 주주가 되는 것이며, 회사가 장사를 잘하면 회사 재산에 대한 자기 몫이 그만큼 늘어나고, 반대로 장사를 못하면 그만큼 줄어든다. 그래서 투자자, 즉 주주는 자신의 재산 가치에 영향을 줄 회사의 중요한 경영 결정 사항에 투표로 참여하기도 한다.

회사채와 주식을 신용이라는 기준으로 비교하면 회사채를 받고 돈을 빌려주는 사람은 정부에 돈을 빌려줄 때보다 10년 뒤에 더 많은 돈을 돌려줄 것을 요구할 것이고, 주식을 받고 돈을 투자하는 경우는 회사채보다 더 많은 돈을 돌려받을 가능성이 있다는 판단이 들어야 투자할 것이다.

이것은 국채보다는 회사채가, 회사채보다는 주식이 10년 뒤에 투자자에게 돌아올 투자 수익이 더 불확실하기 때문이다.

누구에게 돈을 빌려주는 일은 여기까지만 해도 복잡한데 여기서 그치지 않는다. 누구에게 돈을 빌려줄 때 오늘이 아니라 내일 빌려주는 것이 투자 수익률이 더 높아진다면 어떻게 될까? 이런 복잡한 것을 싫어하는 사람도 있을 것이다. 투자자가 넘어서야 할 벽 중의 하나가 바로 게으름이라면 이를 인정하는 사람이 얼마나 될까?

이렇듯 돈의 생리는 복잡하다. 이런 과정을 통해서 한 사회 전체의 재산이 늘어나기도 하고, 때로는 내 재산이 나도 모르는 사이에 다른 사람에게로 옮겨가기도 한다.

이상의 이야기를 요약하면 누구에게 돈을 빌려줄 때는 그 대상이 누구인지, 각각의 신용에 따라서 얼마를 돌려받을지 그리고 앞으로 돈의 가치가 어떻게 변할지를 미리 예상해야 한다. 마지막으로 언제 빌려주는 것이 손해를 적게 보는지 혹은 이익을 많이 보는지 시기도 잘 선택해야 한다.

사회 구성원들은 서로 공평한 게임을 바라겠지만 실제로 사회가 돌아가는 것은 그렇지 못하다. 공평한 상태로만 굴러가는 것은 불가능하다. 이것저것 생각하는 것이 귀찮다고 언제나 불공평한 쪽에 서는 사람도 있을 것이다. 돈을 벌거나 모으거나 빌려주거나 빌려오는 과정에는 자신이 인정하든 하지 않든 이런 일들이 벌어지고 있다.

투자 문화는 나라마다 다르다. 어떤 사람들은 이런 모든 것을 고려해서 투자한다. 우리는 이런 사람들이 많이 모여 사는 나라를 투자 선진국이라고 부른다.

당신이 잠든 사이에도 돈은 새끼를 친다

돈의 생리를 투자와 좀 더 가깝게 이어보자. 어떤 사람이 열심히 일해서 돈(가치를 저장하는 하나의 형태)을 모으고 이 돈으로 어떤 자산을 샀다고 하자. 이 자산은 집일 수도 있고, 채권일 수도 있고, 주식일 수도 있다. 아니면 모은 돈으로 직접 회사를 만들어서 장사를 할 수도 있다. 우리가 돈을 모아서 자산(가치를 저장하고 가치의 크기를 늘리는 또 다른 형태)을 사려는 것은 돈을 현금으로 갖고 있으면 그냥 잠만 자고 있지만 자산은 내가 일을 하지 않고 잠을 자고 있을 때도 새끼를 쳐서 스스로 재산을 불리기 때문이다. 돈을 다양한 형태의 자산으로 전환할 수 있는 사회와 그렇지 못한 사회는 발전 속도에서 큰 차이를 보인다.

잠을 자는 중에도 돈이 새끼를 칠 수 있는 것은 돈이 모양을 바꾸기 때문이다. 때로 돈은 고속도로로 바뀌어 내가 잠을 자고 있는 중에도 교통요금을 받고 있을 수도 있고, 풍력발전소로 모양이 바뀌어 에너지를 만들어내고 있을 수도 있다. 때로 돈은 대학교 입학 가능성으로 변신하여 내가 잠을 자고 있는 중에도 강남의 집값을 올리기도 하고, 한편의 영화가 되어 지구 어느 편에서 입장료를 받아내기도 한다. 이처럼 돈은 형태가 있는 것에서 없는 것까지 갖가지 모양으로 변신한다.

서울의 집이나 시골의 집이나 같은 집이지만 그 성격은 서로 다르다. 집이라는 물리적인 기능으로서는 같은 자산이지만 그 자산이 만들어내는 가치는 다르다. 그 가치가 추상의 것일수록, 손에 잘 잡히지 않는 것일수록 올라갈 가능성이 더욱 높다.

어떤 자산이 만들어낼 가치는 결코 고정되어 있지 않다. 시간이 가면서, 주변 여건이 바뀌면서, 그리고 인간의 기호가 변하면서 그 자산이 만들어낼 가치는 변하게 된다. 또는 평가하는 사람에 따라서 그 가치의 크기가 서로 달라지기도 한다. 이처럼 우리가 어떤 자산에 투자한다는 것은 바로 그 자산이 만들어낼 가치에 투자하는 것이다. 그 가치는 크기가 얼마라고 미리 정해지는 것이 아니고 앞으로 나올 것으로 예상하는 것이며, 우리의 예상이 틀릴 수도 있다.

내가 일해서 만들어낸 가치, 종이 돈 1만 원이 어떤 자산으로 모양을 바꾸는 순간 우리는 액면 금액 1만 원은 잊어버려야 한다. 즉 본전 생각을 더 이상 하지 말아야 한다. 그 자산이 앞으로 무엇을 얼마나 만들어낼 것인가만을 생각해야 한다. 만약 이런 것을 생각하지 않고 오늘 1만 원의 주식이 모레 2만 원이 될 것이라는 막연한 꿈만 꾸고 있으면, 그 1만 원의 종이돈은 2만 원이 아니라 5,000원이 되어 돌아오기도 한다.

본전 생각을 하지 말아야 한다는 말이 처음 살 때 비싸게 사도 된다는 의미는 아니다. 처음 살 때 싸게 사는 것은 중요하다. 그렇게 하려면 당연히 처음 어떤 자산을 살 때부터 그 자산이 앞으로 만들어낼 가치를 생각해야 한다.

그런데 자산이 새로운 가치를 만들어내지 않아도 자산의 가격이 쉽게 올라가는 경우가 있다. 예를 들어 정부가 돈을 너무 많이 찍어낸다든가 사람들이 자산의 가격이 올라갈 것이라는 환상에 사로잡혀서 서로 먼저 사려고 줄을 서는 경우다. 이처럼 자산이 새로운 가치를 만들어내지 않는데도 쉽게 가격이 올라가면 떨어질 때도 쉽게 떨어진다. 2개의 자산이 똑같이 1만 원에서 2만 원이 되었다 하더라도 그 배경에 따라서 어떤 자산 또는 어떤 시기는 안정된 2만 원이 되기도 하지만 때로는 쉽게 다시 5,000원으로 떨어질 불안한 2만 원이 되기도 한다. 그러므로 투자자들은 같은 2만 원이라도 이 가격이 안전한 2만 원인지 불안한 2만 원인지를 구분할 수 있어야 한다.

정부가 돈을 너무 많이 찍어내서 자산 가격이 올라가는 것을 자산 인플레이션이라고 부른다. 한 나라의 경제가 활발하게 움직이기 위해서는 어느 정도의 자산 인플레이션이 필요하다. 그러나 이것이 지나치면 큰 문제를 만들어낸다.

정부가 돈을 찍어낸다고 하나 사실 이것은 모두 부채다. 정부가 찍어낸 돈을 사람들에게 공짜로 나누어주지는 않는다(경제 상황이 아주 어려우면 가끔은 모양새를 갖추어서 실제로 공짜로 나누어주는 경우도 있다). 그러므로 소득이 늘지 않는 상태에서 정부가 돈을 찍어내어 자산 가격이 올라가는 것은 사실 빚도 함께 늘어난다는 말이다.

강남의 집을 사기 위해 집을 담보로 은행에서 돈을 빌렸다고 해보자. 이렇게 빌린 돈으로 산 자산의 가격이 올라가면 많은 사람들은 이것을 재산이 늘어난 것으로 착각한다. 만약 정부가 돈을 찍어내고 그 덕분에 사회 구성원들의 재산이 늘어날 수만 있다면 누가 힘들게 일을 해서 돈을 벌려고 하겠는가? 지구상에 그런 일이 가능한 곳이 있다면 그곳은 지상낙원이다.

자산 인플레이션이 심하게 일어나면 이것은 '바보 찾기 놀이'가 된다. 나중에 오는 사람이 바보라서 자기보다 더 비싸게 살 것이라는 생각만으로 이미 비싼 자산을 사는 것이다. 이것이 아주 극단적으로 나타나는 것은 줄서기다. 뒤에 설수록 비싸게 사는 것이다. 더 이상 자기 뒤에 선 사람이 없다는 것을 알게 되면 마지막 사람에게 남은 것은 아무런 가치도 없거나 가치보다 몇 배나 더 비싼 자산, 그리고 갚아야 할 부채다. 빚을 갚기 위해서 이 사람은 자산을 팔아야 하나 살 사람이 없으므로 그 자산을 산 가격보다 더 낮은 값에 팔게 된다. 그 자산을 팔아도 빚을 다 갚지 못하면 다른 자산마저도 팔아야 한다.

어떤 나라에 이런 현상이 나타나면 이것을 '부채 디플레이션'이라고 부른다. 그러므로 빌린 돈으로 자신의 능력 범위를 벗어나서 어떤 자산에 투자하는 것은 아주 위험한 일이다. 빌린 돈으로 산 자산의 가격이 올라가는 것을 보고 재산이 늘어났다고 소비를 늘리는 것은 아주 어리석은 일이다.

어떤 사람이 육체적 그리고 정신적 노동을 통해서 새로운 가치를 만들어내면 그 가치는 1만 원, 100만 원 등의 화폐 단위로 표시되며 일정한 형태로 보관된다. 예를 들면, 주로 주택과 같은 실물자산 또는 예금이나 주식과 같은 금융자산으로 보관된다. 그런데 가끔 이렇게 자산 형태로 보관한 재산의 가치가 늘어나기는커녕 오히려 줄어드는 것을 경험하게 된다. 즉 재산을 늘리는 것은 물론 재산의 가치를 유지하는 것도 결코 쉽지 않다. 가만히 있다 보면 경쟁 때문에 어느새 가치를 다른 것에 빼앗기게 된다. 이것을 느끼기 시작해야 비로소 투자의 의미를 알기 시작했다고 할 수 있다.

경제적 가치는 늘어날 수도 있지만 당연히 파괴될 수도 있다. 예를 들어, 칼라 TV가 나오자 흑백 TV는 가치를 잃어버렸다. 새로운 도시가 번창하면 구 도시는 황폐화되기도 한다. 이처럼 한편으로 가치가 파괴되고 다른 한편에는 새로 가치가 창조되는 현상을 슘페터는 '창조적인 파괴'라고 설명했다. 계속되는 창조적 파괴의 끝에 무엇이 우리를 기다리고 있는지 알 수 없지만 어쨌든 새로운 기술의 발견, 새로운 시장의 발견, 새로운 원료의 공급, 새로운 고객의 등장, 새로운 유통망의 개발 등이 바로 이런 창조적 파괴를 만들어낸다. 그래서 어떤 투자자가 잘못하여 가치를 만들어내는 자산이 아니라 가치를 파괴하는 자산에 몸을 담근 채 그냥 있다 보면 어느새 그의 재산 가치는 줄어들고 만다.

이처럼 종이돈이 자산으로 모양을 바꾸면 투자자들은 그 자산이 어떤 가치를, 얼마나, 언제까지 만들어낼 것인지를 평가하는 머리 아픈 작업을 해야 한다. 이런 예상이 서툴거나 귀찮은 사람들은 이 중에서 가장 모양이 단순하고 이해하기 쉬운, 그래서 많은 사람들이 몰리며, 많은 사람들이 몰리기 때문에 이미 가격이 너무 비싼, 즉 투자 수익률이 낮은 은행 저축이나 국채에 투자하여 그 자산이 만들어내는 은행 금리 또는 국채 수익률이라는 낮은 투자 수익에, 그러나 안정된 투자 수익에 만족할 수밖에 없다.

반면에 투자 감각을 지닌 사람들은 그 자산이 앞으로 만들어낼 수익이 아직 확정되지 않은, 다수의 사람들이 겁을 먹고 피하는 바람에 가격이 낮은 자산, 그래서 자신의 예상이 맞아떨어진다면 수익률이 높을 주식

같은 것에 투자하기도 한다. 때로는 이런 투자가 예상과 달리 손실을 낳기도 하지만 때로는 성공하여 투자자에게는 높은 수익을 주고, 이 투자에 관련된 회사나 산업을 성장 발전시키기도 하며, 한 나라의 경제력을 키우기도 한다.

이런 의미에서 보면 한 사회의 성장 발전을 위해서는 위험을 동반한 개인의 모험(투자)이 불가피하다. 단 그 사회는 잠재 위험이 실제로 나타날 경우 입게 될 손실을 감당할 수 있어야 한다. 한 사회의 관리자가 해야 할 일은 이 잠재 위험이 현실로 나타날 때 그것이 사회 전체를 위험에 빠뜨리지 않는 범위에서 개인들이 미래를 위한 다양한 모험을 하도록 유도하는 것이다. 이런 모험을 통해서만 한 사회는 다른 사회와 경쟁하면서 성장할 수 있기 때문이다.

투자란 미래를 생각하는 것이다

일반적으로 사람들은 모두 여유 있게 살고 싶어하고 지금보다 더 많은 돈을 벌고 싶어한다. 월급을 받아서 은행에 저축하는 직장인이 저축 이외의 다른 투자 방법을 생각하는 것은 월급이 옛날보다 잘 늘어나지 않기 때문일 것이며, 또 사람의 수명은 길어지는데 언제 직장을 그만두게 될지 점점 불확실해지기 때문이다. 우리가 은행 저축에 만족하지 못하고 다른 투자 대상인 부동산이나 채권 혹은 주식에 기웃거리는 것은 저축만으로는 은퇴 이후 생활이 보장되지 않기 때문이다.

1억 원을 저축한 상태에서 은퇴했다고 가정하고, 여기서 매년 5%의 세후 이자를 받는다면 매년 들어오는 돈은 500만원이다. 이것을 단순히 12로 나누면 매월 40만 원이 조금 넘는다. 부부가 생활하기에는 턱없이 모자라는 돈이다. 1년에 한 번씩 여행이라도 가려면 저축 잔액이 최소 5억 원은 되어야 한다. 직장 생활을 하면서 은퇴할 즈음에 5억 원을 저축한다는 것은 불가능한 일이다. 여기에 한 가지 가능성으로 등장한 것이 부동산 투자이고 또 다른 것으로는 주식이나 채권과 같은 증권투자다. 부동산 투자는 투자 금액이 너무 커서 쉽게 하기 어려우나 증권투자는 비교적 적은 금액으로도 가능하다.

그럼 주식에 투자하면 은퇴할 때 저축 잔액이 1억 원이 아니라 5억 원이 될 수 있는가? 당연히 대답은 가능하기도 하고 불가능하기도 하다. 불가능하다는 말은 그냥 저축을 했더라면 1억 원이 되었을 텐데 주식에 투자해 실패하는 바람에 저축 잔액이 5,000만 원에 머물 수도 있다는 말이다. 그러므로 주식에 투자하는 경우에는 저축 원금이 최소 1억 원은 되도록 노력해야 한다. 저축 원금이 5,000만 원으로 내려가는 일이 일어나지 않도록 여러 모로 신경 써야 한다. 이런 노력을 하기 싫으면 그냥 꾸준히 은행에 저축하는 수밖에 없다.

주식에 투자해서 운이 좋으면 1억 원이 5억 원이 될 수도 있고, 그보다 더 높은 10배, 20배가 될 수도 있다고 기대한다면 이것은 주식투자를 복권이나 경마처럼 생각하는 것이다. 즉 가능성은 아주 낮지만 한번 우연히, 정말 우연히 길을 가다 돌부리에 걸려 넘어지듯이 맞히면 벼락부자가 되는 그런 곳에 돈을 거는 것이다. 이런 생각으로 주식에 투자하면 그런 행운이 자신에게 우연히 일어나기 전에 갖고 있는 돈을 모두 잃어버리게 될 것이다.

이처럼 가능성은 아주 낮지만 우연한 행운을 바라고 돈을 집어넣는 것을 '투기'라고 부른다. 주식투자에도 분명 이런 투기의 측면이 있어서 사람에 따라서는 주식에서 떼돈을 벌겠다고 덤비는 사람들도 있다. 만약 정말 주식시장이 투기만을 위한 장소라면 한국의 거대 회사들이 국민들에게 투기를 하라고 주식을 발행하고, 정부는 또 주식시장이라는 것을 만들어서 공공연하게 투기를 허용하고 있다는 말이 된다. 주식시장에서 투기를 할 것인지 아니면 투자를 할 것인지는 투자자 개인에게 달려 있다. 한몫 잡아보겠다는 사람은 투기를 하는 것인데, 이것은 주식시장이라는 큰 괴물에게 싸움을 거는 것과 같다. 앞날이 어떻게 될 것인지 점을 치든지 벼락과 같은 행운을 맞아보려는 것이다.

주식시장이 단순히 투기의 장소가 아니라 투자의 성격을 가지는 것은 주식 가격이 그 회사의 이익을 반영한다는 배경에서 나온다. 우리가 은행에 저축하고 그 대가로 이자를 받는 것은 누군가가 우리가 은행에 맡긴 돈을 빌려가서 투자하여 수익을 내기 때문이다. 즉 저축자가 받는 이자는 바로 이 투자 성과의 일부다. 이것과 마찬가지로 투자자가 회사의 주식을 사면 기업은 그 돈으로 투자하여 수익을 내고, 투자자는 기업이 만들어낸 수익의 일부를 배당 또는 주가의 상승으로 돌려받는 것이다. 때로는 주식시장이 경제의 흐름을 앞서기도 하고 뒤따라가기도 하지만 큰 그림으로 보면 주식시장이 경제 흐름과 같은 방향으로 흐르는 것은 분명하다.

주식투자가 갖고 있는 손해와 수익의 가능성을 충분히 이해하고, 손해의 가능성은 낮고 수익의 가능성이 높은 곳에 돈을 넣는 것은 투자이고, 이것저것 생각하지 않고 옆에 있는 누가 주식에서 재미를 보았다는 말을 듣고 그냥 아무것에나 돈을 집어넣는 것은 투기다. 그러므로 두 사람이 같은 회사의 주식을 같은 가격으로 샀다고 해도 한 사람에게는 투자이지만 다른 사람에게는 투기가 될 수 있다. 물 속에 보물이 있다는 소문을 듣고 두 사람이 물 속에 뛰어들었지만 한 사람은 준비 운동도 하고, 물의 깊이도 알아보고, 필요한 장비도 갖추고 들어갔으나 다른 한 사람은 장 보러 가다가 보물 이야기를 듣고 그 사람을 따라서 같이 물 속에 들어간 경우이다.

간단히 말해 투자란 건전하고 상식적인 논리 아래 내일 더 많은 돈이 나올 것으로 기대하고 오늘 어딘가에 돈을 넣는 것이다. 더 쉽게는 100원의 가치가 있다고 생각되는 것을 50원에 사는 것이다. 이렇게 되풀이해서 투자를 설명하는 까닭은 투자를 무엇이라고 보느냐에 따라서 실제의 투자 방법이 달라지기 때문이다.

투자에서 제일 중요한 것은 미래다. 투자의 성과는 모두 미래에 무슨 일이 일어나느냐에 달려 있다. 투자란 한 사회가 미래에 만들어낼 전체 소득을 여기에 참여한 사람들이 서로 나누어 갖는 과정이기도 하다. 당연한 이야기지만 우리는 미래를 알 수가 없다. 미래를 알 수 없을 뿐만 아니라 지금 무슨 일이 일어나고 있는지도 잘 모른다. 심할 경우는 알아도 인정하지 않기조차 한다. 이처럼 미래가 불확실하다는 말은 당연히 투자 성과도 불확실하다는 말이다. 어떤 회사가 확장 투자를 하거나 새로 설비투자를 한다고 해서 언제나 예상했던 투자 성과가 나오는 것은 아니다. 때로는 예상 이상의 성과도 나오겠지만 많은 경우 투자 결과는 예상보다 나쁘다. 왜냐하면 영업 환경에 미처 생각하지 못했던 변화가 일어나며, 기업 사이의 경쟁도 심하기 때문이다.

그러나 미래가 불확실하다고 지금 아무것도 하지 않을 수는 없다. 이것은 미래가 어떻게 될지 모른다고 살기를 그만둘 수 없는 것과 마찬가지다. 잘 알 수는 없지만 그래도 미래가 어떻게 될 것이라고 예상 또는 가정하고 지금 투자할 수밖에 없다. 이것은 그 누구도 피해갈 수가 없다. 전 세계 모든 투자자들이 쳐다보고 있는 미국중앙은행의 의장인 재닛 옐런Janet Yellen도 마찬가지다.

가치투자 세계의 거인 워렌 버핏Warren Buffett은 그린스펀(전 미국중앙은행 의장)이 자기에게 귓속말로 앞으로 2년 동안 금리를 어떻게 운용할 것이라고 말해도 그 말을 믿고 투자하지는 않을 것이라고 말했다. 즉 오늘 우리가 내리는 투자 결정 속에는 이미 실수가 들어앉아 있다. 이 실수의 가능성을 인정하는 사람과 그렇지 않은 사람의 투자 방법은 서로 다를 것이며, 투자 성과도 달라질 것이다. 실수의 가능성을 인정하는 사람은 그 가능성을 줄이기 위해 여러 가지 노력을 할 것이다. 그러나 실수의 가능성을 염두에 두지 않은 사람은 나중에 생각하지 못했던 투자 손실을 입고 놀라게 된다.

조지 소로스George Soros는 투자 시나리오를 만들 때 자신의 논리에서 허점을 찾지 못하면 불안해서 잠을 잘 수가 없었다고 한다. 허점, 즉 불확실성을 인정해야 실제로 자신이 예상하지 못했거나 다르게 생각했던 일이 일어나면 재빨리 대응할 수 있기 때문이다. 만약 자신의 투자 아이디어에 허점이 없다고 자신하면 실제로 자신의 아이디어에 반대되는 구체적인 사실들이 눈앞에 일어나도 이를 보지 못하거나 심하면 보아도 인정하지 않게 된다.

투자 위험은 사람마다 다르게 느낀다

투자 성과는 미래에 어떤 일이 일어나느냐에 달려 있다. 미래란 알 수 없다. 그래서 투자란 언제나 불확실한 상태에서 진행된다. 그러나 투자 대상별로 미래 불확실성의 정도가 다르다. 미래 불확실성이 가장 낮은 투자 대상은 국채다. 국채에 투자하면 정부가 투자자에게 매년 미리 약속한 이자와 만기 액면 금액을 약속한 날짜에 돌려준다. 가끔 정부도 부도를 내지만 그래도 가장 안전하다. 국채만이 갖는 이런 성격 때문에 국채를 무위험 자산이라고 부르고 국채에 투자해서 나오는 수익을 무위험 수익률 risk free yield 이라고 부른다. 그리고 이것을 모든 투자의 기준으로 삼는다.

국채에 비해서 주식은 미래가 훨씬 불확실하다. 아무것도 확실한 것이 없으며 더 위험하다. 그래서 주식을 위험 자산이라고 부른다. 만약 국채와 주식투자에서 비슷한 정도의 수익이 나온다면 사람들은 국채에 투자할 것이다. 그러면 자연히 국채의 가격이 올라가면서 국채의 투자 수익률이 낮아지게 된다. 주식에 투자할 때는 국채보다 더 높은 (예상) 투자 수익을 요구한다. 투자자가 주식에 투자할 때 요구하는 수익률과 국채에 투자할 때 요구하는 수익률의 차이를 위험 프리미엄 risk premium 이라고 부른다.

투자자들은 주식이라는 위험한 자산에 투자하는 대가로 국채보다 더 높은 수익률을 요구하는 것이다. 만약 국채의 투자 수익률이 5%인데 주식에 투자하는 사람에게 "이 주식에 투자하면 5% 정도 수익을 얻을 것 같습니다"라고 말한다면 절대로 그곳에 투자하지 않을 것이다. 예상 투자 수익률이 최소 5%보다는 더 높아야 한다. 바로 이 차이를 위험 프리미엄이라고 한다. 이 투자자가 주식투자에서 요구하는 수익률이 10%라면 주식투자 위험 프리미엄은 10%에서 5%를 뺀 5%가 된다.

일반적으로 한 사회의 앞날이 불투명하면 사람들은 걱정을 많이 하게 되고 이것은 주식시장에도 반영되어 주식투자의 위험 프리미엄이 올라간다. 즉 사람들은 주식에 투자를 잘 하려 하지 않고, 모두 안전한 국채로 몰려서 국채 가격을 올리게 되어 국채의 투자 수익률이 낮아진다(국채를 사는 가격이 투자 금액이고, 정부가 이미 약속한 이자와 원금 지급액이 투자 수익이다. 투자 수익이 이미 확정되어 있으므로 투자 금액, 즉 국채의 가격이 올라가면 당연히 투자 수익률은 낮아진다. 즉 수익이 미리 확정된 투자의 경우 투자 금액, 즉 가격과 투자 수익률은 서로 반대로 움직인다). 이런 상태에서 주식에 투자하려면 주가가 아주 낮아서 한번 성공하면 투자 수익률이 크게 날 것 같다는 생각이 들어야 한다. 위험한 곳에 투자하는 대가로 돌아올 (요구) 수익률이 아주 높아야 한다. 즉 주식투자의 위험 프리미엄이 아주 높아진다. 주식투자의 위험 프리미엄이 높다는 것은 다른 말로 하면 주가가 기업의 이익이나 배당 혹은 장부 가격에 비해서 아주 낮다는 것이다.

반대로 한 사회의 앞날이 아주 밝아 보이면 대부분의 사람들은 국채처럼 이미 수익이 거의 확정된 곳에는 투자하려고 하지 않는다. 경제가 빨리 성장한다고 정부가 과거에 주기로 약속한 이자를 더 올려주거나 만기에 돌려줄 돈을 액면 이상으로 올려주지는 않는다. 그래서 투자자들은 미래의 밝은 전망을 보고 대부분 주식시장으로 몰려온다. 바로 이런 원리로 앞으로 경제가 좋아진다고 하면 채권 가격이 떨어진다.

반면에 미래 전망이 밝아서 기업이 이익을 많이 내면 그 결과로 주가가 올라가서 투자 수익률이 커질 것으로 생각한다. 즉 이런 경우에 투자자들은 주식투자에 별로 위험을 느끼지 않는다. 사람들이 주식에 몰려서 주식 가격이 이미 많이 올라가 있어도 앞으로 더 올라갈 것이라는 희망에 가득 차 있다. 이런 경우 주식투자의 위험 프리미엄은 매우 낮아진다. 위험 프리미엄이 매우 낮다는 말은 주가가 기업의 이익이나 배당 혹은 장부가치에 비해서 아주 높다는 말이기도 하다. 1990년대 말 인터넷 거품이 낀 시기에 주식 위험 프리미엄은 거의 영에 가까웠다.

이처럼 투자를 수익이라는 측면 이외에 위험이라는 측면으로 보기를 강조하는 것은 이렇게 해야 투자 손실을 줄일 수 있기 때문이다. 여러 번 투자해서 손해 본 경험이 있는 사람들은 자연히 투자가 얼마나 위험한 것인지를 알게 된다. 그러나 아버지의 기업을 막 이어받은 자식이나 처음 투자를 시작하는 사람들은 투자에서 나올 수익만 생각하지 손해 볼 위험까지는 생각하지 않는다.

그런데 투자를 수익과 위험이라는 두 가지 요소로 구분하다 보면 흔히들 수익과 위험을 서로 다른 것으로 오해한다. 위험이란 단지 수익의 성격 또는 특성을 설명하기 위해서 만들어낸 말이다. 즉 국채처럼 확실한 수익이 있는가 하면 주식처럼 불확실한 수익이 있다는 것이며 수익이 불확실할수록 위험이 높다고 말하는 것이다. 이 중에서도 특히 수익이 예상했던 것보다 더 낮게 나와서 투자 손실을 볼 가능성만을 위험이라고 한정

짓기도 한다. 투자 위험이란 예상했던 좋은 일이 일어나지 않고, 예상하지 못했던 나쁜 일이 일어날 가능성을 말한다.

투자 위험이란 앞에서 본 것처럼 투자 대상마다 서로 다르기도 하지만 한편으로는 투자를 하는 사람의 능력에 따라 달라지기도 한다. 즉 어떤 사람에게는 위험해 보이는 일도 다른 사람에게는 위험하지 않을 수가 있다. 시장에서 주식이 팔리는 것을 위험이라는 측면에서 설명하면 한 가지 가격에도 어떤 사람은 위험하다고 팔고 다른 사람은 위험하지 않다고 산다. 그러므로 투자에서 성과를 높이는 한 가지 방법은 대부분의 사람들이 위험하다고 잘못 생각하는 것 중에서 위험하지 않은 것을 찾아내거나 대부분의 사람들이 위험하지 않다고 잘못 생각하는 것에서 위험한 것을 찾아내는 것이다. 이것을 더 재미있게 표현하면 투자는 비관주의자에게서 싼 값에 사고 낙관주의자에게 비싸게 파는 것이다.

투자 위험을 줄이는 방법

이처럼 다른 사람들이 보지 못하는 위험을 보거나 가능성을 보려면 첫째 남보다 더 많이 알아야 한다. 남보다 많이 안다는 것이 머리가 더 좋다거나 지식이 더 많다는 의미는 아니다. 굳이 표현하자면 지식이라기보다는 건전한 판단 능력, 좀 더 멋있는 표현으로는 현명함 또는 지혜에 가깝다. 예를 들면 옛날부터 지금까지 계속되는 변하지 않는 세상 원리라든가 과거에는 없었으나 지금 새로 만들어지고 있는 새로운 변화를 읽어내는 능력이다. 나름대로 사회 현상을 설명하는 생각의 틀을 갖고 있어야 한다.

사회 현상을 남과 달리 볼 수 있는 가장 쉬운 방법은 사회 현상에서 어떤 추세를 알아내고, 그 추세가 지나침을 만들어내고 있는지 짐작하는 것이다. 이런 것은 자연 현상에서 쉽게 발견할 수 있다. 사계절의 변화, 용수철이나 고무줄의 탄력, 온도와 물의 변화 등 하나의 추세가 만들어지면 일정한 시기까지는 같은 방향으로 작동하지만 그것이 지나치면 추세가 깨어지면서 새로운 균형, 즉 안정 상태를 만들어낸다. 사회 현상도 마찬가지다. 남자아이를 많이 낳는 추세가 어느 시기까지는 계속되지만 나중에는 지나침을 만들어내어 사회 전체에 예상하지 못한 문제가 발생하면서 이 지나침을 없애버린다. 이런 의미에서 사회에 지금까지 잠재되어

왔던 큰 문제가 실제로 사회문제가 되면 사실은 그 문제가 풀리기 시작한다고 보아야 한다. 이런 의미에서 집단과 다르게 생각하고 행동하는 것이 현명하다.

여기서 한 가지 조심할 것이 있다. 사회에 어떤 지나침, 즉 불균형이 생기고, 그 불균형이 조정된다고 반드시 균형 상태로 돌아가는 것은 아니다. 더더욱 과거의 상태로 돌아가는 것은 아니다. 하나의 불균형이 또 새로운 형태의 불균형을 만들어내기도 하기 때문이다. 예를 들면 오프라인에서 일어나던 일이 온라인으로 넘어간다고 반드시 오프라인의 영역이 위축되는 것은 아니다. 오히려 온라인의 확대가 오프라인의 영토를 더 키울 수도 있다. 마찬가지로 중국의 등장으로 한국의 경제 활동이 반드시 위축되는 것은 아니다. 오히려 한국의 경제 활동이 더 활발해질 수도 있다. 이렇듯 미래 전망이란 쉬운 것이 아니다.

투자 위험을 줄이는 두 번째 방법은 자산 배분 또는 분산 투자다. 세상이 완전히 잘못되지 않는 한 보통은 한 가지가 안 좋으면 다른 것이 좋아진다. 예를 들어 경기가 나빠지면서 주식 가격은 내려가지만 이와 반대로 경기와 상관없이 미래수익이 이미 확정되어 있는 국채의 가격은 올라간다. 이처럼 성격이 다른 자산에 나누어서 투자하면 예상하지 못한 일로 입는 손해를 줄일 수 있다. 당연히 손해를 줄이는 대가로 큰 이익을 얻는 것은 포기해야 한다. 이처럼 성격이 다른 자산에 나누어서 투자하는 것을 자산 배분이라고 부른다.

자산 배분은 성격에 따라서 좀더 공격적인 배분도 있고, 아주 보수적인 배분도 있다. 위험이 높은 자산이나 회사에 투자 비중을 높이면 공격적이 되며, 여러 자산이나 회사에 골고루 나누면 보수적인 배분이 된다. 예를 들어, 주식의 경우 가장 보수적인 자산 배분은 시장에 있는 모든 주식에 투자하는 것이므로 바로 시장 지수에 투자하는 것이다. 자산 배분은 나이, 소득 수준, 성격 등에 따라서 달라야 한다. 일반적으로는 나이가 많거나, 소득이 낮거나, 주식에 투자한 후 값이 떨어질 것을 걱정하여 밤에 잠을 못 자는 사람들은 보수적으로 자산을 배분해야 하며, 반대로 아직 나이가 젊어서 한 번 실패를 해도 다시 일어설 여유가 있는 사람이나, 재산이 많아서 투자에서 어느 정도 손해를 보아도 생활에 타격을 받지 않는 사람이나, 어느 정도의 손해는 견딜 수 있는 성격을 가지 사람들은 공격적인 배분을 해도 좋다.

자산 배분에서 재미있는 한 가지 예로 직장인은 주식투자를 하더라도 자기 회사 주식은 사지 말라는 투자 격언이 있다. 이것은 만약 회사가 어려워지면 직장도 잃고, 주가도 떨어지는 이중고를 안게 된다는 의미다. 만약 위험이 큰 투자를 하려면 반드시 좋지 않은 일이 일어날 가능성이 아주 낮은 것으로 선택해야 한다. 즉 자기가 다니는 회사가 앞으로 좋아질 것이 거의 확실해야 한다.

분산 투자의 반대는 집중 투자다. 분산 투자는 바보 같은 짓이라고 말하는 사람도 있다. 뒤에서 집중 투자의 가능성을 더 자세히 살펴보겠지만 투자 경험이 적어서 투자 위험을 관리할 줄 모르는 초보자는 분산 투자를 하는 것이 좋으며, 투자 경험이 많아서 투자 위험을 잘 알고 이를 스스로 관리할 줄 아는 사람은 집중 투자를 해도 좋다. 예를 들어, 대부분의 사람들이 위험하다고 피하는 바람에 주가가 많이 떨어진 회사가 있다고 하자. 어떤 사람이 다수의 판단과는 달리 이 회사는 부도가 날 가능성이 아주 낮다고 생각한다면 이 회사에 집중 투자를 할 것이다. 자신의 판단으로는 큰 수익을 낼 가능성이 아주 높고, 또한 이런 기회는 좀처럼 찾아오지 않기 때문일 것이다.

세 번째는 최악의 시나리오를 만드는 것이 좋다. 즉 손해 볼 경우를 가정해보고 실제로 좋지 않은 일이 일어났을 때 그것을 견딜 수 있는지 미리 가정해보는 것이다. 시나리오를 만드는 가장 일반적인 방법은 ① 지금부터 퇴직할 때까지의 투자 가능 금액을 정하고, ② 이 투자 금액에서 나올 수 있는 예상 수익을 가정하고, ③ 퇴직 이후 사망할 때까지 생활에 필요한 자금의 양을 가정한다.

이렇게 기본적인 시나리오가 만들어지면 다음에는 투자한 돈에서 나올 투자 성과를 기본 시나리오에서는 매년 10%라고 가정했는데 이것이 10%가 아니라 5%로 떨어질 경우에 어떤 일이 생길 것인지, 또는 퇴직을 60세로 가정했는데 이것이 55세가 되면 어떤 일이 일어날 것인지 등 기본 시나리오보다 나쁜 일이 일어났을 때 그 결과가 어떻게 될 것인지, 그리고 그런 일이 일어났을 때 자신을 포함한 가족의 일상생활에 얼마나 큰 영향을 주게 될 것인지를 가정해보는 것이다.

네 번째는 투자도 다른 사람과 경쟁하는 측면이 강하다. 그러므로 자신이 잘 아는 분야에서 다른 사람과 경쟁하는 것이 유리하다. 다른 사람들보다 잘 알아야 그들이 모두 위험하다고 생각할 때 위험하지 않은 것을 찾아낼 수 있으며, 반대로 다른 사람들이 모두 위험하지 않다고 말할 때 위험한 것을 볼 수 있다. 이렇게 자신이 잘 아는 영역이 조금씩 넓어질수록 투자 기회는 점점 많아진다.

벤처기업에 자금을 대는 것은 일반적으로 위험이 높다. 그런 자금을 대는 사람들 중에는 과거에 큰 회사를 경영하다 퇴직한 사람들이 많다. 이들은 자신이 오랫동안 일해온 분야이므로 그 사업이 얼마나 위험한지를 잘 알고 있다. 이제는 나이가 들어 경영은 젊은 경영자에게 맡기고 경영 아이디어를 제공하면서 위험을 줄여나간다. 이들은 그 분야에 전문적인 지식과 경험을 갖춘 사람들로 투자 클럽을 만들어서 투자 자금도 마련하고, 투자 위험도 줄여나간다. 이와는 달리 지난 1990년대 말 인터넷 바람이 불 때 많은 사람이 그 회사가 어떤 사업을 하는지도 모르는 상태에서 '묻지마 투자'를 했고, 아주 소수의 사람만이 투자에 성공했다.

은행 저축에 만족하는 사람과 여기에 만족하지 못하고 더 높은 수익을 찾아서 주식에 투자하는 사람의 차이는 무엇일까? 누구나 더 높은 수익을 원하므로 단순히 욕심의 차이 또는 성격의 차이라고 말할 수는 없다. 그런데 문제는 만족하느냐 못하느냐가 아니다. 5% 이상의 수익을 낼 자신이 있느냐 없느냐가 중요하다. 다른 곳에서 5% 이상의 수익을 낼 자신이 없으면 은행에서 주는 5%의 수익에 만족할 수밖에 없다. 그러나 만약 다른 곳에서 5% 이상의 수익을 낼 자신이 있다면 다른 곳에 투자할 수 있다. 즉 각자가 최소한으로 받아들일 수 있는 수익의 기준(한계비용)은 사람마다 다르다. 그리고 당연히 이 기준이 올라가면 올라갈수록 투자에서 경쟁력이 높은 사람이다. 이 경쟁력은 단순히 기준을 높게 잡아둔다고 생기는 것은 아니다. 이 경쟁력을 높이려면 먼저 자신이 가장 잘 알고 다른 사람은 잘 모르는 분야에서 시작해야 한다. 그리고는 이 영역을 점차 넓혀나가야 한다.

주가를 바라보는 눈

이제 투자 일반에 대한 이야기를 마치고 주식시장을 들여다보자. 투자자는 언제나 앞으로 주가가 어디로 갈지 알고 싶어한다. 주가가 어디로 갈 것인지 짐작하려면 당연히 무엇이 주가를 움직이는지 생각해보아야 한다. 때로는 이 신비의 해답을 찾아냈다고 산에서 내려오는 사람도 있다. 때로는 무엇이 주가를 움직이는지는 모르지만 주가가 올라갈지 또는 내려갈지 알 수 있다고 말하는 사람도 있다. 과거에도 그랬고 앞으로도 영원히 풀리지 않을 이 대답을 찾으려는 노력은 끊임없이 이어질 것이다.

우리가 주식시장을 움직이는 일반적인 요인이 무엇인지 모르는 것은 아니다. 누군가가 그 원인과 결과의 인과관계를 찾아냈다 하더라도 그 인과 모형은 여전히 쓸모가 없다. 왜냐하면 그 모형 속에 들어가야 할 변수들, 즉 주가에 영향을 주는 주요 원인들이 언제 그리고 얼마나 세게 나타날지는 여전히 모르기 때문이다. 그럼에도 불구하고 주식시장에서 주가가 움직이는 기본 원리를 주가가 갖고 있는 일반적인 속성 중에서 어느 측면을 강조하느냐에 따라서 몇 가지로 나누어볼 수는 있다. 주가를 어떤 눈으로 보느냐는 결국 주식투자를 어떤 방법으로 할 것인지를 결정하게 된다.

첫 번째는 심리 투자다. 주식시장에서 만들어지는 주가는 인간 심리에 크게 좌우된다. 이런 시각으로 주식시장을 보는 사람들은 다수의 사람들과 반대로 투자한다. 경기가 나빠져서 사람들이 주식투자가 위험하다고 생각하면 주가는 떨어진다. 반대로 경기가 좋아지면서 사람들이 흥분하면 주가는 올라간다. 1990년대 말 인터넷 열풍의 시기처럼 사람들이 주식투자가 위험하기는커녕 투자만 하면 돈을 번다는 '묻지마 투자' 환상에 사로잡히면 주가는 폭등한다. 이 환상이 깨지면 당연히 주가는 폭락한다.

때로 일시적인 사건을 시장에서 너무 민감하게 반응하여 주가가 크게 떨어지는 경우도 있다. 예를 들어 지난 2001년 9·11테러에서 가장 크게 가격이 떨어진 주식은 항공과 여행 관련 회사였다. 그 사건 이후 항공 회사와 여행 관련 회사의 주가는 다시 과거의 자리로 돌아왔다. 이 사건은 경제적인 사건이라기보다는 정치적인 사건이며, 시장 내부에서 생겨난 구조적인 문제가 아니고 시장 밖에서 갑자기 시장에 충격을 준 사건이었다. 이처럼 일회성의 성격이 강한 사건에 시장이 너무 민감하게 반응하는 경우, 시장의 집단 심리를 잘 관찰하는 사람들에게는 그때가 좋은 투자 기회가 된다.

주식시장은 다른 곳이라면 숨어 있을 인간 본능이 적나라하게 드러나는 곳이다. 때로는 실제보다 더 과장되게 일어나기도 한다. 낙관과 비관, 욕심과 공포, 자만, 집착, 환상, 무시, 게으름 등 평소에는 잘 드러나지 않던 많은 심리적 결함과 비합리적인 것들이 마음껏 날갯짓을 하는 곳이다. 투자자들은 주가가 인간이 지닌 심리적인 결함이나 비합리적이고 비이성적인 요소에도 영향을 받는다는 것을 이해해야 한다.

인간의 이성적 판단 능력이란 따지고 보면 많은 한계를 가지고 있다.

여기에 심리적인 요소마저 끼어들어 인간 이성이 지닌 판단 능력을 더욱 흐리게 한다. 실제 인간의 행동을 결정하는 힘은 이성적 판단보다는 심리적 반응이 더 세다. 심리적 반응이 먼저 오고 이를 이성적 판단이 나중에 설명하는 경우가 더 많다.

이런 시각으로 시장을 보면 투자자들은 자신이 내린 투자 결정을 자기와 분리해서 생각해볼 여유를 갖게 된다. 즉 투자 결정을 좀더 신중하게 그리고 객관적으로 하게 된다. 그 결정을 스스로가 내린 것인지 아니면 자기 속에 들어 있는 심리라는 놈이 내린 것인지 또는 판단 능력이 왜곡되어 있고 한계를 가진 이성이라는 놈이 내린 것은 아닌지 생각해볼 여유가 생긴다.

이런 투자 방법이 갖는 한계는 인간이 지닌 심리와 그것이 집단으로 나타난 시장 심리를 측정할 수 있는 수단이 거의 없다는 점이다. 많은 경우 과거 경험의 되풀이에서 만들어진 느낌에 의존할 수밖에 없다. 이런 의미에서는 과거의 투자 실수도 투자 성공만큼이나 중요하다. 성공한 투자에서는 아무것도 배우지 못했지만 실패한 투자에서 무엇인가를 배웠다면 다음의 투자를 위해서는 오히려 투자 실패가 성공보다 더 중요하다.

이들이 사용하는 지표 중 하나는 일반 투자자들에게서 받는 설문조사다. 다수의 사람들이 주가가 올라간다고 대답하면 이들은 주식을 판다. 반대로 그들이 시장을 부정적으로 보면 주식을 산다. 이들이 사용하는 또 다른 지표는 각종 펀드의 운용자들이 주식의 비중을 높게 유지하거나 현금 비중이 아주 낮으면 앞으로 주가가 떨어질 것으로 본다. 당연히 반대로 채권의 비중이 높거나 현금 비중이 높으면 앞으로 주식시장이 좋아질 것으로 본다.

주식시장 또는 사회에 나타나는 이상 집단 심리는 예를 들면 금을 똥값으로 준다고 해도 비싸다고 사가지 않거나 튤립을 산삼 가격으로 팔아도 서로 먼저 사려고 덤비는 현상일 것이다. 주식시장을 집단 심리 현상이 나타나는 곳으로 보는 사람들은 이와 같은 이상 현상, 즉 지나침을 잡아내는 안테나의 능력이 다른 사람보다 더 많은 사람들이다.

두 번째는 기본적 분석 투자다. 그러나 가만히 따지고 보면 장사를 잘하는 회사는 주가가 올라갈 수밖에 없다. 그 나라의 경제가 좋아지면 그 나라의 주가는 올라간다. 비록 먼저 서고 뒤따르는 시간 차는 있겠지만 이 둘은 같이 간다. 이것을 인간 심리의 결함이나 인간 이성의 한계가 방해할 수는 없다. 심리적 결함 또는 이성의 한계가 실적과 주가, 경기와 주가의 관계를 벌려놓을 수도 있다. 그러나 너무 벌어지면 용수철의 탄력이 더 이상 내리누르는 힘을 견디지 못하고 튀어 오르거나, 늘어나는 고무줄이 더 이상 견디지 못하고 끊어지듯이 다시 원래의 자리로 돌아오게 된다. 투자자들은 주식시장이 갖는 이런 측면을 잘 이해해야 한다. 그래야 다른 사람을 따라 하지 않게 된다. 때로는 재미 삼아 따라 하더라도 그런 줄 알면서 따라 해야 한다.

기본적 분석은 크게 두 가지가 있다. 주로 경기, 금리, 물가와 같은 거시 경제 지표의 움직임을 보고 투자하는 경우와 이런 것은 무시하고 개별 기업의 영업 전망에만 초점을 맞추어서 투자 결정을 하는 경우가 있다. 특히 후자를 가치투자라고 부른다.

가치투자를 하는 사람들은 먼저 주가를 기업의 가치와 구분한다. 주가를 기업의 가치를 반영하는 거울이라고 본다. 단지 그 거울이 평면 거울이 아니라 오목 · 볼록 거울이기 때문에 기업의 가치를 정확히 반영하는 것이 아닐 뿐이다. 그러므로 가치투자를 하는 사람들은 어떤 회사의 주식을 한 주 사더라도 마치 그 회사를 통째로 사는 것처럼 생각하고 회사를 바라본다. 그래서 단기적인 시장의 가격 변화는 좋은 회사를 가치 이하에서 싸게 살 수 있는 기회를 만들어주고, 가치 이상의 가격에서 비싸게 팔 수 있는 기회를 주는 것으로 이용한다. 만약 어떤 사람이 어떤 회사의 주식을 100% 모두 갖고 있다면 이 사람이 신경 쓰는 것은 당연히 그 회사의 주가가 아니라 그 회사의 영업 전망뿐이다.

기본적 분석 투자를 하는 사람들이 지금 주식 한 주를 1만 원 주고 살 때 제일 먼저 생각하는 것은 이 주식이 나중에 얼마가 될까가 아니다. 지금 이 주식을 1만 원에 사면 앞으로 이 한 주에 돌아올 기업 이익이나 현금흐름이 얼마가 될 것인가를 먼저 생각한다. 기업 이익이나 현금흐름이 많으면 비록 시장에서 주가가 1만 원 밑으로 내려가도 별로 걱정하지 않는다. 기업의 실적이 좋은 한 언젠가 주가가 1만 원 이상이 될 것이라고 믿고 투자하는 것이다. 이 사람들이 걱정하는 것은 시장에서 일어나는 일시적인 주가 변동이 아니라 기업의 실적 또는 전망이 나빠지는 것이다.

가치 분석이 갖는 한계는 과연 기업의 가치를 알 수가 있는지, 그리고 기업의 가치를 시장 가격이 언제 반영할 것인지 분명하지 않다는 것이다. 고장난 시계도 하루에 두 번은 맞는다. 앞으로 이 책에서는 이 문제를 집중적으로 다룰 것이다.

세 번째는 기술적 분석 투자다. 기술적 분석을 하는 사람들은 오늘의 주가가 스스로 내일의 주가를 알려준다고 주장한다. 이 주장을 극단으로 밀고 나가면 사막 한가운데나 무인도에서 일체의 외부 정보와 끊어진 채 몇 십 년을 살아도 주가와 거래량의 정보만 있으면 내일의 주가를 알 수 있다. 회사 이름을 몰라도 되고, 회사가 무엇을 만드는지 얼마의 이익을 내고 있는지 몰라도 된다. 아니 오히려 몰라야 한다. 그래야 주가와 거래량이 알려주는 신호를 잘 해석할 수가 있다. 일부러 회사 이름을 가리고 주가 그래프를 거꾸로 들고 보기도 한다. 주관적인 판단 때문에 주가 자체가 보내주는 신호를 잘못 해석하는 것을 막기 위해서다.

이들은 주가 속에 모든 것이 다 들어 있다고 말한다. 자연의 물리적인 법칙, 기업의 실적, 그 주식에 대한 수요와 공급의 움직임, 그 주식에 대한 시장의 심리적인 반응, 더 나아가 누군가가 특정 회사의 주가를 꾸준히 사 모으고 있는지 또는 팔고 있는지도 알 수 있다고 말한다.

이런 방법으로 하는 주식투자를 기술적 분석이라고 부르는데 이 방법 역시 다른 많은 경우처럼 지난 것은 설명이 가능한데 지금 진행 중인 것은 해석하기에 따라 달라진다. 예를 들면 어떤 회사의 주가 움직임을 일일 움직임으로 보면 아주 빠른 속도로 올라가고 있는 듯이 보이나 주간이나 월간으로 보면 아직도 여전히 바닥에서 헤매고 있을 수도 있다. 이런 주관적인 판단에서 벗어나야 한다는 압력을 너무 많이 받게 되면 심하면 술과 담배를 끊어야 할지도 모른다. 말없는 주가가 알려주는 소리를 알아듣는 주체가 수정처럼 맑아야 하고 거울처럼 깨끗해야 한다고 생각하기 때문이다. 그러나 중요한 것은 맑은 수정이 되는 것이 아니고 각 투자 방법이 갖는 한계를 아는 것이다. 이 방법 역시 그 한계를 인정하기까지는 많은 경험을 해야 할 것이다.

기술적 분석이 갖는 가장 큰 강점은 주가를 직선으로만 보지 않고 파동으로 본다는 것이다. 만약 직선으로만 보면 주가는 영원히 올라가거나 내려가기만 해야 한다. 세상의 어떤 일도 영원히 직선으로 계속되지는 않는다. 온도가 올라가면 물이 수증기로 변하고 온도가 내려가면 물이 얼음으로 변한다. 이런 변곡점을 찾아내는 것이 세상 다른 일에서도 중요하지만 주식시장에서도 아주 중요하다. 바로 파동이론이 이것을 가능하게 한다. 어떤 파동이론이 실제로 현실 주가의 파동을 그대로 복제할 수 있는지 없는지는 또 다른 문제다.

주식시장을 직선으로만 보지 않고 파동으로 본다는 사실 자체는 분명 하나의 발전이다. 그러므로 기술적 분석에서 가장 중요한 것은 직선으로 가던 주가에 일어나는 변곡점을 찾아내는 것이다. 그냥 주가 그래프 위에 직선으로 추세선을 긋는 일은 아무런 의미가 없다. 마찬가지로 기본적 분석을 하는 사람들도 주가와 어떤 경제 변수 사이의 관계를 직선으로 설명하려는 시도는 이미 그 속에 오류를 안고 있다는 것을 인정해야 한다. 또 기술적 분석에서 파동으로 주가를 설명하려는 것은 심리 투자에서 주가를 인간 집단 심리로 설명하려는 것과 그 배경이 서로 닿아 있다.

네 번째는 시장 지수 투자다. 이것은 앞의 방식들과 시장을 보는 입장이 근본적으로 다르다. 앞의 세 가지는 모두 지금 시장의 주가가 적정한 수준이 아니라고 본다. 그래서 다음에 주가가 어떻게 움직일지 알 수가 있다는 것이다. 그러나 시장 지수 투자를 주장하는 사람들은 지금의 시장 주가는 주가를 움직일 만한 대부분의 정보가 이미 반영되어 있는 적정한 수준이라고 본다. 그래서 지금 주가 수준을 보고 내일 주가가 어디로 움직일지 예측하는 것은 불가능하다고 말한다. 이들은 내일의 주가는 마치 개구리가 어디로 뛸지, 럭비공이 어디로 튈지 예상할 수 없는 것처럼 알기가 어렵다고 한다. 이것은 시장에 이미 알려졌거나 시장이 앞으로 일어날 것이라고 예상하는 사건들은 이미 지금의 주가 속에 모두 다 반영되어 있기 때문이다.

내일의 주가를 결정하는 것은 지금 우리가 전혀 알 수 없고, 예상하지 못했던 새로운 정보에 의해서만 움직이는데 우리는 그 새로운 정보를 지금 알 수가 없으므로 주가도 어디로 갈지 알 수 없으며, 결국 주가는 술 취한 사람처럼 자기 멋대로 걸어간다는 것이다.

어떤 정보가 그때그때 주가에 반영되는 것은 투자자들이 주가에 영향을 줄 만한 정보들을 서로 경쟁적으로 가격에 반영하기 때문이다. 과거 주가의 형태를 보고 앞으로 주가를 알 수는 없다. 왜냐하면 정말 그렇다면 투자자들이 그것을 이용해서 돈을 벌려고 경쟁적으로 모여들므로 바로 주가는 올라버린다. 또 기업이 발표하는 영업 실적이나 그것이 좋아질 것이라는 예상도 그런 예상이 만들어지는 순간 바로 주가에 반영되어버린다. 나아가서 일반인에게 공표되지 않아 기업의 내부자만이 알고 있는 정보를 갖고 있어도 이것을 가지고 다른 사람보다 더 많은 돈을 벌기는 어렵다.

이런 주장을 '효율적 시장 가설'이라고 말한다. 즉 주식시장은 효율적이어서 정보의 영향이 거의 바로 주가에 반영된다는 것이다. 시기별 또는 나라별로 주식시장이 '효율적'인 정도가 조금씩 다르긴 하겠지만 대체로 주식시장이 미래에 일어날 일을 미리 당겨서 반영하는 속성이 아주 강한 것은 사실이다. 이들의 주장에 따르면 특별히 미리 정보를 안다고, 또는 분석을 잘한다고 그 사람의 투자 성과가 전체 시장보다 더 높아지는 것이 아니므로 쓸데없이 시간과 노력을 들이지 말고 그냥 시장 전체의 움직임을 대표하는 지수에 투자하라고 말한다. 이들은 전문적이고 적극적인 투자자들이 대부분 실제로 시장 지수보다 투자 성과가 더 나빴다고 말한다. 그러므로 힘들게 종목을 선정하거나 시장의 움직임을 맞히려고 애쓰지 말고 그냥 전체 시장에 장기로 투자하는 것이 오히려 투자 성과가 더 높다고 말한다.

이들이 한두 개 회사가 아니고 시장 전체에 투자하라는 것은 이렇게 하면 몇 개의 개별회사에 투자했을 때 오는 투자 위험을 줄일 수 있기 때문이다. 이것이 바로 분산 투자다. 가장 많이 분산하는 것이 바로 시장 지수에 투자하는 것이다. 그리고 또 시장 지수는 길게 보면 그 나라 경제가 성장하는 속도와 비슷하므로 특별히 지수가 아주 높은 시기만 피한다면 지수에 투자해서 장기로 가는 것이 쉽고도 안전한 투자 방법이라고 말한다. 이들은 전문적인 투자 관리자들이 해야 할 일은 시장 전체보다 더 높은 투자 수익을 내려는 것이 아니라 각 투자자의 형편에 맞게 투자 배분을 잘하는 것이라고 말하기도 한다.

내일 주가가 어떻게 움직일지 알 수 없다는 주장을 반박하기는 어렵다. 그러나 내일 주가의 방향을 알기 어렵다고 주식시장이 효율적이라고 주장하는 것은 잘못이다. 주식시장이 효율적이라는 말 속에는 주식시장에서 행위 주체인 투자자의 예상이나 판단력이 정확하다는 전제가 깔려 있다. 아니면 최소한 인간이 이성적으로 판단하고 합리적으로 행동한다는 배경이 깔려 있다. 그러나 사실 우리가 내일 주가가 어디로 갈지 모르는 것은 내일 무슨 일이 일어날지는 알더라도 그 일이 갖는 의미가 무엇인지 잘 모르기 때문이다. 지금 일어나는 어떤 일이 무엇인가 중요하다는 생각은 들지만 그것이 갖는 의미를 모르는 경우가 대부분이다.

예를 들어서 어떤 회사가 새로운 대형 투자를 한다는 그 회사 내부 정보를 투자자가 미리 안다고 하더라도 이것을 가지고 돈을 벌 수는 없다. 중요한 것은 그런 투자정보를 미리 아는 것이 아니라 그 투자가 성공할 것인지 실패할 것인지 판단하는 것이다. 사실 투자의 성공 · 실패는 그 회사 사장도 잘 판단하기 어렵다.

예를 들어 미국과 이라크의 전쟁을 보자. 미국이 이라크를 공격할 것인지 아닐 것인지를 두고서 공격할 것이라는 의견이 높아지면 주가가 내려갔고, 하지 않을 것이라는 쪽이 힘을 얻으면 주가는 올라갔다. 그러나 실제로 공격을 한 이후에는 전쟁이 빨리 끝날 것이라는 쪽이 힘을 얻으면 주가가 올라가고 반대면 주가가 내려갔다. 이처럼 중요한 것은 정보 자체가 아니라 정보를 해석하는 능력이다. 미국과 이라크의 전쟁이라는 사건을 둘러싸고 발생하는 정보를 잘 해석하려면 여러 가지 배경 지식을 알고 있어야 한다. 종교 사이의 분쟁, 미국 정치 집단들 사이의 이데올로기, 정책 결정자들의 행동양식, 미국의 석유 및 달러 정책, 미국 외 다른 강대국들의 이해 관계 등 한두 가지가 아니다. 더욱이 이런 요소들이 모두 똑같은 무게로 사건을 만들어가는 것도 아닐 것이다. 어떤 사람은 이 중에서 미국의 석유 및 달러 정책을 가장 핵심적인 요소라고 생각할 것이고, 어떤 사람은 오래 계속된 종교 분쟁이 더 중요하다고 생각할 것이다. 이처럼 어떤 정보를 더 중요한 것으로 볼 것인지, 그리고 그 정보를 어떻게 해석할 것인지는 각자의 능력과 직간접 경험에 따라서 달라진다.

그러나 이보다 더 중요한 것은 이런 정보에 대한 자신의 판단이 아니라 그 정보에 대한 시장의 반응, 즉 다수의 반응이 어떨 것인지를 짐작하는 것이다. 다수가 보일 반응의 강도와 지속성을 생각해야 하며, 이것이 주식시장에 영향을 주고, 주가 변화가 다시 그 정보 해석자들, 즉 다수의 반응에 미칠 영향을 보아야 한다. 다시 말하면 시장과 집단의 반응은 서로 영향을 주고받으면서 자기 갈 길을 간다. 이 변화의 과정은 스스로 또는 다른 정보가 새로 보태어지면서 힘이 더 세질 수도 있고, 서서히 줄어들 수도 있다. 대부분의 사람들은 온도계가 아니라 새끼손가락으로 목욕탕 물의 온도를 짐작하고 탕 속에 들어간다. 불행하게도 주식시장에서는 새끼손가락으로 시장 온도를 재고 안심하고 시장에 들어갔다 나왔다 할 수 있는 예민한 감각을 지닌 사람들은 아주 소수다.

정보 해석을 둘러싸고 또 한 가지 생각해야 할 것은 시장이 정보를 잘못 해석하는 경우다. 예를 들어 불경기에 들어가면 여기서 벗어나는 한 방법으로 회사들 사이에 인수 합병 바람이 부는 경우가 자주 있다. 그러면 시장에서는 이것을 주가가 올라갈 수 있는 재료라고 해석한다. 그러나 엄격히 따지면 합병을 한다고 반드시 기업의 가치가 높아지는 것은 아니다. 통계적으로 보면 합병은 성공 가능성보다는 실패 가능성이 더 높다. 이럴 경우 투자자는 두 가지 태도를 가질 수 있다. 하나는 시장이 잘못 판단하고 있다고 생각하면서도 다수의 판단을 따르는 것이다. 다른 하나는 시장이 잘못되었고 자신의 판단이 옳다고 생각하여 자신의 투자 결정을 고집하는 경우다.

다수의 판단이 잘못되었다고 판단하면서도 그것을 따르는 것은 나중에 다수의 생각이 바뀌기 전에 먼저 시장에서 빠져나올 수 있다는 자신이 있을 때 해야 한다. 즉 시장의 흐름을 그만큼 잘 감지할 수 있다는 자신이 있어야 한다. 아주 경험이 많고 전문적인 투자자여야만 가능한 일이다.

한편 다수의 판단이 잘못되었고 자신의 판단이 옳으므로 자신의 결정을 고집하는 경우는 다수의 판단이 바뀔 때까지 견딜 수 있는 강한 심장과 자기 생각이 맞을 것이라는 강한 자신감이 있어야 한다. 아마도 대부분의 투자자들은 누군가가 합병 바람이 불고 있어 주가가 올라갈 것이라고 말하면 그냥 그 말을 따라서 움직일 것이다. 나중에 그 사람이 합병 바람이 줄어서 주가가 떨어질 것이라고 말하면 다시 그 말을 따라서 움직일 것이다.

Value Investing

2 주식투자의 일반 원칙

주식시장에는 많은 것이 담겨 있다. 개인의 욕심과 두려움이 있고, 집단의 낙관과 비관이 담겨 있기도 하다. 그 사회가 지금 또는 미래에 대해 느끼는 위험의 정도가 드러나는 곳이기도 하다. 누구는 주식시장이 사회 전체의 위험을 더 키운다고 하나 그 사회 위험을 측정하는 도구가 없는 것이 더 위험할지도 모른다. 어쨌든 주식시장은 한 개인이 자신의 욕심이나 심리로 그럭저럭 감당할 수 있는 곳이 아니다. 이런 주식시장에서 한 자리를 차지하려면 무엇보다 겸손해야 한다. 주식투자에서 가장 무서운 적은 바로 자기 자신이기 때문이다.

2장을 시작하기 전에

기업의 가치는 그 기업이 장사를 해 앞으로 만들어낼 수익의 크기와 질에 달려 있다. 이 미래의 수익은 미리 알기가 매우 어렵기 때문에 사람마다 기업에 매기는 값 또한 달라진다. 때로 투자자들은 기업의 장래를 너무 좋게 보아서 기업의 시장 가격(주가)을 아주 높게 올려놓기도 하고, 때로는 너무 비관적으로 보아서 많이 낮춰놓기도 한다. 현명한 투자자는 시장의 집단 심리가 비관적으로 바뀌어 주가가 기업의 가치보다 크게 낮아지면 사려고 움직이고, 반대로 시장의 집단 심리가 너무 낙관적이 되어서 주가가 기업의 가치를 크게 넘어서면 팔려고 한다.

기업의 가치가 이처럼 사람에 따라서 그리고 시기에 따라서 달라진다고 해서 이것이 의미 없다고 말하는 것은 잘못이다. 사냥꾼은 새가 전깃줄에 가만히 앉아 있지 않고 움직인다고 목표물이 없다고 말하지는 않는다. 더욱이 새가 날아다닌다고 눈을 감고 아무렇게나 방아쇠를 당기는 바보가 되어서도 안 된다. 기업의 가치란 이동하는 목표물이자 투자자 자신이 머릿속에서 만들어내는 목표물이기도 하다.

이제 2장에서는 투자자들이 알아야 할 몇 가지 투자 원칙을 정리하고 가치투자의 원조인 벤저민 그레이엄과 그 스승을 뛰어넘은 워렌 버핏이 말하는 투자 원칙을 살펴볼 것이다. 마지막으로 아무리 좋은 옷이라도 자기 몸에 맞아야 하듯이 투자자 자신에게 맞는 투자 원칙을 갖는 것이 왜 중요한지 알아보기로 하자.

주식투자의 기본 원칙

모든 투자는 기본적으로 미래를 먹고산다. 특히 주식투자는 가능한 한 멀리까지 가서 그 미래의 모습을 지금으로 당겨온다. 이 미래의 모습은 매 순간 지금의 주식 가격에 반영되고 있다. 때로는 투자자들의 합리적인 판단을 반영하기도 하지만, 때로는 어리석은 믿음을 반영하기도 한다. 투자자들의 기대가 때로는 집단적인 낙관의 형태로 때로는 집단적인 두려움의 형태로 반영되기도 한다. 투자자들은 서로 자신이 그리는 미래가 더 정확하다고 뽐내면서 시장에서 주식을 사고판다.

그러나 미래란 기본적으로 알 수가 없다. 우리가 미래를 알 수 없는 것은 인식의 대상인 미래가 스스로 모습을 바꾸어가기도 하고, 또 미래라는 현상을 담아내는 인간의 인식 능력이 모자르기 때문이기도 하다. 문제를 더욱 복잡하게 만드는 것은 있을 수 있는 미래에 대한 인간의 앞선 대응이다. 이런 대응이 때로는 90도 방향으로 나갈 미래를 45도로 나가게 만들기도 한다. 아니면 오는 미래를 당기거나 뒤로 미루기도 한다. 이처럼 있을 수 있는 미래와 인간의 앞선 대응은 끊임없이 실제 미래 모습에 영향을 주며, 내가 상상하는 미래를 다르게 만든다.

인간 사회의 변화 모습은 기계적인 물리 법칙을 따라서 움직인다기보다는 마치 생물들의 생태계와 같아서 경쟁하면서 공존하기도 하고, 적자생존이 있는가 하면 동시에 돌연변이도 있다. 하나의 균형이 무너져서 불균형이 생기면 처음의 균형으로 다시 돌아오는 것이 아니라 새로운 균형을 만들어간다. 하늘을 나는 기러기는 아주 단순한 몇 개의 원리만을 지키는데도 이 원리가 만들어내는 기러기의 비행 유형은 인간의 예측 범위를 넘어선다. 현실에서 일어나는 이런 불확실성은 우리에게 가능성으로 다가와 투자의 기회를 제공하지만 동시에 투자를 위험하게 만들기도 한다. 이런 환경 속에서 투자 성과를 높이고 투자 위험을 줄이기 위해서는 절대적인 것은 아니지만 따르면 도움이 될 몇 가지 중요한 투자 원칙이 있다. 이것은 특히 초보자에게 더욱 필요하다.

첫째로 투자의 세계는 가능성의 세계다. 여기에 절대적인 것은 없다.

인터넷 거품이 만들어지던 시기에 확실한 정보라며 친구에게 투자 권유를 받은 적이 있었다. 거절하면 친구의 호의를 무시하는 것이 되고 사업 전망을 담은 자료를 보자고 하면 마치 외계인 취급을 하는 분위기였다. 이 책에서 여러 번 강조했지만 투자의 세계는 미래가 과거를 결정한다. 미래 전망이 좋으면 과거 10년 저축한 돈이 15년이나 20년의 저축액으로 불어나기도 하고, 미래 전망이 나쁘면 과거 10년 저축한 돈이 5년으로 줄어들기도 한다. 알 수 없는 미래를 걸어갈 수밖에 없다는 의미에서 투자의 세계는 인생과 다르지 않다.

인생 항로에 왕도가 없듯이 투자 결정에도 왕도는 없다. 우리가 반드시 명심해야 할 투자 원칙은 투자 성공을 보장해주는 그런 법칙은 없다는 것이다. 그러므로 투자에서는 언제나 자신의 예상과 다른 일이 일어날 가능성을 염두에 두고서 대응할 준비를 해두어야 한다. 예상과 다른 일이 일어날 가능성을 생각하지 못하면 처음에 만용을 부리게 되고, 실제로 힘든 순간이 오면 그냥 주저앉아버리게 된다.

투자 성공을 보장해주는 그런 법칙은 없지만 투자에 관련된 많은 격언들이 있고, 좀 더 구체적인 투자 방법들이 있다. 이런 모든 것은 잘 들어맞진 않지만 그렇다고 거짓말도 아니다. 중요한 것은 세상의 거의 모든 법칙들이 그러하듯이 이런 법칙은 일정한 조건 위에서만 들어맞는다. 그러므로 투자자들은 어떤 투자 방법을 따를 경우 반드시 그 방법이 갖는 전제 조건을 볼 줄 알아야 하며, 그 법칙이 갖는 장점과 약점을 알고 장점은 키우고, 약점은 줄이는 상황을 만들어가야 한다.

예를 들어 가치투자의 경우에는 장기 투자를 기본으로 한다. 그러나 장기 투자 그 자체가 반드시 훌륭한 투자 방법은 아니다. 세상에는 우리 모두가 피해갈 수 없는 기본적인 순환 주기가 있다. 가치투자에서 장기 투자를 말하는 것은 이런 경기 순환을 넘을 수 있는 뛰어난 회사를 찾아서 장기 투자를 하라는 말이다. 더 쉬운 말로는 그럴 정도로 뛰어난 회사를 찾아야 비로소 안심하고 투자할 수 있다는 말이다.

둘째, 왜 지금 이 가격에 그 자산에 투자하는지 그 근거를 가지고 있어야 한다. 투자에서 가장 피해야 할 일은 자신이 왜 그 주식을 사는지 또는 파는지 그 이유를 알지 못한 채 주식을 사고파는 것이다. 이런 경험을 해보지 않은 투자자들은 거의 없을 것이다. 신문에서 좋다고 하니까, 또는 옆 사람이 사니까 따라서 투자한다.

투자자들이 특히 견디기 어려운 것은 주위 사람들이 돈을 벌었다고 자랑할 때다. 저 아래 동네에서 출발해서 꼭대기 마을로 가는 기차가 잠시 내가 서 있는 중간역에 멈추었다고 하자. 아래 마을에서부터 기차를 타고 온 사람들은 옆 사람과 지나온 마을을 이야기하고 흥분한 채 앞으로 곧 가게 될 꼭대기 마을에 대해 이야기하고 있다. 중간역에 같이 있던 다른 사람들은 서로 먼저 기차를 타려고 한다. 이 기차가 구비를 넘어 다시 아랫마을로 갈 가능성이 높다는 생각도 들지만 지금 타지 않으면 혼자만 외로이 중간역에 남을 것이란 두려움과 어쩌면 이 기차가 꼭대기 마을로 갈 수도 있다는 환상에 어쩔 수 없이 기차에 올라타게 된다.

투자의 근거가 될 만한 것에는 여러 가지가 있을 것이다. 그 근거를 무엇으로 보느냐에 따라서 투자 철학이 달라지고 투자 방법이 달라지게 된다. 이 중의 하나가 이 책에서 앞으로 이야기할 가치투자다. 1만 원의 가치가 있어 보이는 회사인데 시장에서 5,000원에 거래되고 있어서 투자하는 것이다. 그 회사의 가치가 얼마인지는 처음에는 초등학생이 산수 문제를 풀듯이 접근하지만 경험이 쌓이면 대략의 범위를 감으로 느낀다.

무엇을 투자의 근거로 삼을 때는 그것이 가능한 구체적이고 확실하며, 사실에 가까운 것이어야 한다. 다른 말로 하면 그럴 수밖에 없는 것이어야 한다. 즉 시장의 다수가 지금은 아니지만 곧 인정하게 될 그런 것이고, 지금은 아니지만 앞으로 일어날 수밖에 없는 것이어야 한다. 어떤 주식을 사고 난 뒤 주식시장이 몇 년 동안 문을 닫아도 걱정하지 않아도 될 정도로 구체적이고 확실하고 사실에 가까운 것이어야 한다. 당연히 이런 회사는 흔하지 않다. 흔하지 않기 때문에 이런 회사를 찾아낸 투자자는 보상을 받게 된다. 막연한 가능성을 믿거나 기도하는 심정으로 남의 말을 듣고 이것저것 주식을 사고파는 것은 사업을 하는 사람이 누가 성공했다는 말을 듣고 이 사업 저 사업을 벌이는 것과 마찬가지다.

투자 근거가 분명해야 하는 것은 투자 성과를 지켜볼 때도 마찬가지다. 자신의 투자 성과가 시장 평균과 달리 지나치게 높거나 지나치게 낮을 경우, 왜 이런 일이 일어났는지 그 배경을 생각해야 한다. 투자 성과가 높다고 좋아할 일만은 아니다. 아무런 까닭도 없이 투자 성과가 지나치게 좋으면 오히려 조심해야 한다. 때로는 우연히 성공한 투자보다는 교훈을 얻은 투자 실패가 더 중요하다. 우연한 성공은 다음에 큰 손실을 낳지만 실패를 통한 교훈은 다음에 올 손실을 줄여주고 더 큰 성공의 기회를 만들어주기 때문이다. 마찬가지로 다른 사람이 어느 곳에 투자해서 돈을 벌었다는 말에 배가 아파도 그것은 나의 몫이 아니라고 생각해야 한다.

셋째, 과거 투자의 역사를 아는 것은 지금 또는 가까운 미래에 어떤 일이 일어날 것인지를 짐작하는 데 도움을 준다. 과거를 모르면 지금 일어나고 있는 일을 마치 역사에서 처음 일어나는 것으로 착각하여 흥분하거나 절망한다. 그러나 젊은 사람의 눈에는 새로운 일처럼 보이는 것도 나이 든 사람의 눈에는 과거의 되풀이로 보이듯이 투자의 과거 역사를 아는 것은 이런 흥분과 절망에 빠지지 않도록 도와준다. 당연히 지금이 과거의 판박이처럼 되풀이되는 것은 아니지만 투자의 세계에는 인간의 원시적인 심리 상태가 큰 몫을 해왔고 앞으로도 그럴 수밖에 없다.

가까운 미래를 짐작한다는 것은 내년에 경기가 어떻게 되고, 앞으로 기업의 이익이 얼마나 늘어나는지를 말하는 것이 아니다. 긴 역사에서 되풀이되는 사회 작동의 기본 원리를 말하며 이런 원리에 비추어서 최근에 일어난 중요한 사건들이 갖는 의미를 나름대로 정리할 수 있어야 한다.

예를 들면, 경제에는 경기 주기가 있는데 큰 파동으로 보아 세계 경제 또는 한국 경제가 지금 대략 어디쯤에 있는지, 인구 구성 또는 가계 소득의 지출 구성비처럼 한번 만들어지면 쉽게 바뀌지 않는 추세에 일어난 변화, 미국 경제에 일어날 변화와 중국 경제가 세계 경제 및 한국 경제에 줄 영향, 최근에 일어난 중요한 사건(테러의 발생, 사스와 같은 바이러스 질병 등), 앞으로 일어날 한국의 통일이 줄 영향 등이다.

여기서 중요한 것은 해답 또는 정확한 해석이 아니라 무엇이 문제인지를 아는 것이다. 해답은 그 분야의 전문가들이 하는 이야기를 참고로 투자자들이 선택하면 된다. 우리는 절대로 현실의 전체 모습을 알지 못한다. 인간은 현실의 본질을 알아내려고 만물의 기본 원소는 불이니 물이니 하면서 분자 단위로 쪼개기도 하고, 여러 가지 학문 분야를 만들기도 했다. 만약 인간이 현실을 한 번에 다 잡아낼 수 있었다면 결코 이렇게 여러 학문들이 만들어지지 않았을 것이다.

그리고 정보량이 많다고 현실을 정확히 해석할 수 있는 것도 아니다. 이것은 앞에서 말한 것처럼 현실 자체가 계속 바뀌기도 하고 현실을 받아들이는 인간 인식 능력에 한계가 있기 때문이다. 교실에서는 주어진 시험 문제를 잘 풀기만 하면 높은 점수를 받지만, 현실 투자 세계는 내가 문제를 다 풀기까지 투자 기회가 나를 기다려주지 않는다. 하나의 문제를 풀면 이미 또 새로운 문제가 생겨 있다. 그래서 투자자들은 문제를 제기하거나 문제를 풀면서 동시에 투자 판단을 내릴 수밖에 없다. 그래서 투자의 세계에서는 어떤 질문에 대한 완벽한 해석을 찾는 것보다 정확하게 질문을 던질 수 있는 능력이 훨씬 더 중요하다.

나머지는 투자자가 질 수밖에 없는 투자 위험이다. 여기서 가장 중요한 것은 내가 지고 있는 투자 위험의 내용과 정도를 아는 것이다. 이 위험을 지지 않으려고 완전한 정보와 완벽한 해석을 요구하는 것은 정보 수집가나 정보 해석가에 머물 뿐 투자를 하는 것이 아니다. 위험의 내용과 정도를 아는 것은 위험을 줄이는 아주 좋은 수단이다. 이것은 위험하다고 자동차 운전을 하지 않는 것이 아니라 굴곡이 심한 곳을 갈 때는 속도를 늦추는 것과 같다. 물론 정말 위험하다는 생각이 들면 자동차에서 내릴 수도 있어야 한다.

투자의 세계에서 좋은 질문을 찾아내는 몇 가지 유용한 방법이 있다. 그 중의 한 가지는 현실을 설명하는 생각의 틀을 하나만 사용하지 말고 여러 가지를 사용하는 것이다. 같은 현상이라도 이를 경제 원리로 이해할 때와 생물학 이론으로 담아낼 때 그 대상이 우리에게 다가오는 모습은 서로 다를 것이다. 비록 하나의 틀로 현실을 완벽하게 설명하기는 힘들겠지만 이런 틀을 여러 개 겹쳐서 들여다보면 분명 현실의 모습이 더 잘 보일 것이다. 이런 과정을 계속하면 지식은 서서히 지혜로 바뀌어갈 것이다.

두 번째로 투자의 세계에서 중요한 것은 지식이 아니다. 지나친 것을 볼 수 있는 지혜다. 한쪽으로 지나치게 치우친 것은 비록 그 시기를 정확히 알 수는 없지만 반드시 그 치우침을 바로 잡으면서 나아간다. 즉 현실을 직선이 아닌 파동으로 볼 수 있는 지혜가 필요하다.

넷째, 자신이 잘 아는 분야에 투자한다. 너무도 당연한 이야기다. 우리가 비록 미래를 알 수 없다고 하지만 그렇다고 미래를 볼 필요가 없다는 말은 아니다. 미래에 대해 너무 자만하지 말라는 것이다. 우리는 언제나 미래에 어떤 일이 일어날지 완전히 알지 못한 채 지금 결정을 내릴 수밖에 없다. 어떤 분야에서 10년 경험이 있는 사람이 내리는 결정과 초보자가 내리는 결정이 있다면 보통의 경우 우리는 10년 경험자의 결정을 따를 것이다. 시합에 나갔는데 경험이 있는 분야와 전혀 경험이 없는 분야 중에서 선택을 하라면 당연히 경험이 있는 분야를 선택해서 경쟁할 것이다. 투자도 일종의 경쟁이다. 어떤 분야, 어떤 회사에 대해 많이 아는 사람과 잘 모르는 사람이 그 회사에 대해 내리는 투자 판단의 경쟁이다.

여기서 집중투자와 분산투자의 갈등이 생겨난다. 보통은 미래에 무슨 일이 일어날지 모르므로 위험, 즉 알 수 없는 일로 일어날 투자 손실을 줄이기 위해서 어느 한 산업이나 한 회사에 집중하지 말고 여러 산업에 그리고 여러 회사에 나누어서 투자하라고 말한다. 더 나아가 주식만이 아니고 채권처럼 서로 성격이 다른 자산에 분산투자 하라고 한다. 자산의 종류만이 아니다. 같은 자산, 즉 주식이라도 지역마다 서로 움직임이 다를 수 있다. 그래서 해외주식에도 분산투자 할 수 있다.

그러나 가치투자를 하는 사람들 중의 일부는 분산투자를 잘못이라고 말한다. 자신이 잘 모르는 회사에 투자하면 그만큼 위험이 높아지는데 어떻게 그것이 투자 위험을 줄일 수 있느냐고 반문한다. 그래서 이들은 자신이 잘 아는 회사에 집중투자 한다. 투자할 자금이 생기면 위험을 줄인다고 잘 모르는 새로운 회사에 투자하는 어리석은 짓을 하지 말고 이미 투자하고 있는 잘 아는 회사에 더 많이 투자하라고 말한다.

사실 이런 주장의 차이는 투자 위험을 서로 다르게 해석하는 데서 나온다. 일반적으로 투자 위험은 투자한 자산의 가격이 내려가는 것이다. 그러나 가치투자를 하는 사람들은 투자 위험을 주가가 내려가는 것이 아니라 투자한 회사의 실적이 예상과 달리 나빠지는 것이라고 본다. 그래서 투자 자산의 가격이 내려가는 것이 시장의 변덕이 만들어낸 일시적인 것이 아니라 다시는 회복하기 어려울 정도가 되어버려 어쩔 수 없이 손해를 보고 팔아야만 하는 것을 투자 위험이라고 생각한다.

이들은 회사의 실적이 나빠지지 않았는데 주가가 내려가면 이것을 위험이라고 생각하는 것이 아니라 투자 기회라고 생각한다. 그래서 가치투자를 하는 사람들은 질이 좋은 회사를 기업 가치보다 낮은 가격에 살 수만 있다면, 이런 기회는 자주 오는 것이 아니므로 한 번 오기만 하면 집중해서 투자하라고 말한다. 이것은 그만큼 그 회사에 대해서 잘 알고 있다는 자신감의 표현이기도 하다.

그런데 재미있는 것은 대부분의 개인 투자자들이 회사에 대해서 잘 모르면서도 집중투자를 하고 있다는 점이다. 투자 금액이 크지 않으므로 실제로 분산해서 투자하기는 쉽지 않을 것이다. 어쨌든 5~6개 회사에 집중해서 투자하면 투자 위험이 높아지는 것은 피할 수 없다. 집중해서 투자하면서도 투자 위험을 피하는 방법은 두 가지다. 하나는 자신이 잘 아는 회사에 투자하는 것이고, 다른 하나는 그 회사를 가치보다 아주 낮은 가격에 사는 것이다. 이것이 바로 가치투자다. 즉 가치투자를 할 때에만 집중투자를 하면서도 투자 위험을 줄일 수 있다.

자신이 잘 아는 회사를 찾기 위해서는 먼저 일상 생활에서 쉽게 찾을 수 있는 회사부터 관심을 가지면 된다. 백화점이나 편의점에서 물건을 살 때도 좋은 기회다. 자신이 근무하는 회사와 관련된 회사 또는 친척이나 친구가 근무하거나 운영하는 회사, 또는 자신이 개인적으로 취미가 있는 분야를 시장으로 하고 있는 회사로 하나씩 대상 범위를 넓혀나가면 된다. 그러면 제품에 대한 공부도 하고 시장이나 경기에 대한 관심도 갖게 될 것이다. 이 과정에서 서서히 다른 사람은 갖지 못하는, 그 누구에게도 지지 않는 투자 경쟁력을 갖출 수가 있다.

다섯째, 시장의 집단 심리와 반대로 투자한다. 다수와 반대로 투자하라는 근거는 다수의 투자자들이 대부분의 경우 시장 흐름에 뒤늦게 반응하며, 때로는 시장을 너무 낙관하여 가격의 천장을 만들고, 때로는 너무 비관하여 바닥을 만들기 때문이다. 다수와 반대로 투자하라는 것은 언제나 현실이 변한 뒤에야 사람들은 비로소 이를 알아차리기 때문이다.

예를 들면, 대부분의 투자자는 바닥에 있던 주가가 한참 올라가고 난 뒤에야 주가가 올라가고 있다는 것을 알게 된다. 여기서 주가가 더 올라가면 투자자들은 이번에 주가가 세게 갈지도 모른다는 생각에 서로 눈치를 보면서 시장으로 몰려든다. 이렇게 올라간 주가는 이미 그 속에 스스로 떨어질 힘을 키운다. 주가는 올라가면 갈수록 더 올라갈 가능성보다는 떨어질 가능성이 높아진다. 이미 올라간 주가를 더 올리기 위해서는 처음보다 더 큰 힘이 작동해야 하기 때문이다. 이제 대부분의 사람들이 시장에 몰려들어 더 이상 몰려들 사람들이 없는 순간에 주가는 떨어지기 시작한다. 반대의 경우도 마찬가지다.

시장의 다수와 반대로 투자하는 것은 어렵다. 사실 전문가들도 마찬가지다. 많은 경우 시장이 꼭지를 만들고 있을 때 전문가들은 경제가 더 좋아진다고 말하고, 가격은 더 올라간다고 말한다. 시장이 바닥을 만들고 있을 때 언론에서는 이제 주식시장은 죽었다고 말한다. 우리는 대부분의 경우 시장의 꼭지와 바닥을 알아내지 못한다. 지나고 나서야 바로 그때가 시장의 꼭지였고 바닥이었음을 알게 된다.

아무리 시장의 다수와 반대로 투자하는 것이 중요하다고 말해도 실제 그 순간을 찾아내는 것은 결코 쉬운 일이 아니다. 이런 꼭지와 바닥을 미리 알기는 쉽지 않지만 한 가지 방법은 지나침을 찾아내는 것이다. 예를 들면 어떤 투자자들은 주식 거래량이 폭주하여 거래소의 전산기가 멈추고, 은행이나 보험회사가 주식투자를 위한 대출 경쟁을 하는 것을 보고 지나침을 찾아낼 수도 있을 것이다. 억지로 찾아내려 한다고 찾아지는 것도 아니다. 그냥 느낌으로 다가와야 한다.

이런 지나침은 멀리 있는 것이 아니다. 우리 생활 주변에 널려 있다. 이것을 볼 수 있는 눈과 들을 수 있는 귀가 중요하다. 이런 투자자들은 사상 최고, 최대 등의 이야기에 흥분하는 것이 아니라 서서히 반대로 움직일 준비를 한다. 투자자들이 시장에 서로 먼저 들어가려고 앞문으로 몰려들 때 뒷문으로 살짝 빠져나가고, 투자자들이 시장에서 서로 먼저 빠져나가려고 흩어질 때 당당하게 앞문으로 들어간다.

개별회사의 경우도 마찬가지다. 시장에는 여러 사람이 관심을 가지고 지켜보는 회사들이 있다. 이런 회사들은 대부분 가격이 회사의 가치 근처에 있다. 많은 사람이 지켜보고 있는데 그 가격이 잘못되었다고 보기는 정말 어렵다. 여러 사람보다 이 회사의 미래를 더 잘 볼 자신이 있어야 그 회사의 시장 가격이 잘못되었다고 말할 수 있다. 예를 들면, 한국 시장에서는 삼성전자 같은 회사들이다. 이런 회사들은 길게 보면 거의 주가가 회사의 이익과 일정한 배수를 유지하면서 움직인다. 이와 반대로 한때 시장의 관심을 끌었으나 지금은 관심 밖에 있는 회사들이 있다. 이런 회사들은 아무래도 시장 가격이 회사의 가치에서 벗어나 있을 가능성이 많다.

다른 한 가지는 회사를 다른 사람들과 다른 눈으로 볼 수 있어야 한다.

회사의 성격이 변했는데도 여전히 다른 사람들은 그 회사를 옛날 회사로 보고 있을 때 남보다 먼저 회사의 성격 변화를 알아낼 수 있다면 이것은 아주 좋은 투자 기회가 된다.

예를 들어, 삼성전자를 여러 사람이 지켜보고 있다 해도 그 회사에 일어난 변화를 알아채지 못할 수도 있다. 삼성전자는 길게 보면 주가가 회사 이익의 10배 수준에서 거래되었다. 그런데 어떤 투자자가 삼성전자가 여러 면에서 과거보다 좋아졌으므로 이제는 주가가 이익의 10배가 아니라 더 높은 15배는 되어야 한다고 볼 수도 있다. 이런 경우 그의 생각이 맞다면 그는 여러 사람들과 다른 눈으로 회사를 보는 것이다. 투자의 묘미는 이런 데 있다. 이처럼 회사를 다른 사람과 다른 눈으로 보는 훈련을 쌓아나가면 나중에는 회사가 스스로 "여기 값싸고 질 좋은 물건이 있습니다"라고 소리치며 달려오는 신기한 경험을 하게 될지도 모른다.

회사를 다른 사람과 다른 눈으로 보려면 의도적으로 시각을 비틀어 보는 노력이 필요하다. 예를 들어, 지금 장사를 잘하고 있는 회사는 앞으로 잘못될 가능성을 더 많이 생각해보고 반대로 지금 장사를 못하고 있는 회사는 앞으로 잘할 가능성이 있는지 더 많이 생각해보는 것이다. 그리고 다른 사람의 말을 무작정 따라 하지 말아야 한다. 스스로 생각해서 그렇다고 생각이 들기 전에는 전문가라고 하는 사람들의 말도 믿지 말아야 한다. 이렇게 하면 자연히 스스로 그 분야를 더 알고 싶은 생각이 들고, 책도 보게 되고 서서히 자신의 기준을 만들어가게 된다.

특히 두 현상이 직선 관계로 연결되어 움직이는 것을 조심해야 한다. 사람들은 두 현상이 나란히 움직이면 서로 관련이 없는 것도 인과 관계가 있는 것으로 설명하려고 한다. 그래야 마음이 편하기 때문이다. 때로는 인과 관계가 있을 수도 있다. 이런 경우도 이것을 직선 관계로만 보면 안 된다. 온도가 올라가면 점점 물이 끓다가 일정한 지점을 지나면 수증기로 변해버린다. 마찬가지로 0^{0}C를 지나면 얼어버린다. 투자의 세계에서 정말 귀중한 것은 바로 일정 기간 유지되던 이런 직선의 관계가 무너지는 경우를 예견하는 것이다.

여섯째, 감정에 사로잡히지 않는다. 자기 자신과 감정을 구분하는 연습을 한다. 투자의 세계에서 지혜만큼이나 중요한 것이 자신의 감정을 조절하는 능력이다. 우리는 인간 이성의 판단 능력이 얼마나 믿을 수 없는 놈인지 그리고 인간 심리란 놈이 얼마나 우리를 마음대로 갖고 노는지 경험해보았을 것이다. 예를 들어, 우리는 화를 내서는 안 된다고 생각하면서도 치밀어오르는 화를 어찌할 수 없는 경우가 많다. 내가 화를 내는 것이 아니라 화가 나를 갖고 논다는 생각이 들기조차 한다. 인간의 행동을 결정할 때 이성과 심리가 싸우면 많은 경우 심리가 이성을 이긴다.

이런 인간 감정이 자주 잘못된 투자 결정을 내리게 만든다. 며칠을 곰곰이 따져서 두 회사 중에서 갑이라는 회사를 사기로 했는데 주문을 낼 때 을은 가격이 올라가고 갑은 내려가는 것을 보고는 순간적으로 을을 사버리기도 한다. 용기, 비겁함, 두려움, 게으름, 고집, 자만심 등 우리가 일상생활에서 만나는 대부분의 감정들이 투자 결정 과정에도 그대로 끼어든다. 그러므로 투자 결정을 내리고 나면 마지막으로 행동하기 전에 그 결정에 혹시 자신의 이성과 감정이 실수를 저질렀는지, 그리고 그 결정이 자신이 세운 투자 원칙에 어긋나지는 않았는지 다시 한번 점검해보는 자세가 필요하다.

VALUE INVESTING

가치투자의 원조 벤저민 그레이엄이 말한 투자 원칙

주식투자에서 자주 듣는 말 중의 하나가 가치투자다. 그러나 이 말을 사용하는 사람들마다 생각하는 뜻은 다르다. 가치투자를 처음 체계화한 사람은 벤저민 그레이엄Benjamin Graham이다.

그는 처음으로 철학과 원칙이 있는 투자이론을 제시했다는 의미에서 증권분석의 아버지로 불린다. 학교에서 투자론 강의도 했고, 실제 투자회사를 경영하여 높은 투자 성과도 냈다. 아버지가 일찍 돌아간 후 어머니는 집을 하숙집으로 바꾸어 생계를 유지했다. 그의 어머니는 신용으로 주식투자를 하다 1907년의 폭락장에서 다 잃었다. 그레이엄은 돈에 쫓기며 살다 시험에 붙어 컬럼비아 대학에서 장학금을 받게 되었다. 그는 1914년 컬럼비아 대학을 졸업할 당시 나이 20세에 3개 학과의 교수직을 제의받았으나 증권회사에 들어가 채권 분석가로 일했다. 1923년에는 투자 회사를 세워서 직접 운용도 했다.

1929년에 다시 학교로 돌아가서 28년 동안 투자론을 강의했다. 증권가에 몸을 담은 지 20년 후 그리고 강의를 한 지 6년 후인 1934년에 그는 증권분석의 고전인 《증권분석Securities Analysis》을 발간했다. 그의 초기 투자 성과는 잘 알려져 있지 않으나 1936년부터 은퇴한 1956년까지 그가 만들어서 운용한 그레이엄-뉴먼Graham-Newman 회사의 투자 성과는 최소 연평균 14.7%로 같은 기간 시장 평균 12.2%보다 더 높았다. 그는 1949년에 일반 대중을 대상으로 《증권분석》을 더 쉽게 풀어서 쓴 《현명한 투자자Intelligent Investor》를 발간했다. 이 책은 지금도 계속해서 개정판을 내고 있다.

그레이엄 투자 원칙의 핵심은 다음 세 가지로 요약할 수 있다. 하나는 투자를 사업 하듯이 하라는 것이고, 둘째는 시장의 변덕스러운 오르내림에 속지 말라는 것이며, 나머지는 충분히 낮은 가격에 사라는 것이다.

가치와 가격의 구분

그레이엄이 내린 투자의 정의 속에는 위의 세 가지가 모두 들어 있다. 그는 투자를 100원의 가치가 있는 것을 50원 주고 사는 것이라고 본다. 즉 시장에서 거래되는 주식 가격을 그 회사의 가치와 구분하는 것이다. 주식이란 종목의 코드 번호나 종이쪽지가 아니라 회사에 대한 소유권이며 회사 사업은 분명히 가치를 가지고 있다. 주가가 회사의 가치를 결정하는 것이 아니라 반대로 회사의 가치가 주가를 결정한다. 이런 관점에서 투자를 바라보면 남는 의문은 과연 가치를 찾아낼 수 있는가 그리고 가치를 찾아냈다면 다음에는 과연 주가가 언제쯤 이 가치를 반영할 것인가 하는 점이다.

여기서 그레이엄이 이야기하는 가치란 아직 주가에 반영되지 않은, 그러나 잘 생각해보면 거의 분명한 가치를 말한다. 그가 말하는 가치는 '앞으로 회사가 좋아질 것이다'와 같은 막연한 전망에서 나오는 가치가 아니다. 그가 실제로 투자하여 성공한 사례 몇 가지를 살펴보면 다음과 같다.

듀봉[DU Pont]은 지엠[GM]의 주식을 갖고 있었는데 듀퐁 시가총액(듀퐁 주식의 시장 가격 합계액)이 그 회사가 갖고 있는 지엠의 시가총액과 비슷했다. 듀퐁은 지엠 주식 외에 다른 자산도 갖고 있으므로 주식 가격은 당연히 지엠 주식의 시장 가격보다 높아야 했다. 이 말은 듀퐁 주식이 더 올라가든가 아니면 지엠 주식이 더 내려가야 한다는 의미다. 그래서 그는 듀퐁 주식을 사고, 동시에 지엠 주식을 빌려와서 팔았다. 나중에 듀퐁의 가격이 올라가자 듀퐁을 팔고, 지엠 주식은 시장에서 사서 갚았다. 이런 판단을 하는 데는 듀퐁이나 지엠의 사업 전망을 몰라도 된다. 듀퐁의 재무제표만 자세히 들여다볼 줄 알면 된다.

이와 비슷한 사례로 노던 파이프라인[Northern Pipe Line]이라는 회사가 있었다. 이 회사는 철도 채권을 갖고 있었는데 회사의 시가총액(1주에 65달러)은 이 회사가 갖고 있는 채권을 팔았을 때 나오는 금액(1주당 95달러)보다 더 낮았다. 회사가 철도 채권을 팔지 않으려고 하자 그는 주총에 참석하여 다른 주주들의 동의를 얻어 두 사람의 이사를 새로 뽑고, 채권을 팔아서 나온 돈으로 결국 1주에 70달러씩 주주에게 분배했다. 그에게는 회사가 무엇을 하고 있는지, 경영자가 누군지는 관심이 없었다. 단지 저평가된 자산을 찾아내기만 하면 되었다.

그는 가치와 가격으로 투자자[investor]와 투기자[speculator]를 구분한다. 가치와 가격을 구분하여 가치보다 낮은 가격에 사면 투자며, 이와는 달리 가격과 가치를 구분하지 못하거나 이 둘이 같은 것이라고 보는 것은 투기라고 말한다. 시장 가격을 가치와 구분하면 아무래도 장기 투자를 하게 된다. 자신이 생각하는 가치 근처로 가격이 오기까지 기다리기 때문이다. 가치를 인정하지 않고 시장 가격에만 집중하면 자연히 짧은 시간 안에 사고팔기를 반복한다. 그리고 자꾸 가격의 흐름을 맞추려 하게 된다.

이것이 아주 심하게 나타난 것이 바로 데이 트레이딩day trading이다. 여기에는 투자라는 말이 붙지 않는다. 이것은 가격에만 집중할 때 오는 위험을 낮추는 한 가지 방법이기도 하다. 가격 이외에는 믿을 구석이 없으며, 가격이 어디로 움직일지 예측하는 것도 불가능한 상황에서 위험을 최소화하기 위해서는 가격 변동이 심한 주식을 골라, 평균적인 가격의 변동폭 안에서 가격 상승폭을 하락폭보다 높게 잡고 기계적으로 사고팔고를 하는 것이다. 주식 그 자체는 투자도 투기도 아니다. 이것을 무엇으로 만드는가는 바로 투자자 자신에게 달려 있다.

미스터 마켓

그는 주식시장은 비논리적인 장소라고 생각했다. 시장에서 만들어지는 가격은 올라서면 몸무게를 정확하게 알려주는 체중계가 아니라, 수많은 사람들의 선택이 섞여 있는 투표 기계다. 여기에는 이성적인 판단도 들어가 있지만 감정도 들어가 있다. 그러므로 현명한 투자자는 맹목적으로 군중을 따라다니지 말고, 가치 이하에서 팔리는 주식을 찾아서 시장이 이 거리를 찾아 메울 때까지 기다려야 한다고 말한다. 그는 주식시장의 이런 성격을 '변덕쟁이'(미스터 마켓Mr. Market)라는 개념을 사용하여 잘 설명하고 있다.

그는 미스터 마켓을 투자가와 동업을 하는 파트너로 본다. 마켓은 변덕쟁이다. 기분이 좋은 날은 산뜻한 옷을 입고 나와서 투자자가 갖고 있는 주식을 높은 가격에 사겠다고 말한다. 그러다가 다음날은 풀 죽은 모습으로 다시 나타나서 자기가 갖고 있는 주식을 싼 가격에 사라고 말한다. 이렇게 마켓은 회사의 가치에 큰 변화가 없는데도 기분에 따라 끊임없이 사고파는 주문을 낸다.

보통 전문가들은 이런 시장 가격 변동을 위험이라고 부른다. 가격 변동이 심하면 위험이 크다고 말한다. 그러나 그레이엄의 생각으로 이것은 위험이 아니다. 그에게 위험한 것은 시장 가격이 움직이는 것이 아니라 회사의 가치가 자신의 생각과 달라지는 것이다. 좋은 회사라고 생각했는데 나중에 좋지 않은 회사가 되어버리거나, 여전히 좋은 회사이나 처음에 너무 비싸게 주고 산 것이다. 그에게 시장 가격의 변동은 가치보다 더 싸게 사거나 가치보다 더 비싸게 팔 수 있는 기회를 주는 것이다. 현명한 투자자란 낙관론자에게 주식을 팔고, 비관론자에게서 주식을 사는 현실주의자다.

앞에서 이야기했듯이 주식시장이 갖는 이런 비합리성을 주요한 연구대상으로 하는 행위금융이론이 지난 1990년대 말 주가 거품이 터지고 난 이후 다시 주목을 받고 있다. 사람은 이성을 사용하여 합리적으로 판단하는 것이 아니며, 이성보다는 오히려 감성에 의해 더 잘 움직인다는 것이다. 그리고 이성 자체도 아주 제한적이고 몹쓸 성격을 갖고 있어서 믿을 바가 못 된다는 것이다. 이렇게 자신의 행동을 이성이나 감성과 구분한 뒤 자신의 판단이 과연 올바른지 다시 한번 생각하는 것은 투자 실수를 줄이는 데 도움이 된다. 그레이엄은 이미 오래 전에 투자자에게는 이성적인 판단 능력도 중요하지만 이런 심리적인 감정을 다스릴 수 있어야 투자에 성공할 수 있다고 말했다.

안전여유

그레이엄은 1920년대 주가 상승기에 주가가 올라가는 경험을 한 탓에 1929년 주가 폭락 후 이제 하락이 멈추었다고 생각하고 1930년과 1931년에도 계속 공격적인 투자를 했으나 투자 성과는 아주 나빴다. 이런 경험의 결과로 그는 투자에서 손해를 보지 않으려면 가치보다 충분히 낮은 '안전한 가격Margin of Safety'에 주식을 사야 한다고 말했다. 1톤의 자동차가 지나가려면 3톤을 견디는 다리를 세워야 하는 것과 같은 이치다.

투자자는 아무리 조심해도 투자에서 실수 또는 잘못을 결코 피해갈 수가 없다. 투자자가 할 수 있는 일은 실수하지 않는 것이 아니라 어쩔 수 없이 실수를 했을 때 입게 될 손실을 최소로 하는 것이다. 그러기 위해서는 가치에 비해서 최대한 싼 가격에 주식을 사야 한다. 주식시장이 장기로 보면 올라가는 추세를 보이지만 잘못해서 높은 가격에 사게 되면 주가가 처음 산 가격으로 되돌아올 때까지 10년 이상 걸리는 경우도 있다.

그레이엄 투자 철학의 배경은 모두 가치와 가격을 구분하는 것에서 나온다. 문제는 가치를 무엇이라고 보고 어떻게 찾아낼 것인가 하는 점이다. 그는 가치를 정확히 계산할 수는 없으며, 또 정확히 계산할 필요도 없다고 말한다. 예를 들어 지나가는 사람을 보고 몇 살 이상 되어 보인다거나 몸무게가 얼마 이상 되어 보인다는 정도면 충분하다고 말한다. 훗날 그의 제자인 워렌 버핏에게로 오면 이 가치는 그 성격이 조금 달라진다.

VALUE INVESTING

가치투자를 한 단계 더 높인 워렌 버핏의 투자 원칙

워렌 버핏은 11세에 처음 투자를 시작해 현재 84세이며, 미국의 경제 잡지《포브스Forbes》에서 조사한 결과 2014년 10월 현재 순재산이 670억 달러로 전 세계에서 두 번째로 부자다. 보통 사람들은 그냥 부자이거나 아니면 그냥 투자에 대해 아는 것처럼 말만 많다. 그런데 이 사람은 자신이 직접 투자를 해서 돈을 많이 벌기도 했고, 투자의 주요 원칙들을 사람들이 알아듣기 쉽게 이야기한다. 그가 경영하는 보험회사 버크셔 해스웨이Birkshire Hathway가 1년에 한 번씩 정기주주총회를 하는 날이면 수만 명의 사람들이 그에게 질문하고 대답을 듣기 위해 본사가 있는 오마하Omaha에 몰려들어 1박 2일 동안 축제 분위기가 만들어진다.

그의 투자 철학이나 투자 방법을 알려주는 책이 수십 권이나 있으며, 가끔 한 번씩 이 사람의 말에 주식이나 채권 시장의 가격이 움직이기도 한다. 이 사람의 투자 철학을 반영하여 주식투자를 하고 있는 펀드도 여러 곳 있다. 이미 우리는 앞에서 워렌 버핏의 이야기를 많이 했다. 그러나 이 책을 마무리하면서 다시 한번 워렌 버핏의 주식투자 방법을 요약하면 다음과 같다. 특히 두 번째 원칙과 세 번째 원칙에서 우리는 그의 투자 철학이 스승과 달라진 점을 찾을 수 있다.

자신이 잘 아는 회사에 투자하라

주식투자의 방법을 여러 기준으로 나눌 수 있지만 그 중의 한 가지로 분산 투자와 집중투자가 있다. 일반적으로 대부분의 투자 교과서에서는 분산투자를 추천한다. 그러나 이 사람은 분산투자는 바보 같은 짓이라고 말하면서 이것과 반대로 집중투자를 하고 있다. 우리가 분산투자를 하는 것은 한두 개 회사에 집중투자 했다가 잘못 되었을 경우 올 큰 손실을 막기 위해서다. 워렌 버핏은 투자 위험을 줄이기 위해서 잘 모르는 여러 회사에 분산해서 투자하는 것보다는 처음부터 잘 아는 회사에만 집중해서 투자하는 것이 더 낫다고 말한다.

여기서 투자자가 잘 아는 회사란 다른 말로 하면 무엇을 만들며, 어떻게 돈을 벌고 있는지, 그리고 내부에서 일어나는 새로운 일도 쉽게 알 수 있는 회사를 말한다. 1990년대 후반 미국의 주식시장이 인터넷 열풍으로 수십 배가 올라갈 때도 워렌 버핏은 기술 중심 회사는 자신이 알지 못하는 회사라서 위험이 높다고 피했다. 기술주를 피하는 바람에 1999~2000년에 나스닥의 지수가 2배나 올라갈 때 버크셔 해스웨이 주식은 50% 이상 떨어졌다. 그래도 그는 자신이 잘 알 수 있는 회사에 투자한다는 원칙을 버리지 않았다. 그 후 나스닥은 80% 가까이 떨어졌으나 버크셔 해스웨이의 주가는 반대로 올라서 과거의 고점을 찾았다.

투자자가 회사를 쉽게 이해하려면 투자자의 아이큐가 높아야 하는 것이 아니라 회사 자체가 단순해야 한다. 즉 회사의 영업에 영향을 주는 요소가 복잡하지 않고, 한두 개로 아주 단순해야 한다. 회사의 영업에 영향을 주는 요소가 여러 가지이면 자연히 그 회사의 앞날을 짐작하는 데 어려움이 따른다.

좋은 회사에 투자하라

여기서 좋은 회사란 더 쉽게 말하면 남과 다른 회사를 말하고, 약간 보태면 경쟁력이 높은 회사를 말한다. 남과 다른 회사란 회사의 제품이나 서비스가 남과 다르거나, 만약 제품이 같다면 생산 비용이 더 낮은 회사를 말한다. 경쟁력이 높다는 말은 다른 회사가 쉽게 이 회사를 쫓아오지 못해야 한다는 뜻이다. 예를 들면 성 주위에 연못을 만들어 물을 넣어두면 적이 쉽게 성을 공격하지 못하는 것과 같다. 경쟁력이 높아진다는 말은 이 연못이 넓어지고 깊어진다는 의미다.

남과 다른 경쟁 요소를 갖고 있으면 이 회사는 당연히 영업 실적도 좋게 나올 것이다. 그러나 여기서 한 가지 조심할 것은 영업 실적을 단순히 매출액이나 이익이 늘어나는 성장만으로 보면 안 된다. 매출이나 이익이 빨리 늘어나더라도 이것을 만들어내기 위해 많은 돈이 투자되면 좋은 회사가 아니다. 즉 들어가는 돈은 적고 나오는 돈은 많아야 한다. 투자 금액에 비해서 이익이 많이 나야 한다. 회사의 이런 상황을 잘 알려주는 지표는 순이익보다는 자유현금흐름이다. 자유현금흐름이란 이 책의 3장에서 살펴볼 텐데 영업활동에서 나오는 현금흐름에서 투자에 들어간 금액을 뺀 것을 말한다.

여기서 한 가지 더 보탤 것은 좋은 회사란 1,2년 잠깐 좋았다가 마는 회사가 아니다. 즉 회사가 갖고 있는 경쟁 요소가 상당히 오랜 기간 유지되어야 한다. 회사의 경쟁 요소가 오래 유지되려면 아무래도 영업 환경의 변화에 영향을 적게 받는 회사여야 한다. 그렇게 하려면 자연히 이 회사의 제품 또는 서비스는 일반 소비자들이 일상 생활에서 반드시 필요한 제품이나 서비스여서 많이 찾아야 한다. 고객이 기업이나 단체일 경우에는 그 수가 많아야 한다. 워렌 버핏은 3~5년 뒤에 변해야만 하는 회사보다 변하지 않아도 살아남을 수 있는 회사를 원한다. 3~5년 뒤에 주력 제품이나 사업이 변해야만 하는 회사는 영업 환경의 변화에 이길 수 있는 경쟁력이 없다는 뜻이다.

여기서 유명한 담배꽁초 이야기가 나온다. 주식투자를 주식이라는 종이 쪽지가 아니라 기업에 투자하는 것이라고 본 것은 그레이엄이나 버핏이나 마찬가지다. 그러나 그레이엄은 회사의 장래에 대해서는 크게 신경 쓰지 않았다. 현재 회사 자산의 시장 가격과 주가와의 차이를 중요하게 생각했다. 그래서 회사의 자산 중 거의 시장 가격으로 평가받고 있는 운전자산에서 부채를 뺀 금액이 시가총액보다 더 큰 회사[(운전자산-부채)〉시가총액]를 중요한 투자 대상 회사로 생각했다.

그러나 버핏은 조금 달랐다. 버핏도 처음에는 이런 회사에 투자했다. 그러다가 지금 동업을 하고 있는 찰리 멍거Charley Munger를 만난 이후 달라졌다. 그는 이런 회사는 잘못하면 남이 길가에 버린 담배꽁초를 줍는 것과 비슷하다고 말한다. 집어서 몇 모금 공짜로 빨 수는 있지만 그 정도로 그만이라는 것이다. 대신에 버핏은 질이 좋은 회사를 찾는다. 10년이 지난 뒤에도 여전히 장사를 잘할 수 있는 그런 회사를 좋아한다. 그레이엄의 시대와 버핏의 시대가 서로 다르다는 이야기도 된다. 영업보고서만으로 좋은 투자 대상 회사를 쉽게 찾아낼 수 있었던 그레이엄의 시대는 이미 지나갔다는 의미다.

경영자가 훌륭해야 한다

사실 일반 투자자들이 회사의 경영자를 평가하기는 쉽지 않다. 굳이 몇 가지 기준을 든다면 정직해야 하고, 일반 주주와 경영자의 이해가 같아야 하며, 회사가 계속 경쟁력을 유지할 수 있도록 경영을 잘하는 능력이 있어야 한다. 이를 다른 측면에서 보면 회사는 돈을 버는데도 주주는 손해를 보는 일이 일어나서는 안 된다. 만약 회사가 장사를 잘 해서 돈을 벌었는데도 시장이 바보라서 주가가 올라가지 않으면 번 돈의 일부를 배당을 주든지 아니면 자사주를 사서 주주에게도 회사가 번 이익의 일부가 돌아가도록 해야 한다(회사가 자기 회사 주식을 사들이면 발행 주식수가 줄어들어서 1주당 회사의 가치가 그만큼 올라가고 따라서 주가도 올라간다).

장사를 잘해 돈을 많이 버는 것도 경영자를 판단하는 주요 기준이지만 번 돈을 잘 사용하는 것도 중요한 기준이다. 특히 주주의 입장에서는 그 돈을 일반 주주의 이익을 위해서 사용해야 한다. 재투자를 잘못하거나 회사에 별로 도움이 되지 않는 관계회사나 자회사에 돈을 넣거나 경영자의 지배력을 키우기 위해 다른 회사를 합병하는 일은 잘못된 것이다.

버핏은 회사의 사업 전망과 경영자 중에서 어느 것이 더 중요한가를 고민한다. 둘 중에 하나를 선택하라면 경영자도 중요하지만 그보다는 회사의 사업 전망, 즉 사업의 성격이 더 중요하다고 생각한다. 아무리 뛰어난 경영자도 사업이 기울어지는 회사를 바로잡기는 어렵지만 중간 이하의 경영자라도 사업 전망이 좋으면 무난하게 좋은 경영 성과를 낼 수 있다고 말한다. 즉 그는 원숭이가 경영을 해도 장사를 잘할 수 있을 정도로 사업 전망이 좋은 회사를 찾고 싶어한다. 그러나 그는 장기투자를 할 경우 언제나 최고의 경영자가 경영하는 회사를 선택한다.

이와 관련해서 그는 투자자에게 투자한 회사의 상황이 나빠진 경우 물이 새는 배에서 바가지로 물을 퍼내기보다는 배에서 뛰어내리라고 말한다. 이와 동시에 그는 배에 물이 새는 상황이 일시적인 것인지, 그래서 구멍을 막으면 다시 원래의 자리로 돌아올 수 있는지도 중요하게 생각한다. 만약 회사에 일어난 문제가 일시적인 것이고 해결 가능한 것이라면 이것은 아주 좋은 투자 기회가 된다.

주식 가격이 회사의 가치보다 훨씬 낮아야 한다

버핏 역시 가격과 가치의 구분을 아주 중요하게 생각한다. 그는 주식의 가격이 많은 경우 회사의 가치 근처에서 만들어지지만 어느 때는 가치보다 훨씬 더 높아지기도 하고 어느 때는 가치보다 훨씬 더 낮아지기도 한다고 본다. 그래서 가격이 가치보다 많이 낮아지기를 기다렸다가 이때 주식을 산다는 것이다.

회사가 얼마인지는 잘 모르지만 값어치가 있는 것은 사실이다. 이것을 부정할 수는 없다. 그러면 과연 회사의 가치를 어떻게 찾아낼 수 있을까? 이것을 이해시키기 위해 버핏은 어떤 회사의 주식을 살 때 그 회사가 상장되어 있지 않다고 가정한다. 그러면 시장 가격이 없으므로 투자자는 어쩔 수 없이 그 회사가 갖고 있는 유무형 자산의 가치를 계산할 수밖에 없다. 즉 회사의 가치란 결국 그 회사가 갖고 있는 유무형 자산의 가치를 말하는 것이며, 가치란 자산이 투자자에게 얼마나 많은 수익을 가져다주느냐에 달려 있다. 이 수익을 이익 또는 현금흐름이라고 보면 결국 회사의 가치란 투자자가 갖고 있는 자산(회사)이 앞으로 매년 만들어내는 이익이나 현금흐름을 말하며, 이것을 모두 현재의 가치로 바꾸면 된다. 우리는 이 책의 5장에서 미래 이익을 현재의 가치로 할인하는 방법을 살펴볼 것이다.

나에게 맞는 투자 원칙

가치투자에 대한 오해

워렌 버핏의 투자 원칙을 그대로 따라 하기는 결코 쉽지 않다. 이 길이 쉽고 그래서 다른 사람들도 쉽게 따라 할 수 있다면 어떻게 이 사람이 투자 세계의 거인이 되었겠는가? 그러나 쉽지 않다고 이 길이 잘못된 길이라고 말하는 것은 잘못이다.

워렌 버핏이 이야기하는 가치투자가 실제로 어려운 이유는 능력, 성격, 자금력 등 세 가지 때문이다. 여기서 능력이란 가치투자에 적합한 회사를 찾아낼 수 있는 투자자의 능력이다. 우리는 이 책의 3장과 4장에서 이런 회사를 찾아내는 여러 기준들에 대해서 이야기할 것이다.

둘째로 성격이란 시장의 변덕스러운 주가 움직임에 속지 않고 자기가 맞다고 생각하는 것을 끝까지 믿고 나갈 수 있는 투자자의 인내심 또는 독립심이다. 능력은 노력하면 어느 정도 갖게 되지만 성격은 타고난 측면이 있어서 쉽게 바꾸기 어렵다. 몇 차례에 걸친 실패와 성공의 투자 경험을 통해서 깨치고 몸에 익힐 수밖에 없다.

셋째로 자금력이란 자신의 능력을 믿고 오래 견딜 수 있는 인내력을 갖게 해주는 돈의 힘이다. 여기에 한 가지를 더 보탠다면 여기가 미국이 아닌 한국이라는 점이다. 과연 한국에서 워렌 버핏의 투자 기준에 들어맞는 회사나 경영자가 얼마나 있을지 궁금하다.

주식투자 경험이 오래된 사람들 중에서 간혹 한국에서는 가치투자 방법이 잘 들어맞지 않는다고 말하는 사람들이 있다. 위에서 본 세 가지 요소를 갖춘 사람이 이런 말을 한다면 충분히 설득력이 있다. 그러나 대부분은 이런 세 가지 요소를 갖지 못한 사람이 한두 번 가치투자 방법과 비슷하게 해보다 실패한 후 한국에는 이 방법이 들어맞지 않는다고 말한다. 이것은 가치투자에 대한 오해에서 비롯되는 것이다. 가치투자에 대한 오해를 정리해보면 다음과 같다.

오해 1) 회사가 속한 산업의 성장 전망이 좋은 회사

가치투자의 핵심은 회사가 앞으로 오랫동안 거의 확실하게 가치를 만들어내는 회사를 찾아내는 것이다. 여기서 '가치'는 이해하기 쉽게 '이익'이라고 바꾸어도 좋다. 막연하게 앞으로 이익이 많이 늘어날 것으로 이야기되는 회사에 속아서는 안 된다. 이런 회사를 일반적으로는 성장주식이라고 부르나 그 성격을 더 분명히 하기 위해서 스토리 주식Story stock 또는 개념 주식Conceptual stock이라고도 부른다.

그러나 가치투자에는 산업의 성장이나 시장의 성장이 중요한 것은 아니다. 가치투자에서 중요한 것은 그 회사가 앞으로 이익을 낼 수밖에 없는 필연성을 갖고 있느냐이다. 이 필연성에 가까이 가면 갈수록 가치투자에 가까운 것이고 여기서 멀어질수록 가치투자에서 멀어지는 것이다. 산업이나 시장은 빨리 커지나 심한 경쟁 때문에 회사가 만들어낸 가치가 모두 고객에게 이전되어버리고 그 속에 있는 회사는 적자를 볼 수도 있고 이어달리기를 하듯이 계속 바뀔 수도 있다.

오해 2) 경기가 좋아지면서 이익이 늘어나는 회사

경기 변동이 일정하게 되풀이되는 산업에 속한 회사는 비록 경기가 회복 중이고, 그래서 이익이 늘어나더라도 가치투자 대상으로는 적절하지 않다. 이런 회사가 좋은 투자 대상이 아니라는 말은 아니다. 가치투자 방법으로 접근하기는 적절하지 않다는 말이다. 우선은 경기의 꼭지와 바닥을 남보다 미리 알기가 어렵다. 경기 변화를 알아맞히는 것이 주가 변화를 맞히는 것보다 더 어려울지도 모른다.

많은 경우 경기지표와 주가 사이에 일정한 관계가 있다고 하여 이것을 그림으로도 그리고, 예측 모형을 만들기도 한다. 그러나 이 관계를 실전에 사용하려면 주가에 앞서는 경기 요소를 정확히 예측해야 한다. 가치투자에서는 기본적으로 경기 변동이 작은 회사를 찾고, 경기가 나빠져서 어려움이 오더라도 그 비용을 고객에게 이전할 수 있을 정도로 강한 회사를 찾는다.

오해 3) 기업 이익에 비해서 주가가 싼 회사

가치투자는 기업의 가치에 비해서 주가가 싼 회사를 찾는다. 그래서 가끔 주가가 기업의 이익이나 장부 가치에 비해서 낮은 회사를 가치투자의 좋은 대상이라고 생각하는 경우가 있다. 이것은 가치투자를 성장 투자와 반대되는 것으로 보는 잘못된 생각에서 나온 것이다. 가치투자에서는 어쩔 수 없이 가치란 말을 중요하게 사용하지만 여기서 가치란 당연히 가치의 성장을 전제로 한다. 일반적으로 성장 투자는 성장이라는 말 속에서 무엇이 성장하는 것인지를 잊어버린다. 가치가 성장하는 것이다. 그러므로 가치투자와 성장 투자로 서로 반대되는 것으로 분류하는 것 자체가 잘못이다.

가치투자와 성장 투자의 구분을 제대로 하자면 회사가 지닌 가치가 거의 확실한 회사와 가치가 확실하지 않은 회사가 있을 뿐이다. 가치투자를 하는 사람들이 찾는 회사는 가치의 성장 속도가 빠르면서도 그 성장을 실현할 가능성이 높은 회사이다. 가치투자를 하는 사람들은 굳이 이런 잘못을 지적하려고 하지 않는다. 시장에서 이런 잘못된 분류를 하고 있는 한 가치투자를 하는 사람들에게는 계속 좋은 투자 기회가 생기기 때문이다.

회사가 이익을 내거나 배당을 준다고 반드시 회사의 가치가 높아지는 것은 아니다. 그리고 주가가 장부가보다 더 싸다고 반드시 이 회사가 싼 회사인 것도 아니다. 이익을 내고 있는 회사들 중에서도 회사의 가치를 까먹고 있는 회사들이 많이 있다. 이것은 마치 100이라는 자산을 다른 곳에 투자했더라면 10을 벌었을 텐데 5를 벌고서 이익을 냈다고 자랑하는 것과 같다. 이런 회사는 사실은 5의 가치를 새로 만들어내는 것이 아니라 5만큼의 가치를 까먹고 있는 것이다. 당연히 이런 회사의 주가는 장부가보다 더 낮다.

나에게 맞는 투자 원칙

주가를 장기 그래프로 보면 꾸준하게 올라가는 그림이다. 그러나 어떤 시기에는 주가가 빠른 속도로 올라갔다가 또 매우 오랜 기간 동안 옆으로

가기도 하고 또 짧은 기간에 크게 떨어지기도 한다. 예를 들어, 1986년에서 1990년 사이에 주가는 100에서 1000 가까이 올라갔다. 매우 빠른 속도다. 그러나 2005년까지 오랫동안 1000을 넘지 못했다. 그 후 2007년까지 다시 두 배가 올랐다. 그러나 2008년까지는 다시 절반이 떨어졌다. 그후 다시 주가는 올라가는 그림이다. 이처럼 장기로 보면 올라가지만 단기로 보면 주가는 매우 큰 변동을 보이고 있다. 1998년에 300 근처였던 주가가 1999년에는 1000을 넘었다. 1년도 안 되는 사이에 몇 퍼센트가 아니고 3배나 올라갔다. 심장이 약한 투자자는 이런 빠른 가격 변동을 견디기 어려울 것이다. 어떻게 자기 재산의 가치가 단 몇 개월 사이에 40~50% 올라갈 수 있으며 또는 며칠 사이에 10%나 떨어질 수 있단 말인가? 이처럼 주식시장에서 자기 재산의 가치가 짧은 기간에 아래 위로 크게 움직이는 것을 투자자들은 어떻게 받아들일까?

[그림 2-1] 한국 종합주가지수의 움직임(1962~2014년)

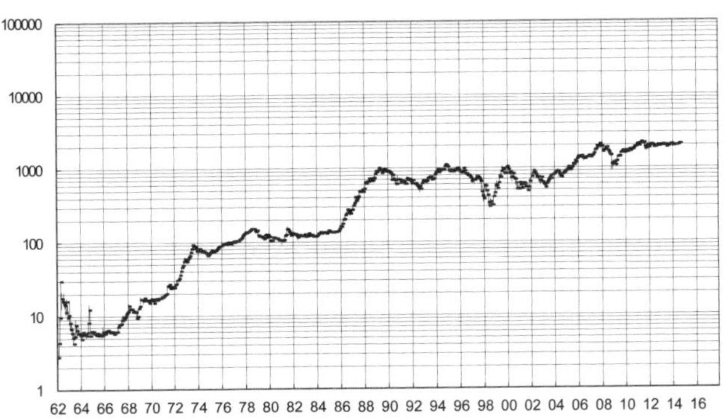

주식투자를 하면 하루 이틀 사이에 1년 동안 은행에 예금한 금리를 벌 수도 있다는 가능성을 보고 주식투자를 하는 사람들이 많다. 이런 생각으

로 주식투자를 하는 사람들은 재산을 10% 늘리는 것이 쉬운 만큼 재산이 10% 줄어드는 일도 쉽게 일어날 수 있다는 것을 받아들여야 한다. 이것은 산수다. 0에서 2를 더하면 +2고, 0에서 2를 빼면 -2다. 그러나 이처럼 분명한 산수도 심정적으로는 받아들이기 어려울 것이다.

주식투자를 하면 자신의 재산이 10%, 나아가서 50%나 떨어지는 일도 얼마든지 있다. 그러므로 주식투자를 하려는 사람들은 이것을 받아들일 준비가 되어 있어야 한다. 아니면 이런 재산 가치의 하락을 피할 수 있는 수단을 마련해야 한다. 아무런 수단도 마련하지 않고 주가가 올라가기만을 바라고 주가가 떨어지면 남의 탓을 하는 것은 어른이 할 일이 아니다.

주가를 보는 시각에 따라서 주가 하락을 받아들이는 방법이 다를 것이다. 예를 들어, 주식을 장난감 종이돈으로 보고 이 종이돈의 가치가 장난처럼 아래 위로 변한다고 보는 사람도 있을 것이다. 많은 경우 이런 사람들은 주식의 가격이 올라가는 것에만 정신이 홀려서 주가가 떨어지기도 한다는 것을 생각하지 않는다. 그러다가 어느새 자신의 재산이 절반이나 줄어 있으면 경제적으로 그리고 심리적으로 이것을 감당하지 못하는 경우가 많다. 이런 사람들은 주식을 장난감 종이돈을 갖고서 어른들이 하는 놀이라고 보는 것이므로 주식으로 돈을 벌겠다는 욕심을 내면 안 된다. 처음에 주식투자를 종이돈 놀이라고 보았으면 끝까지 종이돈 놀이라고 볼 수 있어야 한다.

그러나 이것은 아주 소수의 사람을 제외하고는 현실적으로 불가능하다. 장난처럼 돈을 벌 수도 있겠다는 욕심으로 뛰어들었다가 돈을 잃게 되면 그제야 정신이 든다. 그러므로 이런 투자자들은 투자 금액의 절반을 장난(전혀 예상하지 못한 우연한 일)처럼 잃을 수도 있다는 것을 미리 준비해야 한다. 장난과 현실을 구분하지 못하고 재산의 가치가 장난처럼 왔다 갔다 하는 것을 겪고 나면 자신의 생활은 물론 세상이 모두 장난처럼 보일 수도 있다. 주식을 장난감 종이돈으로 보는 사람들은 주식의 가격이 장난처럼 절반 이상 떨어질 수도 있다는 것을 미리 각오해야 한다. 재미 삼아 해야 한다. 심각하게 빠져들면 안 된다. 이런 놀이에 자신은 물론 가족의 생활을 거는 것은 분명 잘못된 일이다. 그러므로 작은 돈으로 해야 한다. 자신이 감당할 수 있는 범위에서 해야 한다.

이와는 달리 주식투자를 열심히 그리고 심각하게 하는 사람들도 있다. 이들은 주식을 장난감 종이돈이라고 보지 않는다. 이들은 주식의 뒤에는 경제가 있고, 기업이 있다고 본다. 주식은 기업의 가치를 반영하는 오목볼록 거울이라고 본다. 이 거울은 기업의 가치를 때로는 더 크게 때로는 더 작게 반영한다. 이들은 주식의 가격 변화보다는 그 뒤에 있는 경제나 기업에 일어나는 변화를 더 중요하게 생각한다. 그래서 비록 주식의 가격이 50% 떨어져도 그 기업에 그럴 만한 일이 일어나지 않았다면 불안해하지 않는다.

이들이 걱정하는 것은 주가의 하락이 아니라 그 기업에 자신이 생각하지 못했던 나쁜 일이 일어나는 것이다. 그러므로 이들은 처음 주식을 살 때 자신이 잘 아는 회사에 투자한다. 나쁜 일이 일어날 가능성이 아주 낮은 회사에 투자한다. 이 정도면 회사의 가치에 비해서 낮은 가격이라는 생각이 들어도 바로 사지 않고 여기서 다시 한번 50% 정도 더 떨어질 때까지 기다린다. 자신의 판단이 틀릴 수도 있기 때문이다. 즉 이들은 평소에 자신이 투자할 대상 회사를 찾아놓고 주가가 적정한 수준으로 떨어지기를 기다린다. 야구에서 타자가 자신이 좋아하는 코스로 공이 들어오기를 기다리는 것과 마찬가지다. 축구에서 수비 선수가 공격 선수가 공을 몰고 올 지점을 미리 찾아서 기다리는 것과 마찬가지다. 어떤 의미에서 이런 투자자들은 아주 겁이 많다고 할 수 있다. 거의 틀림이 없다는 생각이 들어야 움직인다.

이런 방식으로 투자를 하는 사람들은 오목 볼록 거울이 그 회사의 가치를 제대로 반영할 때까지 고집스럽게 기다린다. 오래 기다리려면 당연히 여유가 있는 자금으로 투자해야 한다. 주식을 오목 볼록 거울이라고 보면서도 단기 자금으로 투자하는 것은 이 전략이 갖는 장점을 살리지 못하는 것이다. 주식을 오목 볼록 거울이라고 보면서도 그 대상인 회사에 대해 잘 모르고 있으면 이것은 눈 감고 거울을 쳐다보는 꼴이다. 이처럼 투자자들이 주식시장을 어떻게 보느냐에 따라서 투자 방법이 달라진다. 각 투자 방법이 지닌 효과를 최대로 드러내려면 그것에 알맞은 투자 원칙이 필요하다.

물고기를 잡으려면 도구가 있어야 하고, 산을 오르려면 등산로가 있어야 하듯이 주식투자 역시 여기에 접근하려면 무엇인가 여기에 다가가는 통로가 있다. 우리는 이런 것들을 일반적인 원칙이라고 부른다. 낚싯대가 있다고 모두 고기를 잘 잡는 것이 아니고, 등산로가 있다고 모두 산에 잘 오르는 것이 아니듯이 일반적인 원칙을 안다고 투자 성과가 좋은 것은 아니다. 그리고 어떤 원칙이 있다고 해서 그것이 모든 사람에게 다 적용되는 것도 아니다. 투자자마다 사정이 달라서 원칙들이 힘을 내는 경우도 다 다르다. 비싼 옷을 입는다고 누구나 잘나 보이는 것은 아니다. 자신의 사정에 맞는 원칙을 만들어가고, 이런저런 경험을 통해서 일반적인 원칙이 갖고 있는 한계 또는 그 매력을 깊이 느낄 수 있어야 한다.

나아가서 도사가 되면 자기가 스스로 정한 계명을 깨뜨려도 상처를 입지 않는 수준에 도달하게 된다. 예를 들어, 어떤 경우는 1주일 전에 산 주식을 팔기도 하고, 판 주식을 1주일 뒤에 팔 때보다 더 높은 가격에 다시 사기도 하며, 어떤 경우는 10년을 그냥 갖고 가기도 한다. 어떤 주식은 주가이익배수가 5인데도 사지 않고, 어떤 주식은 주가이익배수가 20인데도 산다. 어떤 경우는 전쟁이 터진다고 하는데 주식을 사고, 어떤 경우는 전쟁이 터진다고 하니 주식을 판다. 어떤 경우는 금리가 오른다고 하니 주식을 팔고, 어떤 경우는 마찬가지로 금리가 오른다고 하는데도 주식을 산다. 겉으로 보면 이 도사는 아무런 일반적인 원칙이나 기준 없이 투자하는 것으로 보인다. 그러나 그는 이미 이 단계를 넘어 일반 원칙을 자신의 원칙으로 만든 것이다.

이렇게 보면 주식투자에서 누구를 따라서 한다는 것은 좀 바보 같아 보인다. 이미 앞에서 보았지만 어떤 주식의 적정 가격이란 그 사람이 생각하는 적정 가격일 뿐이다. 그 가격이 모두가 인정하는 적정 가격이라면 그 주식을 산 사람은 절대로 그 가격에 그 주식을 팔지 못한다. 아무도 그 가격에서 그 주식을 사려고 하지 않을 것이기 때문이다. 그 가격에 그 주식이 팔린다는 것은 그 가격에 그 주식을 사는 사람이 있다는 이야기다.

이처럼 사람마다 미래를 다르게 보며, 그 미래를 여기 현재로 가지고 와서 주식의 거래 가격을 정하는 수준도 서로 다르다. 또한 사람마다 주식시장에서 주가가 움직이는 원리를 바라보는 시각도 다르다. 사람마다 새로운 정보를 해석하는 능력도 다르다. 사람마다 어떤 일이 일어나면 여기에 대응하는 심리적인 반응과 심리적인 해석도 서로 다르다. 새로운 정보에 대한 집단 심리 반응과 개인적인 심리 반응을 구분하지 못하는 경우가 대부분이다. 돈이 흘러가는 원리와 윤리적인 선악을 서로 구분하지 못하는 경우도 자주 있다.

남을 따라 하지 않고 독립하는 데 필요한 것은 결국 공부와 경험이다. 그림을 보거나 음악을 듣고 남과 다른 해석을 하려면 그 이전에 그림을 보는 눈과 음악을 듣는 귀가 있어야 하듯 주식투자도 자신만의 투자법을 찾기 위해서 때로는 힘들고 지겨운 과정을 거쳐야 한다.

그러나 이 과정은 의외로 재미있다.

남을 따라서 하지 않으려면 소위 투자의 대가들이 어떤 방법으로 투자에 성공했고 실패했는지를 아는 것이 많은 도움을 준다. 대가들의 글을 읽고 이것을 자신의 경험으로 소화하면 자신에게 알맞은 투자 원칙을 만들 수 있을 것이다. 지금까지 우리는 가치투자라는 틀을 사용하여 앞서간 대가들의 발자국을 쫓아왔다. 이제 투자자 스스로가 자신의 길을 걸어갈 수 있기를 희망한다.

Value Investing

3 영업보고서로 좋은 회사 찾는 법

주식투자자에게 좋은 회사란 사회에 큰 영향을 주고는 망해버리는 회사가 아니다. 또한 그 회사 제품의 시장이 빨리 늘어나는 회사도 아니고 이익이 빨리 늘어나는 회사도 아니다. 주식투자자에게 좋은 회사란 장사를 하기 위해서 들어가는 돈보다 장사를 해서 버는 돈이 더 많은 회사다. 그리고 이런 상태가 오래 가는 회사다.

3장을 시작하기 전에

이 책에서는 앞에서 본 몇 가지 투자 방법 중에서 가치투자를 이야기하려고 한다. 가치투자를 이해하는 가장 빠른 길은 주식시장이 없는 상태에서 어떤 회사의 주식을 사고판다고 가정하는 것이다. 이 경우 그 회사를 사려는 쪽이든 팔려는 쪽이든 가격을 정하려면 어쩔 수 없이 그 회사가 어떤 회사인지, 지금 장사는 잘하고 있는지 그리고 앞으로도 장사를 잘할 것인지를 생각하지 않을 수 없다. 즉 회사를 사고파는 가격은 그 회사가 갖고 있는 유무형의 자산이 앞으로 만들어낼 가치의 크기에 달려 있다.

가치투자를 체계화한 사람은 벤저민 그레이엄Benjamin Graham(1894-1976)이다. 그리고 그레이엄의 생각을 더 발전시킨 사람이 바로 워렌 버핏이다. 이 두 사람의 투자 방식은 다음 다섯 가지로 압축할 수 있다. 첫째는 주식을 사는 것은 그 회사를 사는 것이다. 두 번째는 자신이 잘 아는 회사를 선택한다. 세 번째는 성장전망이 좋은 회사를 선택한다. 네 번째는 경영자가 훌륭한 회사를 찾는다. 다섯 번째는 이 회사를 가치보다 더 싼 가격에 산다.

가치투자를 하는 사람들에게 주식시장의 가격 변동이란 어떤 회사를 회사 가치보다 더 싼 값에 살 수 있고, 더 비싼 값에 팔 수 있는 기회일 뿐이다. 그래서 주식시장의 가격이 아래위로 심하게 움직이는 것이 이들에게는 아무런 위험이 아니다. 가치투자를 하는 사람들에게 위험이란 좋은 회사인 줄 알고 샀는데 알고 보니 좋지 않은 회사로 드러나거나, 좋은 회사이긴 하나 너무 비싸게 산 경우다. 그러므로 가치투자를 하는 사람들은 투자 위험을 줄이기 위해서 자신이 잘 알고 있으면서 실력이 좋은 회사를 싸게 사려고 모든 노력을 다한다.

이제 우리는 3장과 4장에서 좋은 회사를 찾는 법을 이야기하려고 한다. 먼저 3장에서는 회사의 영업보고서를 통해 회사에 접근하는 방법을 알아본다.

좋은 회사란

이제 우리가 해야 할 일은 좋은 회사를 찾는 것이다. 주식투자에서 말하는 좋은 회사란 흔히 말하는 좋은 회사와는 그 의미가 조금 다르다. 주식투자자가 찾는 좋은 회사는 회사 가치에 비해서 시장에서 거래되는 가격이 낮은 회사를 말한다. 예를 들면 다음과 같다.

회사가 장사를 잘하고 있는데 아직 시장이 이를 몰라서 주가가 낮은 경우가 있다. 또는 지금은 아니지만 앞으로 곧 좋은 회사가 될 가능성이 높은데 시장에서 아직 이를 알아차리지 못해서 가격이 싼 회사도 있을 수 있다. 또는 장사를 잘하고 있다가 잠시 회사에 나쁜 일이 생겼는데 시장에서 이것을 아주 큰일인 듯 오해하여 주가가 낮아진 경우도 있다. 또 회사는 장사를 잘하고 있는데 회사 내부의 사정과는 상관없이 시장 전체에 충격을 주는 일회성 사건이나 전체의 경기가 나빠서 같이 주가가 내려간 경우도 있다.

이런 회사를 찾아내기만 하면 정말 좋은 투자 기회를 잡을 수 있다. 이것을 다른 말로 하면 회사는 분명 이미 높은 가치를 갖고 있거나 곧 높은 가치를 갖게 될 것인데 시장이 아직 이를 모르거나 인정하지 않은 경우다. 좋은 회사를 찾는 것은 마치 연예계에서 지금의 유행과 맞지 않아서 인기를 끌지 못하지만 이미 연기를 잘하거나 앞으로 잘할 가능성이 높은 연기자를 남보다 먼저 찾아내는 것과 같다. 더 중요한 것은 그 인기가 잠시 머물다 마는 것이 아니고 대중에게 오래 사랑받을 수 있는 연예인을 찾아내는 것이다.

투자자들은 좋은 회사를 찾기 위해서 먼저 회사가 어느 정도의 가치를 갖고 있는지 알아야 한다. 그러나 회사는 자기 스스로 '나는 얼마의 가치가 있다!'라고 소리치지 못한다. 대신에 자기 모습을 다른 형태로 드러낸다.

회사가 모습을 드러내는 형태는 두 가지다. 그 중의 하나가 영업보고서다. 영업보고서는 주로 숫자로 회사의 모습을 드러낸다. 다른 하나는 숫자로는 잘 드러나지 않는 질적인 측면인데, 이것을 다른 말로 하면 '경쟁력'이라고 부를 수 있을 것이다.

이 책의 3장에서는 영업보고서를 통해서 회사의 가치에 다가가는 방법을 이야기할 것이고, 4장에서는 경쟁력 측면에서 회사 가치에 손을 뻗어보는 작업을 할 것이다.

영업보고서 보는 법

투자자들은 지금 한국 증권거래소에서 약 1,700여개 회사의 주식을 자유롭게 사고팔 수 있다. 이 회사들은 모두 3개월에 한 번씩 분기 영업 실적을 발표한다. 6개월에 한 번은 반기보고서를, 그리고 1년에 한 번 연간보고서를 만들어 주주와 감독기관에 보고해야 한다. 이때 회사는 단순히 영업 실적만이 아니라 회사에 일어난 다른 중요한 일들도 같이 보고한다. 이 모두를 합쳐서 사업 보고서라고 부른다.

투자자들은 사업 보고서를 보고 그 회사가 1년 동안 얼마나 장사를 잘했는지 알 수 있다. 금융감독원 홈페이지 http://dart.fss.or.kr/의 전자공시로 가면 이 보고서를 찾을 수 있다. 그리고 대부분의 회사들이 자사의 홈페이지에도 똑같은 자료를 올린다.

회사가 금융감독원에 영업 실적을 보고할 때는 미리 정해준 양식에 따라야 한다. 그 양식은 아래 표와 같이 12개의 큰 항목으로 구성되어 있다. 이 중에서 구체적인 영업 실적은 'XI. 재무제표 등'에 들어가 있다.

투자자들은 구체적인 영업 실적을 보기 전에 먼저 'I. 회사의 개요'로 들어가서 회사의 전체 모습과 특히 연결대상 종속회사로 어떤 것이 있는지, 지난 분기와 비교해서 종속회사에 어떤 변화가 생겼는지를 잘 살펴보아야 한다. 또한 회사의 연혁을 통해 그 동안 회사에 어떤 일이 일어났는지를 미리 보는 것도 영업실적을 해석하는 데 도움이 된다.

그 다음으로는 'II. 사업의 내용'이 중요하다. 이 부분은 회사가 하는 사업 내용을 구체적으로 기록하고 있기 때문에 반드시 읽어보아야 한다. 'III. 재무에 관한 사항' 역시 살펴보아야 한다. 여기에는 요약재무정보와 재무정보 이용에서 유의할 점이 정리되어 있다. 그러나 이 요약재무정보에는 현금흐름표가 빠져 있어서 결국은 'XI. 재무제표 등'으로 갈 수밖에 없다. 이 외에도 'VI. 이사회 등 회사의 기관 및 계열회사에 관한 사항'과 'IX. 이해관계자와의 거래 내용'도 중요하다. 마지막으로 'X. 그 밖에 투자자 보호를 위하여 필요한 사항'은 주로 법적인 문제를 다루고 있으므로 꼭 읽어보아야 한다.

〈사업 보고서의 양식〉

분기 보고서

[대표이사 등의 확인]

I. 회사의 개요
II. 사업의 내용
III. 재무에 관한 사항
IV. 감사인의 감사의견 등
V. 이사의 경영진단 및 분석의견
VI. 이사회 등 회사의 기관 및 계열회사에 관한 사항
VII. 주주에 관한 사항
VIII. 임원 및 직원 등에 관한 사항
IX. 이해관계자와의 거래 내용
X. 그 밖에 투자자 보호를 위하여 필요한 사항
XI. 재무제표 등
XII. 부속 명세서

[전문가의 확인]

이제 우리의 주요 관심사인 'XI. 재무제표 등'을 보기로 하자. 여기에는 먼저 연결 실적이 나온다. 그리고 개별 실적도 동시에 발표하고 있다. 보고 양식은 재무상태표, 포괄손익계산서, 자본변동표 그리고 현금흐름표의 순서로 되어 있다.

전체 보고서 양식 중에서 다른 것은 주로 말로 설명되어 있어서 자세히 읽어보면 이해할 수 있다. 물론 전문용어들도 있어서 이해하기 어려운 부분도 있다. 그런데 재무제표는 대부분이 숫자로 되어 있기 때문에 이를 해석하려면 특별히 독해법이 필요하다.

3장에서는 일반 투자자들이 재무제표(영업보고서)를 보고 회사가 장사를 잘했는지 어떤지를 알아낼 수 있는 방법을 설명하려고 한다. 이것을 위해서 먼저 영업보고서가 어떻게 만들어지는지 알아보자.

재무제표는 앞에서 말한 것처럼 재무상태표, 포괄손익계산서, 자본변동표 그리고 현금흐름표로 구성되어 있다. 이 중에서 자본변동표는 독립성이 떨어져 보통 이를 제외한 세 가지를 주요 보고서라고 부른다.

이미 짐작했겠지만 회사의 영업상태를 드러내는 데 한 가지가 아니라 세 가지 종류의 양식을 사용하는 것에 조심해야 한다. 이는 한 가지만으로는 회사의 영업상태를 충분히 드러낼 수 있는 방식을 아직 찾지 못했다는 뜻이다. 그러므로 한 가지만이 아니라 이 세 가지 양식을 서로 연결하여 해석하는 능력이 필요하다는 것을 이해해야 한다. 왜 이런 세 가지 양식이 필요한지, 그 차이는 무엇인지, 이것들은 서로 어떻게 연결되어 있는지를 먼저 포괄손익계산서부터 살펴보기로 하자.

포괄손익계산서

포괄손익계산서는 회사가 1년 동안 얼마를 팔아서 얼마의 이익을 냈는지 알려준다. 예를 들면 삼성전자는 2014년 2/4 분기에 52조 원을 팔아서 이 중에서 6.3조 원의 이익을 냈다. 이는 일년 전 2/4 분기보다 매출액이 줄어들었고 순이익도 줄어든 것이다.

투자자들은 분기, 반기 그리고 연간 영업실적이 나오면 제일 먼저 자신이 투자하고 있는 회사의 매출액과 순이익이 얼마나 늘었는지 알고 싶다. 비록 손익계산서가 어떻게 생겼는지 보지 못한 사람이라도 매출액과 순이익에 일어난 변화는 중요하다고 생각한다. 그럼 먼저 손익계산서가 어떻게 생겼는지 보기로 하자. 금융감독원 홈페이지로 가서 삼성전자의 2014년(제46기) 2/4분기 분기보고서를 찾아 'XI. 재무제표 등'에 들어가 보자.

아래 표를 보면 매우 복잡하고 길게 손익계산서가 나오고 다시 그 밑에 포괄손익계산서가 붙어 나온다. 그러나 이를 보고 겁낼 필요는 없다. 길게 늘어졌지만 형식은 매우 간단하다. 먼저 2014년 2/4분기 3개월 동안 장사를 했으니 매출이 있을 것이고 여기에 들어간 비용을 제외하면 순이익이 나온다. 그리고 2011년 1/4분기부터 국제회계기준이 도입되면서 종속회사가 있으면 이 종속회사의 실적도 모두 지배회사의 실적으로 합산한 연결실적을 발표해야 한다. 그래서 순이익에 별도로 지배주주의 몫에 해당하는 순이익을 따로 구분해서 표시하고 있다. 나아가서 손익계산서의 이름도 그냥 손익계산서가 아니고 포괄손익계산서로 바뀌었다. 아래 표에서 46기란 2014년을 말하는 것이고 45기란 2013년을 말한다.

아래 표를 다시 자세히 보면 순이익만 있는 것이 아니고 매출총이익도 있고, 영업이익도 있고, 당기순이익도 있고, 총포괄손익도 있다. 이는 모두 회사의 사정을 알기 쉽게 표시하기 위해 비용을 성격별로 구분해서 매출에서부터 하나씩 빼나가는 과정에서 단계별로 이익에 이름을 붙인 것이다. 즉 비용에는 제품을 만들어내기 위해서 직접 들어가는 원가가 있을 것이고, 그 외에 판매관리비도 있을 것이고, 금융비용도 있을 것이다. 또한 법인세 등의 비용도 있을 것이다. 여기에 국제회계기준을 도입하면서 새로 붙은 것이 하나 있다. 즉 기타포괄손익이다. 이는 손익계산서의 이름이 포괄손익계산서라고 바뀐 까닭이기도 하다. 과거 당기순이익에다 기타포괄손익을 붙인 것은 곧 회사에 일어날 일을 더 자세하게 평가하겠다는 의미에서 몇 가지 항목에서 실제로 일어난 일을 미리 평가하여 이를 손익계산서에 반영한 것이다.

[표 3-1] 삼성전자 연결손익계산서 (단위 : 억 원)

	제46기 2분기	제45기 2분기
수익(매출액)	523,532	574,644
매출원가	316,718	343,414
매출총이익	206,814	231,230
판매비와 관리비	134,941	135,923
영업이익(손실)	71,873	95,307
기타수익	5,879	3,610
기타비용	3,361	2,732
지분법이익	640	2,123
금융수익	22,368	23,310
금융비용	19,548	23,340
법인세비용차감전순이익(손실)	77,851	98,278
법인세비용	15,343	20,540
계속영업이익(손실)	62,508	77,738
당기순이익(손실)	62,508	77,738
당기순이익(손실)의 귀속		

지배기업의 소유주에게 귀속되는 당기순이익(손실)	61,765	75,750
비지배지분에 귀속되는 당기순이익(손실)	743	1988
주당이익		
기본주당이익(손실) (단위 : 원)	410	503
희석주당이익(손실) (단위 : 원)	410	502

[표 3-2] 삼성전자 연결포괄손익계산서 (단위 : 억 원)

	제46기 2분기	제45기 2분기
당기순이익(손실)	62,508	77,738
기타포괄손익	−23,218	15,703
후속적으로 당기손익으로 재분류되지 않는 포괄손익	−156	−84
순확정급여부채 재측정요소	−156	−84
후속적으로 당기손익으로 재분류되는 포괄손익	−23,062	15,787
매도가능금융자산평가손익	−2,201	5,741
관계기업 및 공동기업의 기타포괄손익에 대한 지분	−579	−140
해외사업장환산외환차이	−20,282	10,186
총포괄손익	39,290	93,441
포괄손익의 귀속	0	0
지배기업소유주지분	39,147	91,033
비지배지분	144	2,408

투자자들은 이 표를 볼 때 조심해야 한다. 이 표에는 당기순이익이 있고, 여기에 기타포괄손익이 붙어 있고 그래서 총포괄손익이 결정되고 나면 다시 지배기업소유주지분 순이익이라는 항목이 나온다. 총포괄손익에서 다시 지배기업소유주지분 순이익으로 구분하는 것은 2011년부터 도입된 국제회계기준에서 종속회사의 순이익을 모두 지배기업의 순이익으로 가지고 와서 합산하므로 종속회사가 만들어낸 이익 중에서 실제로 기타 소액주주의 몫에 해당하는 이익을 제외하고 지배주주 몫에 해당하는 순이익만을 구분하여 따로 표시하기 때문이다. 그래서 이 회사의 시가총액을 회사의 순이익과 비교하려면 반드시 총포괄손익 중에서 지배기업소유주지분에 해당하는 순이익과 비교해야 한다.

지금까지 이야기한 내용을 하나의 표로 만들면 다음과 같다. 먼저 빈 종이 가운데를 위에서 아래로 줄을 긋는다. 그래서 오른쪽에는 회사로 들어오는 수익을 적고, 왼쪽에는 회사에서 나가는 비용을 적는다. 그 다음에는 옆으로 줄을 그어서 종이를 4등분한다. 맨 위에는 영업활동에 해당하는 항목을 기록하고 밑에는 비영업활동에 해당하는 항목을 기록한다.

표에서 보는 것처럼 삼성전자는 지난 2/4분기 동안 52조원의 매출을 올렸는데, 매출원가로 32조원이 들어가서 총이익이 20.7조원이 났다. 여기에 판매관리비가 들어가 영업이익은 7.2조원이 되었다. 여기에 금융비용이 들어가 세전이익이 7.8조원이 되었고, 법인세 등이 붙어 세후순이익이 6.3조원이 되었다. 마지막으로 기타포괄손익에서 손실이 좀 나서 총포괄손익은 3.9조원이 되었고, 이 중 지배주주의 몫에 해당하는 순이익은 3.9조원이 되었다. 포괄손익계산서를 이렇게 바꾼 것은 활동별로 어디서 큰 금액이 발생했는지 보기 편하고 다음에 공부할 재무상태표 및 현금흐름표와 서로 연결해서 보기 편하기 때문이다.

[표 3-3] 삼성전자 포괄손익계산서의 구성 (2014년 2/4분기) (단위: 조 원)

영업활동	매출원가	31.7	매출액	52.4	매출총이익	20.7
	판관비	20.7			영업이익	7.2
비영업활동	기타비용	0.3	기타수익	0.6		
			지분법이익	0.1		
	금융비용	2.0	금융수익	2.2	법인세전순이익	7.8
	법인세비용	1.5			당기순이익	6.3
	당기순이익	6.3				
	기타포괄손익	–2.3				
	총포괄손익	3.9				
	지배기업소유주지분	3.9				
	비지배지분	0.0				

재무상태표

재무상태표는 과거에는 대차대조표라 불렀다. 이것은 특정 시점을 기준으로 회사의 재무상태를 나타낸다. 그럼 바로 삼성전자의 2014년 2/4분기 말 기준 재무상태표를 보기로 하자. 2/4분기 말 기준 삼성전자는 빌려온 돈 65조원과 주주의 돈 159.5조 원으로 마련한 총자산 224.7조 원의 자산을 가진 회사다. 삼성전자는 장부로는 주주의 가치가 159.5조 원이지만 시가총액으로는 지금 현재(2014년 10월 20일) 183.0조 원이다.

대부분의 투자자들은 회사를 볼 때 매출액과 순이익만을 본다. 그럼 이 매출액은 어디서 오는 것일까? 회사가 매출을 늘리기 위해서는 공장이 있어야 하고 사람이 있어야 하고 건물이 있어야 하고 창고에 원재료도 갖고 있어야 한다. 이 중에서 사람은 제외하고 이런 것을 자산이라고 부른다. 즉 자산이 있어야 이를 이용해 물건이나 서비스를 만들어서 매출을 올릴 수 있다. (필자는 항상 왜 사람은 자산으로 올리지 않을까 궁금한데 아직 그 해답을 찾지는 못했다.)

그럼 회사는 공장이나 건물 또는 원재료를 사기 위한 돈은 어디서 마련해올까? 일부는 주주들이 낸 돈도 있을 것이고 또 회사채를 발행하거나 은행에서 그냥 빌려오기도 했을 것이다. 우리가 앞에서 본 포괄손익계산서에는 이런 것이 들어갈 자리가 없다. 누구에게서 얼마의 돈을 빌리고 또 지금 회사에 주주의 돈이 얼마가 들어가 있으며, 그 돈으로 회사가 무엇을 하고 있는지를 기록하지 못한다. 이런 것을 기록하기 위해서는 새로운 무엇이 필요한데 이것이 재무상태표다.

실제로 회사의 재무상태표가 어떻게 되어 있는지 살펴보기로 하자. 2014년 2/4분기 삼성전자의 재무상태표를 보기 위해서 금융감독원 전자공시시스템 홈페이지에 들어가서 삼성전자 분기보고서를 선택하여 그 중 'XI. 재무제표 등'에 들어가면 아래와 같은 재무상태표가 나온다.

[표 3-4] 삼성전자 연결재무상태표 (단위: 억 원)

	제46기 2분기	제45기 2분기
자산		
유동자산	1,127,997	1,107,603
현금 및 현금성자산	160,576	162,848
단기금융상품	416,929	367,227
단기매도가능금융자산	29,125	14,885
매출채권	244,329	249,885
미수금	22,150	28,874
선급금	17,443	19,282
선급비용	33,795	24,730
재고자산	182,761	191,349
기타유동자산	20,889	21,356
매각예정분류자산	0	27,167
비유동자산	1,119,234	1,033,147
장기매도가능금융자산	106,442	62,384
관계회사 및 공동기업 투자	69,046	64,223
유형자산	755,937	754,964
무형자산	42,203	39,806
장기선급비용	53,981	34,658
이연법인세자산	48,141	46,218
기타비유동자산	43,484	30,895
자산총계	2,247,231	2,140,750
부채		
유동부채	498,255	513,154
매입채무	81,616	84,371
단기차입금	93,250	64,385
미지급금	80,780	91,966
선수금	12,791	17,063
예수금	10,149	11,760
미지급비용	89,664	113,445

미지급법인세	43,047	33,860
유동성장기부채	11,633	24,258
충당부채	70,476	67,365
기타유동부채	4,848	4,680
비유동부채	153,842	127,436
사채	12,699	13,111
장기차입금	22,140	9,851
장기미지급금	25,686	10,538
순확정급여부채	24,661	18,549
이연법인세부채	49,953	60,124
장기충당부채	5,942	4,609
기타비유동부채	12,760	10,655
부채총계	652,096	640,590
자본		
지배기업소유주지분	1,538,188	1,444,426
자본금	8,975	8,975
우선주자본금	1,195	1,195
보통주자본금	7,780	7,780
주식발행초과금	44,039	44,039
이익잉여금(결손금)	1,601,890	1,486,003
기타자본항목	−116,716	−94,591
비지배지분	56,947	55,734
자본총계	1,595,135	1,500,160
자본과부채총계	2,247,231	2,140,750

위 표를 보면 크게 자산, 부채 그리고 자본으로 구성되어 있다. 이 표를 더 보기 편하게 바꾸면 다음 표가 된다. 흰 종이 가운데를 위에서 아래로 금을 긋고 왼쪽에는 자산을 기록하고 오른쪽에는 부채와 자본을 기록한다. 삼성전자의 경우 2/4분기 말에 부채 65조 원과 주주자본 159.5조 원으로 마련한 224.7조 원의 자산을 가지고 있다. 여기에도 올해 처음으로 들어온 국제회계기준의 흔적이 나온다. 재무상태표 역시 종속회사가 있는 경우 지배회사는 종속회사의 것까지 모두 연결해서 재무상태표를 만들어야 한다. 그래서 종속회사의 주주자본 중에서 비지배주주 몫을 따

로 구분할 필요가 있다. 마찬가지로 회사의 시가총액을 주주자본과 비교하려면 지배기업소유지분의 주주자본과 비교해야 한다.

〈삼성전자 연결 재무상태표〉 (2014년 2/4분기 말) (단위: 조 원)

자산		224.7	부채		65.2
	유동자산	112.8		유동부채	49.8
	비유동자산	111.9		비유동부채	15.4
			자본		159.5
				지배기업소유지분	153.8
				비지배기업소유지분	5.7

재무상태표의 중요한 특징 중 하나는 부채와 자본의 합계가 언제나 자산과 일치해야 한다는 점이다. 왼쪽의 금액이 늘어나면 언제나 오른쪽의 금액이 늘어나고 반대면 반대다. 양쪽 값이 다르면 재무상태표를 잘못 만든 것이다. 왼쪽에 나오는 자산이란 회사가 가지고 있는 재산 목록과 그 값어치를 기록한 것이고 오른쪽은 회사가 그런 자산을 갖기 위해서 필요한 돈을 어디서 얼마나 마련해 왔는지 그 근거를 밝힌 것이다.

삼성전자의 경우 자산이 모두 224.7조 원이라고 되어 있지만 더 자세히 들어가면 자산도 성격이 나누어져 있다. 현금으로 바꾸기 쉬운 유동자산이 있고, 현금으로 쉽게 바꾸기 어려운 비유동자산이 있다. 유동자산에는 현금성자산이 있고, 이 외에 매출채권이 있으며 재고자산이 있다. 비유동자산에는 관계회사투자와 유형자산이 있고, 무형자산도 있다.

자산의 세부 사항을 자세하게 아는 것도 중요하지만 회사에 일어난 변화를 보기 위해서는 자산을 성격별로 묶어서 이 구성에 어떤 변화가 일어나고 있는지 이해해야 한다. 이 장의 끝부분에서 이것을 살펴볼 것이다.

|부채 65조 원을 끼고 삼성전자의 지배주주자본에 해당하는 153.8조 원만 있으면 삼성전자를 살 수 있을까?|

이제 삼성전자의 자산 224.7조 원의 의미를 알아보자. 삼성전자라는 회사 자산의 가치가 장부에 224.7조 원이라고 기록되어 있으므로 얼른 생각하면 224.7조 원만 있으면 삼성전자라는 회사를 통째로 살 수 있을 것 같다. 그러나 실제로는 이 돈으로는 삼성전자를 살 수가 없다.

삼성전자의 전체 가치가 회사의 장부, 즉 재무상태표에는 2014년 2/4분기 말에 224.7조 원으로 기록되어 있지만 여기에는 삼성전자라는 회사가 가지고 있는 중요한 여러 가지 가치들이 모두 다 올라와 있는 것은 아니다. 예를 들면 삼성전자라는 이름이 갖고 있는 가치가 있을 것이고, 삼성전자라는 회사 조직이 가지고 있는 문화처럼 눈에 보이지 않아 장부에 올릴 수 없는 가치들도 많다. 대부분의 경우 회사의 실제 가치는 장부에 올라 있는 것보다 더 높다.

삼성전자의 경우 자산 224.7조 원은 부채 65조 원과 주주자본이다. 주주자본은 주주들이 직접 주식을 사서 집어넣은 돈과 회사가 이익을 내어서 배당을 주고 회사에 남겨놓은 잉여금으로 구성되어 있다. 이 회사는 부채가 65조 원으로 주주자본의 절반에 못 미친다. 아직도 주식시장에는 부채가 주주자본보다 더 많은 회사들이 있다. 보통 부채가 주주자본의 두 배가 넘는 회사들은 피하는 것이 좋다.

삼성전자의 가치를 계산하려면 먼저 자산에서 부채를 빼야 한다. 그래야 주주가치가 나오기 때문이다. 삼성전자의 장부가치, 즉 주주가치는 159.5조 원이다. 그러나 여기에는 종속회사의 비지배지분도 들어가 있다. 이를 제외한 지배주주지분의 가치는 장부로만 보면 158.3조 원이다. 그러나 시장에서는 삼성전자의 가치를 180.0조 원으로 메기고 있다. 여기서 180.0조 원이란 시가총액이다. 즉 삼성전자의 총주식수에다 주가를 곱한 것이다. 지금 시장에서는 삼성전자의 장부가치 1원에 대해 1.14원의 가치를 메기고 있다. 이것은 시장에서는 삼성전자가 장부에는 기록되어 있지 않지만 그 보다 약간 더 높은 가치를 가지고 있다고 인정한 것이다.

이처럼 주식시장에서 거래되는 주주가치와 장부에 올라 있는 주주가치를 비교하여 이것을 투자지표의 하나로 사용하기도 한다. 앞에서 본 것처럼 삼성전자의 시장가치를 장부가치로 나누면 약 1.14배가 된다. 이를 주가순자산비율PBR: PRICE to BOOK VALUE이라고 부른다. 예를 들어 어떤 회사의 순자산비율이 1.0 이하면 주가가 장부가치보다 더 낮다는 것인데 이것은 시장이 바보라서 회사의 장부가치도 모르고 있든지 아니면 시장이 그 회사의 장래를 어둡게 보고 있다는 증거다.

재무상태표와 포괄손익계산서의 연결

우리는 앞에서 회사의 재무제표가 4가지로 구성되고, 이 중 3가지를 중요한 재무제표로 인정한다는 것을 알았다. 이처럼 재무제표가 한 가지가 아니라 세 가지로 되어 있는 것은 아직 회사의 영업실적을 드러낼 수 있는 단 한 가지의 표현방식을 찾지 못했기 때문이다. 그러니 당연히 이 세 가지 양식은 회사의 영업실적을 드러내는 각각의 표현방식이므로 이것들은 서로 연결되어 있을 것이다. 이를 서로 연결해서 볼 줄 알아야 비로소 회사의 숫자들이 구체적으로 살아서 움직이는 것을 느끼게 된다.

그 중에서 포괄손익계산서와 재무상태표를 각각 알아보았으니 이제는 이것이 서로 어떻게 연결되어 있는지 보기로 하자. 나중에 여기에 현금흐름표가 어떻게 연결되는지 다시 알아볼 것이다. 삼성전자를 가지고 이 작업을 할 수 있으면 좋겠지만 좀 복잡하다. 그래서 어쩔 수 없이 아주 간단하게 가상의 회사를 하나 만들기로 한다.

가정 김씨는 2014년 초부터 자기 돈 100과 남의 돈 100을 합한 200으로 1년 동안 장사를 하여 매출을 120 올리고 이자까지 포함한 총 비용 110을 내고 난 뒤에 순이익 10을 남겼다. 그러면 2014년의 포괄손익계산서는 다음과 같다.

〈김 씨의 2014년 포괄손익계산서〉

• 총 비용 110	• 매출액 120
• 순이익 10	

다음은 2014년의 재무상태표를 2014년의 포괄손익계산서와 연결해야 하는데, 아직 2014년의 포괄손익계산서가 붙지 않은 2013년 말의 재무상태표는 다음과 같다.

이제 2014년 말의 재무상태표를 만들기 위해서는 2014년 포괄손익계산서의 이익 10을 2013년 말의 재무상태표에 집어넣어야 한다. 즉 김 씨는 1년 동안 장사를 하여 이익 10을 만들었으므로 자기 돈이 100에서 110으로 늘어났다. 오른쪽이 늘어나면 당연히 왼쪽도 늘어나야 된다는 것은 이미 앞에서 말했다. 그래서 2014년 말의 재무상태표는 2014년 중에 포괄손익계산서에 일어난 일을 반영하여 다음과 같이 바뀐다.

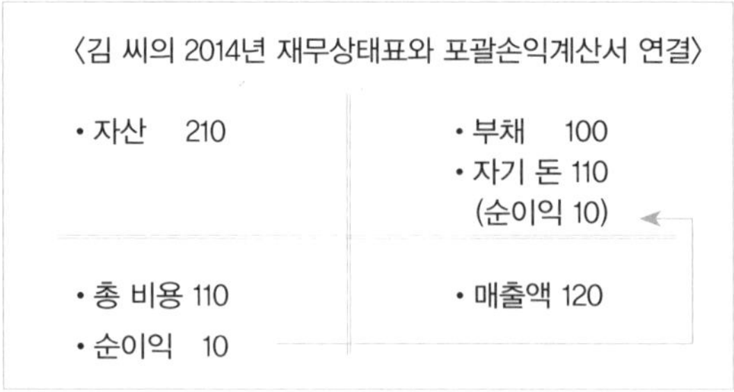

이 그림에서 위의 절반은 재무상태표이고, 아래 절반은 포괄손익계산

서다. 재무상태표는 2013년 말의 상황을 나타낸 것이고, 포괄손익계산서는 2014년 1년 동안에 일어난 일을 나타낸다. 밑에 있는 포괄손익계산서에는 해가 바뀌면서 과거의 것은 사라지고 매년 새로운 것이 들어오지만 위에 있는 재무상태표에는 과거의 것에다 새로운 해에 일어난 것이 보태어진 결과를 기록한다. 재무상태표는 스톡[stock]이라고 부르고, 포괄손익계산서는 흐름[flow]이라고 부른다.

재무상태표를 보면 지금 현재 나의 총 재산이 얼마이고, 이 중 빚은 얼마인지 알 수 있으며, 포괄손익계산서를 보면 지난 1년 동안 얼마를 벌어들여서 얼마를 써서 얼마나 남았는지 또는 얼마가 모자라는지를 알 수 있다. 남은 돈을 어디에 어떻게 사용했는지 또는 모자라는 돈을 어디서 어떻게 마련했는지는 포괄손익계산서에 나오지 않는다. 포괄손익계산서라는 양식은 이를 담아내지 못한다. 이를 담아내는 것은 재무상태표다(사실 이를 더 잘 알려주는 것은 재무상태표가 아니고 앞으로 보게 될 현금흐름표다).

여기까지는 비교적 쉽다. 이제 조금 더 복잡한 곳으로 넘어가야 한다. 회사가 장사를 한다는 것은 숫자로만 보면 현금이 그 모양을 바꾸어가는 과정이다. 즉 처음에 마련한 현금을 가지고 원재료와 자동차를 산다. 또 직원에게 월급도 주고, 광고비로 쓰기도 하며, 빌린 돈에 이자도 주어야 한다. 이런 모든 비용에다 얼마의 이윤을 보탠 가격으로 물건을 팔아서 다시 현금을 회수한다. 물론 모두 현금으로 다 회수되지 않고 일부는 외상으로 남아 있을 수도 있다. 또 일부의 물건은 팔리지 않고 재고로 남아 있을 수도 있다. 재무상태표와 포괄손익계산서에 나오는 숫자를 보았을 때 여기서 이런 현금의 순환 과정이 느낌으로 다가와야 한다. 그래야 비로소 영업보고서를 볼 줄 안다고 말할 수 있다.

영업활동 국면별로 본 재무상태표와 포괄손익계산서의 연결

회사의 활동을 돈의 흐름이라는 기준으로 관통해보면 '현금→원재료→제품생산→판매→현금회수'라는 과정을 그린다. 회사에 일어나는 대부분의 돈의 흐름은 재무상태표와 포괄손익계산서 두 가지 모두에 영향을 준다.

처음 현금에서 시작하여 마지막에 다시 현금으로 되돌아오기까지 영업활동의 각 국면에서 일어나는 일들이 재무상태표와 포괄손익계산서에 어떻게 반영되는지를 이해할 순서다. 이를 위해서 김 씨에게 1년 동안 일어난 일을 다음처럼 몇 개의 국면으로 나누기로 한다.

국면 1 현금 200으로 배추 장사를 시작한다.

국면 2 현금 100을 주고 자동차를 산다.

국면 3 시골에서 배추를 80 주고 사온다. 이 중 20은 외상이다.

국면 4-1 배추를 파는 데 들어간 각종 비용을 계산한다.

국면 4-2 배추를 120에 판다. 이 중 20은 아직 현금을 받지 못했다.

이상 각 국면별로 일어난 일을 재무상태표와 포괄손익계산서를 연결해서 그림을 그리면 다음과 같다.

국면 1은 별로 설명할 것이 없다. 빌린 돈 100과 자기 돈 100으로 마련한 현금 200으로 장사를 시작하는 상태를 재무상태표로 나타낸 것이다. 당연히 재무상태표 오른쪽 방과 왼쪽 방의 합계 금액은 같다. 다시 말하지만 이 두 방의 합계 금액이 다르면 재무상태표를 잘못 만든 것이다(가끔 상장회사 재무상태표를 보면 자산 항목의 금액 앞에 마이너스 부호가 붙은 경우가 있다. 재무상태표 자산 항목에는 절대로 마이너스 부호가 붙을 수 없다. 예를 들어 자산의 가치가 줄어들 경우 100이 80, 60,……으로 계속 줄어들다 아무것도 남지 않으면 그냥 0이다. 아무것도 남은 것이 없으므로 여기서부터는 더 줄어들 수가 없다). 이때는 아직 장사를 시작하지 않았기 때문에 손익계산서에 해당하는 활동은 아무것도 일어나지 않아서 포괄손익계산서에는 기록할 것이 없다.

국면 1 **현금 200으로 장사를 시작한다.**

현금 200	차입금 100 주주자본 100

국면 2는 갖고 있는 현금 200 중에서 100을 사용하여 자동차를 산 것이다. 현금 100이 자동차 100으로 바뀌고 남은 현금은 100이다. 자산 총액은 여전히 200으로 변화가 없다. 재무상태표 왼쪽인 자산에서 이런 변화가 일어났지만 오른쪽의 차입금과 주주 자본에는 아무런 변화도 일어나지 않았다. 그리고 여전히 포괄손익계산서에 해당하는 일은 아직 일어나지 않았다.

국면 2 **현금 100을 주고 자동차를 산다.**

현금 100	차입금 100
자동차 100	주주 자본 100

국면 3은 시골에 가서 배추를 80만큼 사왔는데 20은 외상이므로 현금

이 나간 것은 60이다. 그래서 국면 2의 현금 100에서 60이 나가고 남은 현금은 40이다. 현금은 60이 배추로 모양을 바꾸었는데 자산에 올라오는 배추는 60이 아니라 80이다. 즉 자산이 20만큼 더 늘어난 것이다. 이 20은 외상으로 배추를 사온 것이므로 재무상태표의 오른쪽에 외상 구입(부채)을 20 늘린다. 이렇게 해서 재무상태표의 양쪽 합계액은 새로 220으로 같아진다.

국면 3 **배추 80을 사온다. 이 중 20은 외상이다.**

현금	40	차입금	100
배추	80	외상 구입	20
자동차	100	주주 자본	100

이것을 보면 회사나 개인이나 자산이 늘어난다고 반드시 좋은 것은 아니다. 자산을 늘릴 수 있는 방법은 두 가지다. 하나는 부채를 늘려서 자산을 늘리는 것이고, 다른 하나는 주주 자본, 즉 이익이나 소득이 늘어난 결과로 자산이 늘어나는 것이다. 누군가가 빌려주기만 한다면 부채가 늘어나면서 자산은 얼마든지 늘어날 수 있다.

부채와 자산이 같이 늘어날 경우 중요한 것은 자산이 수익을 만들어내는가이다. 자산이 만들어내는 수익이 부채를 늘리는 데 필요한 비용(이자)보다 더 많아야 한다. 즉 자산수익률(수익÷자산)이 이자율보다 더 높아야 한다. 만약 그렇지 않으면 돈을 버는 것이 아니라 돈을 잃고 있는 것이다. 즉 돈을 빌려 투자를 하여 자산이 늘어난다고 이것이 좋은 일은 아니며, 이익이 늘어났다고 반드시 좋은 일도 아니다. 그 이익의 수준이 빌린 돈에 무는 이자율보다 더 높아야만 좋은 일이다.

국면 4-1 국면 4는 좀 복잡해서 단계를 둘로 나누었다. 배추를 파는 데 들어간 비용을 살펴보니 인건비 10, 판매비 5, 빌린 돈에 대한 이자 5를 합하여 20이었다. 국면 3의 재무상태표 현금 40에서 20이 비용으로 포괄손익계산서로 내려간 후 재무상태표에는 이제 현금 20이 남았다. 이렇게 나간 현금 20은 포괄손익계산서의 왼쪽에 비용으로 자리잡는다.

배추를 팔았으므로 자산에 재고(상품)로 남아 있던 배추 80이 이제 자산에서 내려와 포괄손익계산서의 비용(매출 원가)으로 자리를 옮긴다.

이 비용 중에 감가상각비라는 것이 있다. 연초에 산 자동차를 10년 사용한다고 가정하면 이 자동차는 1년에 10만큼 장사를 위해 사용된다. 다른 모든 비용처럼 자동차가 장사를 위해서 사용된 것도 당연히 비용으로 기록해야 한다. 그런데 감가상각비는 인건비나 판매비처럼 바로 현금에서 비용이 나간 것이 아니라 자산에 올라가 있는 자동차의 가치가 줄어든 것을 반영하여 이를 비용으로 계산한다. 즉 실제로 현금이 10 줄어든 것은 아니고 자동차의 가치가 100에서 90으로 10만큼 줄어든 것이다. 사실 자동차를 사는 데 들어간 현금은 연초에 이미 100이 들어갔다. 이 중에 1년치에 해당하는 10을 지금 한 해의 비용으로 손익계산서에 잡는 것이다. 앞으로 남은 9년 동안 매년 10씩 비용으로 잡을 것이다.

이처럼 장사를 위해 들어간 지출 중에서 그 효과가 한 해에 끝나고 마는 것은 바로 그 해에 포괄손익계산서에서 비용으로 잡지만 자동차처럼 한 번 지출하고 나서 그 효과가 오래 갈 경우 그 지출이 바로 포괄손익계산서로 올라가는 것이 아니라 먼저 재무상태표 왼쪽의 자산으로 갔다가 시간이 가면서 조금씩 포괄손익계산서로 내려와서 비용으로 계산한다.

만약 자동차에 나간 돈 100을 지금처럼 자산에 올린 후 그 중의 10분의 1을 한 해의 비용으로 잡는 것이 아니라, 100을 모두 한 해의 비용으로 잡으면 안 되는가? 여기에는 문제가 있다. 자동차를 사는 데 들어간 돈 100을 모두 그 해의 비용으로 잡아버리면 그 해가 너무 억울하다. 자동차가 영업에 주는 효과는 올해만이 아니고 앞으로 10년에 걸쳐 일어나는데도 이를 모두 올해의 비용으로 잡아버리면 올해는 너무 억울하다. 실제로 올해 아무리 장사를 잘해도 이익을 내는 것은 불가능하다. 적자를 낼 수밖에 없다. 그 다음해는 자동차가 실제 영업에 영향을 주는데도 자동차 관련 비용은 손익계산서에 들어가지 않으므로 이익은 실제보다 더 크게 나올 것이다. 이렇게 되면 회사 이익이 실제 영업 상황과는 상관없이 들쭉날쭉하게 된다.

국면 4-1 **배추를 파는 데 들어간 비용을 계산한다.**

국면 4-2 배추를 120에 판다. 이 중 20은 외상이다. 배추를 팔아서 들어온 수익 120은 포괄손익계산서의 왼쪽에 기록한다. 배추를 판 결과 회사는 현금이 100 생기고, 20은 외상으로 남아 있다. 이 현금 100은 국면 4-1에서 재무상태표에 남아 있던 현금 20과 합쳐서 120이 된다. 그리고 회사는 앞으로 받을 외상 20도 자산으로 갖고 있다. 이렇게 해서 연말에 재무상태표의 자산에는 현금 120, 외상 매출 20, 자동차 90이 남아서 모두(총 자산) 230이 된다.

이제 포괄손익계산서를 보면 오른쪽의 총 수익은 120이다. 120의 매출을 올리기 위해서 들어간 총 비용은 110이다. 이 차이가 10인데, 이것이 바로 순이익 10이다(세금은 생각하지 않음). 순이익 10이 포괄손익계산서의 왼쪽에 자리를 잡으면 포괄손익계산서의 오른쪽과 왼쪽 총액이 120으로 서로 같아진다.

국면 4-2 **배추를 120에 팔았다. 이 중 20은 외상이다.**

현금	120	차입금	100
외상 매출	20	외상 구입	20
자동차	90	주주 자본	110
		(순이익	10)
인건비	10	배추 매출	120
판매비	5		
이자	5		
배추	80		
감가상각비	10		
순이익	10		

이 순이익 10은 김 씨가 1년 동안 장사해서 남긴 수익, 즉 저축이므로 이것은 연말에 김 씨의 재산을 그만큼 늘린다. 즉 이 순이익 10은 이제 다시 재무상태표의 오른쪽으로 올라가서 주주 자본을 10만큼 더 늘린다. 이렇게 하여 재무상태표의 오른쪽도 합계액이 230이 되어 왼쪽의 합계액 230과 같아진다.

지금까지 영업 국면별로 재무상태표와 포괄손익계산서가 어떻게 서로 연관되어서 움직이는지를 살펴보았다. 여기서 이 둘을 연결할 때 일정한 법칙이 있다는 것을 짐작했을 것이다. 이것을 알아보기 위해서 몇 가지 사례를 연습해보자. 연습할 때는 위에서처럼 4개의 방으로 나눈 흰 종이를 늘 준비하고 있어야 한다. 각 방에 번호와 이름을 붙이면 다음과 같다.

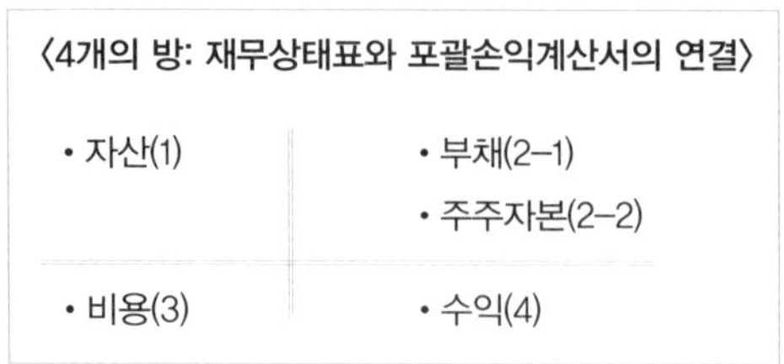

이 4개의 방 사이에는 중요한 두 가지 법칙이 있다. 오른쪽이나 왼쪽 어느 한쪽의 어떤 방에 무슨 일이 생기면 같은 쪽의 어느 방에서 그 일을 없애주는 일이 일어나든가 아니면 반대쪽의 어느 방에 그와 똑같은 일이 일어나야 한다. 예를 들어 왼쪽 1번 방에 무슨 일이 생기면 같은 왼쪽에 있는 1번 방이나 또는 3번 방에 다른 일이 일어나 그 일을 없애주든가 반대쪽 2번 방이나 4번 방에 같은 성격의 일이 일어나야 한다. 이렇게 해야 오른쪽과 왼쪽의 합계 금액이 서로 같아진다.

두 번째 법칙은 그 해에 일어난 일 중에서 회사에 수익(이익)을 주거나 비용(손해)이 나게 한 일은 반드시 아래쪽 방 3이나 4를 지나가야 한다. 이 두 법칙을 바로 이해하기는 어렵지만 지금부터 몇 가지 경우를 연습해 보면 이해하게 될 것이다.

마지막으로 재무상태표를 시간이라는 측면에서 살펴보면 재무상태표를 이해하는 데 도움이 된다. 회사가 장사를 하다 보면 물건을 팔았으나 아직 돈을 받지 못하기도 하고(앞으로 받을 돈), 물건을 사지 않고 돈을 미리 주기도 한다(미리 준 돈). 또는 물건은 갖고 왔으나 아직 돈을 주지 않기도 하고(앞으로 주어야 할 돈), 만약 회사가 힘이 세다면 훗날 물건을 주기로 하고 미리 돈을 받아오기도 한다(미리 받은 돈). 위와 같은 거래는 그 거래가 그 해에 끝나지 않고 다음해로 이어지므로 모두 재무상태표의 왼쪽과 오른쪽 어느 곳에 나타나야 한다. 이것을 표로 나타내보자.

〈거래의 성격으로 본 재무상태표〉

• 받을 돈	• 줄 돈
• 미리 준 돈	• 미리 받은 돈

이제 구체적으로 어떤 거래가 일어났을 때 이것을 재무상태표와 손익계산서에 기록하는 문제를 풀어보자.

문제 1 회사가 1년 동안 120을 팔았는데 이 중 100은 현금을 받았고, 20은 아직 외상으로 돈을 받지 못했다.

풀이 매출 120은 회사가 그 해에 영업활동을 하여 만들어낸 수익이므로 4번 방에 매출 120이라고 기록한다. 이 매출의 결과로 그 해 말에 회사는 현금 100을 갖게 되었고 아직 받지 못한 외상 매출 20을 갖게 되었다. 제1법칙을 따르면 반대쪽 어느 방에 같은 일이 일어나야 한다. 즉 1번 방에 현금 100, 외상 매출(받을 돈) 20이라고 기록하면 반대쪽 방(이 경우에는 4번 방)의 120과 같은 일이 일어난 것이다(재무상태표에 일어난 변화는 잔액이 아니라 증감이라는 것을 알리기 위해 모두 부호를 붙였다).

현금 +100 외상 매출 +20	
	매출 120

문제 2 회사는 거래처에서 원료를 80 사왔는데 아직 20은 돈을 주지 못해서 외상이다. 이 원료는 모두 그 해에 매출 120을 만들기 위한 매출원가로 사용했다.

풀이 그 해 들어간 비용이 80이므로 3번 방에 매출 원가 80이라고 기록하면 된다. 그러면 제1법칙에 따르면 1번 방에 3번 방과는 반대의 일이 생기든가 반대쪽 방에 같은 일이 생겨야 한다. 원료를 사오기 위해 현금이 60 들어갔으므로 1번 방에서 현금이 60 줄어들어야 한다. 그러고 나면 20이 남는데 이 20은 앞으로 주어야 할 돈이므로 2번 방에 줄 돈(외상매입) 20을 기록하면 된다. 이렇게 하면 오른쪽과 왼쪽이 균형을 맞춘다.

현금 −60	외상 매입 +20
매출 원가 80	

문제 3 회사가 은행에서 돈을 100 빌려와 이 돈으로 자동차를 샀다.

풀이 이 거래는 회사 수익이나 비용에는 아무런 영향을 주지 않고 돈이 흘러 들어와서 일부 모양만 바꾼 것이다. 먼저 100을 빌려왔으므로 2번 방에 남의 돈(차입금) 100을 기록한다. 제1 법칙에 따르면 같은 쪽에 반대의 일이 생기든가 반대쪽에 같은 성격의 일이 일어나야 한다. 빌려온 현금 100이 자동차로 모양을 바꾸었으므로 1번 방에 설비(자동차) 100이라고 기록하면 된다.

자동차 +100	차입금 +100

문제 4 위의 자동차는 10년 동안 사용하면 수명을 다한다. 이 자동차를 사용하여 1년 동안 장사를 했다.

풀이 사실 자동차를 산 것은 장사를 하기 위한 것이므로 어떤 면에서 보면 100을 모두 한꺼번에 매출을 올리기 위한 비용으로 잡아야 할 것이다. 그러나 자동차는 다른 원료와 달리 1년만 사용하면 없어지는 것이 아니라 내년에도 장사를 하기 위해 사용할 것이므로 비록 자동차를 사기 위한 돈은 이미 100이 나갔지만 그렇다고 이 100이 모두 올해의 비용은 아니다. 이 중 10만 올해의 비용이다. 이처럼 어떤 비용 중에서 그 효용이 1년 안에 끝나버리는 것이 아니고 몇 년에 걸쳐서 사용하는 데 들어간 돈은 그 해에 모두 사용해버린 돈(비용)과 구분해 투자라고 부른다.

이 투자는 일단 1번 방인 자산에다 기록한 후 시간이 가면서 그 중의 일부를 3번 방의 비용으로 기록해간다. 이런 비용을 우리는 특별히 감가상각비라고 부른다. 즉 설비자산의 가치는 시간이 가면서 줄어드는데 그 줄어드는 부분을 그 해의 비용으로 기록한다는 의미다. 이 문제에서는 10을 3번 방에 감가상각비로 기록한다. 그러면 제1법칙에서 같은 쪽에 반대 성격의 일이 일어나면 된다. 즉 자동차의 값어치를 비용으로 빠져나가는 10만큼 줄여서 90으로 기록한다.

자동차	100	
(감가상각비 10)	90	
감가상각비	10	

회사가 장사를 하기 위해서 들인 돈(지출) 중에서 전기료나 보험료처럼 한 번 사용하면 없어지는 것에 들인 돈을 비용이라고 부르고 포괄손익계산서에 기록한다. 한편 기계설비처럼 이미 돈이 들어가긴 했으나 한 번 사용하고 마는 것이 아니고 몇 년에 걸쳐서 사용하는 경우도 있다. 이런 것을 사는 데 들어간 돈은 투자라고 하며 재무상태표의 자산에 기록한다.

일단 자산에 기록한 후에 그 기계의 사용 수명을 고려하여 사용 연수만큼 나누어서 그 중의 일부를 특정한 해의 비용으로 기록하면 된다. 이런 면에서 보면 자산에 올라 있는 모든 것들은 다음에 포괄손익계산서의 비용으로 옮겨가기 위한 준비 단계로 재무상태표의 자산에 자리잡고 있다고 보아도 좋다.

이렇게 하여 재무상태표와 포괄손익계산서를 모두 끝내고 이제 마지막 남은 그러나 가장 중요한 현금흐름표를 정리할 순서다. 현금흐름표를 포함한 세 가지 영업보고서 중에서 무엇이 가장 중요하냐고 물으면 현금흐름표라고 대답하는 사람도 있을 것이다. 현금흐름표는 중요함에도 불구하고 위의 두 가지 보고서보다는 좀 복잡한 탓에 대부분의 일반 투자자들이 그냥 지나치고 있다. 현금흐름표를 읽을 줄 알면 최소한 부도 나는 회사는 미리 피할 수 있다. 이 정도로 도움이 된다면 한번 도전해볼 만한 일이 아닐까.

현금흐름표

회사가 비교적 정직하게 내부 자금 사정을 드러낼 수밖에 없는 것이 현금흐름표다. 이 표를 보면 돈이 어디서 나와서 어디로 흘러가고 있는지 알 수 있다. 이 표를 잘 살펴보면 부도날 가능성이 높은 회사를 미리 짐작할 수도 있다. 그렇기 때문에 더욱이 이 표를 보아야 한다.

현금흐름표란 회사가 1년 동안 장사를 하면서 실제로 현금이 어디서 얼마나 발생했는지 그리고 현금이 어디로 얼마 나갔는지를 알려주는 표다. 현금흐름표라는 것이 따로 있는 것을 보면 재무상태표나 포괄손익계산서로는 이것을 잡아낼 수 없기 때문이라는 것을 짐작할 수 있다.

우선 재무상태표는 어느 특정 시점의 단면을 잘라서 보여주는 것이므로 당연히 일정 기간에 무슨 일이 일어났는지 알려주지 않는다. 재무상태표를 1년 전의 것과 비교하면 한강물의 높이가 그 사이에 얼마나 더 높아졌는지 알 수는 있다. 그러나 물이 어느 갈래에서 얼마가 들어오고 어느 갈래로 얼마가 나갔는지는 알 수 없다.

포괄손익계산서는 비록 1년 동안 일어난 일을 기록한 것이긴 하나 현금을 기준으로 기록한 것이 아니다. 예를 들어 매출이 120 일어났지만 이 중 20이 외상이면 실제 회사로 들어온 현금은 100뿐이다. 포괄손익계산서만 보아서는 매출 120이 모두 현금인지 아닌지 알 수 없다. 그러므로 당연히 포괄손익계산서의 맨 마지막에 나오는 순이익도 모두 현금은 아니다. 어떤 회사는 포괄손익계산서에서 순이익을 냈는데도 실제로는 이자나 빚을 갚을 현금이 모자라서 부도가 난다. 이런 경우를 흑자도산이라고 부른다. 이런 회사를 피하려면 반드시 현금흐름표를 보아야 한다.

현금흐름표란 재무상태표와 포괄손익계산서를 기초로 해서 만드는 것이므로 이 분야의 전문가들은 특별히 현금흐름표가 없어도 위의 두 표를 가지고 대체로 회사의 현금 상황을 짐작할 수 있다. 회사가 현금흐름표를 만들어서 보고하므로 일반 투자자들이 힘들게 재무상태표와 포괄손익계산서에서 현금흐름표를 만들어낼 필요는 없다. 현금흐름표를 충분히 이해하기만 하면 된다. 이를 위해서는 현금흐름표가 재무상태표 그리고 포괄손익계산서와 서로 어떻게 연결되어 있는지 그 원리를 알아야 한다.

현금흐름표는 크게 3개 방으로 나누어진다.

먼저 회사에서 일어나는 모든 거래를 영업활동, 투자활동, 재무활동으로 나눈다. 그리고 여러 거래들 중 실제로 현금을 늘리거나 줄이는 거래만을 뽑아내어 해당하는 방에 집어넣으면 바로 현금흐름표가 만들어진다. 예를 들어 회사가 2013년 말에 현금이 120 있었는데, 2014년 중에 영업활동에서 100이 생기고 투자활동으로 50이 나가고 재무활동으로 30이 나갔다면 영업활동(+100)+투자활동(-50)+재무활동(-30)=20(2014년 중에 늘어난 현금)이 되어, 2014년 말에는 현금 잔액이 2013년 말의 현금 120과 합쳐서 140이 된다. 이것을 표로 나타내면 다음과 같다.

〈현금흐름표의 구성〉

기초현금	120
영업활동	100
투자활동	–50
재무활동	–30
기중 현금 증감	20
기말현금	140

영업활동 현금이란 제품(서비스 포함)을 팔아서 회사로 들어온 현금이나 제품을 팔기 위한 비용으로 회사 밖으로 나간 현금을 말한다. 옛날에 외상으로 팔았던 사람에게서 올해에 현금을 받거나 또는 옛날에 외상으로 사왔는데 올해에 현금으로 갚아준 것도 영업활동에 들어간다.

투자활동 현금이란 건물이나 기계장비처럼 한 해에 모두 사용되지 않고 앞으로 몇 년간에 걸쳐서 사용될 것에 들어간 돈을 말한다. 물론 이미 회사가 갖고 있던 건물을 팔아서 받은 현금도 투자활동에 들어간다. 투자를 하면 현금이 나가고, 갖고 있던 자산을 팔면 현금이 들어온다. 사업 영역을 확대하기 위해서 새로운 회사에 투자하는 것도 투자활동에 들어간다. 또 다른 회사의 주식이나 채권 등 유가증권에 투자하는 것도 투자활동이다. 물론 이미 투자한 회사를 팔거나 주식이나 채권을 팔아서 들어온 현금도 투자활동에 들어간다.

마지막으로 재무활동 현금이란 회사가 영업활동이나 투자활동을 위해 회사 밖에서 돈을 마련해오는 것을 말한다. 물론 회사가 갖고 있던 현금으로 빚을 갚는 것도 재무활동이다. 주식을 발행하여 회사 안으로 현금이 들어오는 것도 재무활동이다. 회사가 연말에 주주에게 배당을 주거나, 회사가 주식시장에서 자기 회사 주식(자사주)을 사느라 현금이 나가는 것도 재무활동이다. 회사 밖으로 현금이 나가는 것은 현금의 유출(-)이라고 하고 회사 안으로 현금이 들어오는 것은 유입(+)이라고 한다.

이제 실제로 삼성전자의 현금흐름표를 보기로 하자. 다시 금융감독원의 홈페이지에 들어가 삼성전자의 2014년 2/4분기 보고서의 'XI. 재무제표 등'으로 가서 현금흐름표를 보면 다음과 같은 표가 나온다.

[표 3-5] 삼성전자 연결 현금흐름표 (단위: 억 원)

	제46기 2/4분기	제45기 2/4분기
영업활동 현금흐름	211,275	214,179
영업에서 창출된 현금흐름	233,904	248,563
당기순이익	138,252	149,288
조정	114,427	122,770
영업활동으로 인한 자산부채의 변동	−18,776	−23,494
이자의 수취	7,116	4,650
이자의 지급	−2,188	−2,310
배당금 수익	14,288	2,627
법인세 납부액	−41,846	−39,351
투자활동 현금흐름	−217,750	−208,591
단기금융상품의 순증감	−52,050	−100,233
단기매도가능금융자산의 순증감	−4,572	174
장기매도가능금융자산의 처분	1,474	98
장기매도가능금융자산의 취득	−57,149	−2,994
관계기업 및 공동기업 투자의 처분	20,144	2
관계기업 및 공동기업 투자의 취득	−5,709	−210
유형자산의 처분	2,059	1,529
유형자산의 취득	−106,166	−88,730
무형자산의 처분	76	9
무형자산의 취득	−5,107	−4,543
사업결합으로 인한 현금유출입액	0	−1672
기타 투자활동으로 인한 현금유출입액	−10,752	−12,020
재무활동 현금흐름	10,984	−21,961
단기차입금의 순차입(상환)	30,716	−545
주식선택권의 행사로 인한 자기주식의 처분	276	133
사채 및 장기차입금의 차입	17,397	267
사채 및 장기차입금의 상환	−16,560	−13,326
배당금지급	−20,840	−11,345
비지배지분의 증감	−5	2,855
기타 재무활동으로 인한 현금유출입액	0	10
환율변동효과 반영전 현금 및 현금성자산의 순증가(감소)	4,509	−16,372
외화환산으로 인한 현금의 변동	−6,781	7,703
현금 및 현금성자산의 순증가(감소)	−2,272	−8,669
기초 현금 및 현금성자산	162,848	187,915
기말 현금 및 현금성자산	160,576	179,245

위의 표를 보면 복잡한 단어로 길게 기록되어 있다. 그러나 이를 간단하게 다시 정리하면 다음과 같은 표가 된다. 즉 현금거래를 성격별로 구분하면 영업활동 현금흐름, 투자활동 현금흐름 그리고 재무활동 현금흐름이 된다. 이런 현금흐름의 결과 연말에 현금이 얼마 남거나 또는 모자라게 된다. 그러면 이것은 전년도 재무상태표의 자산에 남아 있던 현금과 합해지거나 또는 차액으로 연말에 자산의 현금으로 남게 된다.

아래 표에서 손익현금이란 당기순이익과 조정을 합한 것이고, 대차현금은 영업활동으로 인한 자산부채의 변동을 달리 표현한 것이다. 나머지 항목은 모두 기타로 처리했다.

[표 3-5-1] 삼성전자 연결 현금흐름표 (단위: 조 원)

		제46기 2/4분기	제45기 2/4분기
영업활동		21.1	21.4
	손익현금	25.3	27.2
	대차현금	−1.9	−2.3
	기타	−2.3	−3.4
투자활동		−21.8	−20.9
	단기금융	−5.7	−10.0
	장기금융	−5.6	−0.3
	관계기업	1.4	−0.0
	유형자산	−10.4	−8.7
	무형자산	−0.5	−0.5
	기타	−1.1	−1.4
재무활동		1.1	−2.2
	차입금	3.2	−1.4
	자사주	0.0	0.0
	배당금	−2.1	−1.1
	기타	−0.0	0.3
환율변동		−0.7	0.8
현금증감		−0.2	−0.9
	기초현금	16.3	18.8
	기말현금	16.1	17.9

앞의 표를 다시 한번 아래 위로 정리하면 다음 표가 된다. 아래 표는 영업활동에서 발생한 현금에서 유형자산에 들어간 현금을 제외하고 남은 자유현금을 회사가 어디에 어떻게 사용했는지를 잘 보여주고 있다. 맨처음의 표를 아래 표와 같이 만들려면 약간의 산수 실력이 필요하다. 즉 해당하는 부분만 남기고 나머지는 모두 한 곳에 모으기만 하면 된다.

삼성전자는 2014년 2/4분기에 영업활동에서 약 21조 원의 현금을 마련했으나 대차현금에 약 1.9조 원이 들어가고 유형자산에 약 10.4조 원의 현금이 들어가서 결국 2014년 2/4분기에는 자유현금이 약 10.7조 원 흑자가 되었다. 즉 이 회사는 영업활동에서 마련한 현금에서 설비투자를 한 후 남은 현금을 어딘가에 사용하고 있다.

회사가 남은 현금 10.7조 원을 배분한 내용을 보면 우선 큰 것으로 장단기금융자산에 11.3조 원을 사용했다. 그리고 배당으로 2.1조 원을 지급했고, 약간 부족한 현금 3.2조 원을 차입했다. 굳이 차입까지 해서 장단기금융자산을 늘린 것은 약간 이해하기 어렵다.

[표 3-5-2] 삼성전자 연결 현금흐름표 (단위: 조 원)

	제46기 2/4분기	제45기 2/4분기
영업활동	21.1	21.4
유형자산	−10.4	−8.7
자유현금	10.7	12.7
단기금융	−5.7	−10.0
장기금융	−5.6	−0.3
관계기업	1.4	0.0
무형자산	−0.5	−0.5
기타	−1.1	−1.4
차입금	3.2	−1.4
자사주	0.0	0.0
배당금	−2.1	−1.1
기타	0.0	0.3
환율변동	−0.7	0.8
현금증감	0.2	0.9

복잡한 처음의 표에서 몇 단계를 거쳐서 이런 표를 만든 것은 이렇게 하면 2014년 2/4분기 동안 삼성전자의 실제 현금 거래에서 어떤 일이 일어났는지를 분명하게 알 수 있기 때문이다.

연습을 한다는 생각으로 2013년 2/4분기를 한번 살펴보자. 2013년 2/4분기에 삼성전자는 영업현금으로 21.4조 원을 마련했고, 8.7조 원의 설비투자를 하고 남은 자유현금이 12.7조 원이었다. 삼성전자는 이 남은 자유현금을 다음과 같이 사용했다. 가장 많이 사용한 곳은 단기금융자산 10조 원으로 나타났고, 차입금을 1.4조 원 갚았고, 배당으로 1.1조 원이 유출되었다. 그리고 남은 현금 0.9조 원은 자산으로 가서 현금을 늘렸다.

이 표에서 중요한 것은 회사가 어디서 얼마의 현금을 마련해서 어디에 얼마만큼 사용했는지를 알아내는 것이다. 예를 들면 혹시 회사가 장사를 못하여 직원에게 월급을 주거나 원재료를 사기 위해 은행에서 돈을 빌려와야 되는 상황인지 또는 회사가 장사를 잘하여 영업활동에서 나오는 현금으로 투자를 하고도 남아서 그 돈으로 과거에 빌린 돈을 갚을 정도로 여유가 있는 상황인지를 알아내는 것이다.

삼성전자의 경우는 위에서 본 것처럼 영업활동에서 벌어들인 현금으로 투자를 하고 남는 현금이 계속 회사 밖으로 나가고 있다. [표 3-5-2]에는 나타나지 않고 있지만 이 회사는 과거에 차입금을 대부분 갚고난 뒤 남는 현금으로 자사주를 사들였다. 이렇게 주식수가 줄어들면 자연히 1주당 기업 가치가 올라가고 이것을 반영하여 주가도 올라가게 된다.

회사가 여유 자금으로 빚을 갚거나 자사주를 사들인다고 이를 반드시 좋게 해석할 수는 없다. 때로 전망이 좋은 확실한 사업이 있다면 빚을 내서라도 투자를 늘리는 것이 회사의 성장을 위해서는 더 발전적인 일일 수도 있다. 되풀이해서 하는 말이지만 숫자가 갖는 의미를 제대로 평가하려면 그것을 실제 회사의 상황과 잘 연결해야 한다. 숫자만 보고 절대적으로 해석하면 큰 잘못을 저지를 수도 있다.

현금흐름표의 마지막을 보면 기말현금이라는 항목이 나온다. 삼성전자의 경우 2014년 6월에 16.1조 원의 현금을 갖고 있었다. 막연히 생각하면 어느 회사가 기말에 현금을 많이 갖고 있으면 좋은 것으로 생각하나 꼭 그렇지는 않다. 현금을 지나치게 많이 갖고 있는 것은 회사가 장사를 한다고 하면서 장사는 제대로 하지 않고 현금만 잔뜩 안고 있는 것이기도 하다. 회사가 자산에 현금을 잔뜩 안고 있다고 여기서 높은 수익이 나는 것은 아니다. 회사가 현금을 너무 많이 갖고 있는 것은 앞으로 무슨 사업을 해야 할지 잘 모른다는 말이기도 하고, 회사가 앞으로 일어날 일에 겁을 많이 먹고 있다는 말도 된다.

어느 정도면 회사가 현금을 지나치게 많이 갖고 있는 것인지를 알려주는 분명한 지표는 없다. 회사의 사정에 따라서 다르다.

예를 들어 어느 회사의 현금 회전 속도가 빠른 경우, 즉 생산 판매의 흐름이 빠른 경우 그리고 제품 판매가 대부분 현금인 경우, 이런 회사는 현금을 많이 갖고 있을 필요가 없다. 반대로 제품의 회전 속도가 느리고 판매도 외상 매출이 많은 경우는 갑자기 일어나는 현금 수요를 대비해서 현금을 많이 갖고 있어야 한다. 특히 사업 환경이 불안한 회사는 현금을 더 많이 갖고 있어야 한다. 절대 수준을 찾기는 어려우므로 그 회사의 과거 현금 수준이나 같은 업종에 있는 다른 회사와 비교하는 것이 가장 손쉬운 방법이다.

현금흐름표가 갖는 의미를 충분히 이해하려면 현금흐름표에 나오는 숫자의 변화를 재무상태표와 포괄손익계산서에 일어나는 변화와 연결해서 해석할 수 있어야 한다. 이를 위해서 몇 가지 예를 들어보았다. 그러나 이것이 얼른 머릿속에 들어오지 않는다고 현금흐름표를 해석하지 못하는 것은 아니다. 좀 복잡하다는 생각이 들면 이 부분은 건너뛰고 구체적인 회사를 가지고 현금흐름표를 더 자세히 설명하는 실제의 사례 분석으로 넘어가도 좋다.

세 가지 보고서의 연결

구체적으로 회사에 일어나는 어떤 거래가 현금흐름표의 어느 활동에 들어가고 이것이 재무상태표, 포괄손익계산서와 어떻게 서로 연결되는지를 알아보기로 하자. 연결 원리는 이미 앞에서 설명한 것으로 마무리하고 구체적인 사례를 통해서 어떻게 연결되는지 실제로 연습해보기로 하자.

문제 1 예를 들어 회사가 제품을 120 팔았는데, 이 중에서 20은 외상으로 그리고 100은 현금을 받았다고 하자. 이것을 그림으로 나타내어 세 가지 보고서를 서로 연결하면 다음과 같다.

풀이 포괄손익계산서에 매출은 120으로 기록하지만 실제로 현금이 들어온 것은 100이고 나머지 20은 외상 매출이므로 포괄손익계산서 오른쪽에 매출 120을 기록하고 이것과 반대쪽인 재무상태표의 왼쪽에 현금 100, 외상 매출 20을 늘린다. 그리고 현금흐름표에는 매출 120이 아니라 현금으로 매출한 100만 회사로 들어왔고 이 거래는 영업활동이므로 영업활동에 +100을 기록하면 된다.

현금 +100 외상 매출 +20		영업활동 +100 재무활동
	매출 120	투자활동

문제 2 회사가 다른 회사에게서 80만큼의 원료를 사왔는데 이 중 60은 현금을 주고 20은 외상으로 사왔다.

풀이 회사가 원료 80을 사와서 이것을 모두 올해 사용했으므로 포괄손익계산서의 왼쪽에 매출 원가 80을 기록한다. 그런데 이 중에 60이 현금이므로 재무상태표의 같은 왼쪽에서 현금 60을 줄이고 나머지 20은 현금이 나가지 않은 외상이므로 재무상태표의 오른쪽에 외상 매입 20을 늘리면 된다. 한편 현금흐름표에는 비록 손익계산서에는 매출 원가가 80 일어났지만 이 거래로 회사 밖으로 현금이 나간 것은 80이 아니고 60이며, 이 거래는 영업활동에 속하므로 영업활동에 −60이라고 기록하면 된다.

현금 −60	외상 매입 +20	영업활동 −60
		재무활동
매출 원가 80		투자활동

문제 3 회사가 회사채를 발행하여 현금을 100 마련해서 이 돈으로 기계 50을 샀다.

풀이 먼저 회사가 돈을 빌려왔으므로 재무상태표의 오른쪽에 차입금이 100 늘어난다. 이 차입금이 처음에는 현금으로 회사에 들어왔지만 이 중 50이 곧 기계로 바뀌었으므로 결국 재무상태표의 왼쪽에 현금+50, 기계 +50이라고 기록하여 재무상태표의 양쪽을 서로 맞춘다.

한편 현금흐름표에는 먼저 현금이 100 들어왔는데 이것은 회사가 은행에서 돈을 빌린 것이므로 재무활동이다. 그래서 재무활동에 현금 +100이라고 한다. 그런데 이 현금이 다시 기계로 바뀌면서 회사 밖으로 나가서 회사에 남아 있는 현금은 50뿐이다. 회사가 기계를 산 것은 투자활동이므로 투자활동에 −50이라고 기록하면 된다. 현금흐름표에서 전체를 합하면 결국 50이 늘어난 것으로 되고 이것은 결국 재무상태표에 현금이 50 늘어난 것과 같다.

현금 +50	차입금 +100	영업활동
기계 +50		투자활동 −50
		재무활동 +100

그런데 재미있는 것은 위의 표를 보면 재무상태표에서 왼쪽인 자산에서 기계가 50 늘어나니 현금흐름표에서는 반대로 투자활동에 현금이 50 줄었다. 그리고 재무상태표의 오른쪽인 차입금이 100 늘어나니 현금흐름표에서는 재무활동에서도 현금이 100 늘어났다. 즉 재무상태표의 왼쪽인 자산이 늘어나는 것은 현금이 줄어드는 것이고, 재무상태표의 오른쪽이 늘어나는 것은 현금이 늘어나는 관계를 맺고 있다. 이것은 당연한 일이다.

자산은 그냥 늘어나는 것이 아니다. 현금이 자산으로 바뀌는 것이다. 그러므로 자산이 늘어나면 현금은 줄어들게 된다. 반대로 오른쪽인 부채가 늘어나는 대가로 회사의 현금이 늘어난다. 물론 재무상태표의 오른쪽 나머지인 자기 자본이 늘어나는 것도 당연히 현금이 늘어나는 것이다.

그러나 재무상태표와 현금흐름표의 관계가 항상 이렇게 되는 것은 아니다. 자산이 늘어난다고 항상 현금이 줄어드는 것은 아니기 때문이다.

예를 들어서 회사가 어떤 주식에 투자를 했는데 이 주식의 가격이 올라가면 자산에 있는 주식의 가격이 올라가게 된다. 이 경우에 비록 자산은 늘어났지만 회사에 현금이 줄어든 것은 아니다. 단지 자산의 평가 금액만 늘어난 것이다.

마찬가지로 재무상태표의 부채가 늘어난다고 언제나 회사에 현금이 늘어나는 것은 아니다. 예를 들어 회사가 달러 표시로 돈을 빌려왔는데 달러 가치가 올라가면 원화로 표시한 차입금이 늘어나게 된다. 이런 경우에 차입금이 늘어난다고 회사에 현금이 늘어나는 것은 아니다. 이것도 마찬가지로 차입금의 평가 금액만 늘어난 것이다.

문제 4 회사가 자산으로 갖고 있는 건물 100을 현금 150에 팔았다.

풀이 회사가 자산에 100으로 갖고 있던 건물을 현금 150을 받고 팔았으니 당장 현금 150이 들어왔다. 이것은 재무상태표 왼쪽에 현금을 150 늘린다. 이렇게 현금이 늘면 이것을 없애기 위해서 같은 왼쪽에 무슨 일이 일어나야 한다.

먼저 같은 왼쪽에 재무상태표의 자산에서 건물 100이 없어져야 한다. 그리고 자산에 100으로 올라 있던 건물을 150에 팔았으니 그 차액인 50은 건물매각 차익이 되어 포괄손익계산서 오른쪽에 올라간다. 이렇게 되면 재무상태표 왼쪽에 현금 150이 생기는 대신 같은 왼쪽에서 자산이 100 줄고 반대쪽인 포괄손익계산서의 오른쪽에 50이 생겨서 양쪽을 서로 맞추게 된다.

다음 현금흐름표를 보면 건물을 팔아서 현금이 들어온 것은 투자활동이므로 투자활동에 현금 150이 들어온 것으로 기록하면 된다.

현금 +150		영업활동
건물 −100		투자활동 +150
	매각 차익 50	재무활동

문제 5 회사가 갖고 있던 현금으로 차입금을 100 갚았다.

풀이 회사가 차입금을 갚은 것이므로 당연히 차입금이 100 줄었고, 이 돈을 현금으로 주었으므로 현금이 100 줄었다. 재무상태표의 오른쪽 차입금을 100 줄이고, 이것과 균형을 맞추기 위해 왼쪽인 자산에서 현금을 100 줄이면 된다. 한편 현금흐름표에서 차입금이 준 것은 재무활동이므로 재무활동에서 현금 100이 회사 밖으로 나간 것으로 기록하면 된다.

자산	부채·자본	현금흐름
현금 −100	차입금 −100	영업활동
		투자활동
		재무활동 −100

이상으로 현금흐름표의 각 활동에서 현금이 들어오고 나가는 경우를 재무상태표 및 포괄손익계산서와 연결하여 살펴보았다. 당연히 위에 예로 든 경우 외에도 많은 모양의 거래가 있다. 그러나 그 기본 원리는 같다.

영업보고서를 해석하는 방법

영업보고서는 회사의 상태를 알려주는 언어다. 회사가 장사를 잘하고 있는지 그렇지 않은지는 영업보고서를 보면 알 수 있다. 회사를 운영하는 경영자도 회사의 규모가 어느 정도 커지면 영업보고서를 보아야 회사 상태를 알 수 있다. 또 회사가 장사를 위한 자금을 마련하기 위해서는 돈을 가진 사람에게 회사의 현재 상태를 알리고 앞으로 회사가 더 좋아질 가능성이 높다고 그 사람을 설득해야 한다. 이 회사에 투자하려는 또는 이미 투자해둔 외부 투자자들도 당연히 지금 회사가 어떤 상태에 있는지 알고 싶어한다. 지옥까지 따라와서 세금을 거두어간다는 정부도 세금을 매기기 위해서 회사에 영업보고서를 요구한다.

영업보고서에는 숫자도 많이 나오고 양도 많다. 원래의 보고서에 나오는 숫자들은 요약하거나 조합하면 몇 가지 핵심적인 판단 지표를 만들어 낼 수 있다. 사람에 따라서 좋아하는 지표들이 다르기도 하지만 이 책에서는 다음의 지표들을 살펴보기로 한다.

〈영업보고서를 볼 때 사용하는 주요 지표〉	
이익의 질	1. 다른 이익과 비교 2. 과거 이익과 비교
이익의 수준	3. 매출액과 비교 4. 자산과 비교
5. 자산 구성비의 변화	
6. 현금잠김일수	
7. 현금흐름표	

■ 이익의 질 1: 다른 이익과 비교

보통 옆에서 누가 어떤 회사가 좋다고 하면 제일 먼저 회사가 얼마나 이익을 내는지 물어본다. 또 회사가 분기 영업 실적을 발표하면 제일 먼저 지난 분기보다 이익이 얼마나 늘어났는지를 찾아본다. 다시 말해 포괄손익계산서를 먼저 보는 것이다. 당연히 매출이나 이익이 지난해보다 더 빨리 늘어나면 회사가 장사를 잘한 것이므로 좋은 일이다. 그러나 이것만으로는 부족하다. 비록 순이익이 50% 늘어났다 하더라도 혹시 이 이익이 회사의 본업인 영업활동에서 나온 것이 아니고 다른 활동, 즉 건물을 팔아서 나온 이익일 수도 있다. 또는 이번의 이익이 아주 좋은 것이 아닌데도 지난번 이익이 어떤 일로 아주 나쁘게 나와서 비교하면 아주 많이 늘어난 것으로 보일 수도 있다.

포괄손익계산서에는 4개의 이익이 나온다. 맨 위에서부터 매출 총이익, 영업이익, 세후 순이익(당기 순이익) 그리고 지배주주이익이다. 비록 순이익이 50% 늘어도 심할 경우 영업이익은 10% 줄어들 수 있다. 그러므로 우선은 각 단계별 이익이 늘어난 정도가 비슷해야 한다. 그래야 우리는 이 숫자에서 어떤 의미를 찾아낼 수가 있다. 단계별 이익이 너무 들쭉날쭉하면 숫자가 갖는 의미를 찾아내기 어렵다.

영업보고서에 나오는 숫자들이 회사의 영업 상황을 잘 드러내고 있는 경우 우리는 숫자의 질이 높다고 말한다. 즉 영업보고서를 볼 때 투자자들이 가장 먼저 보는 것이 순이익인데 이때 '순이익의 질quality of earnings'을 볼 줄 알아야 한다.

[그림 3-1] LG전자 이익의 종류

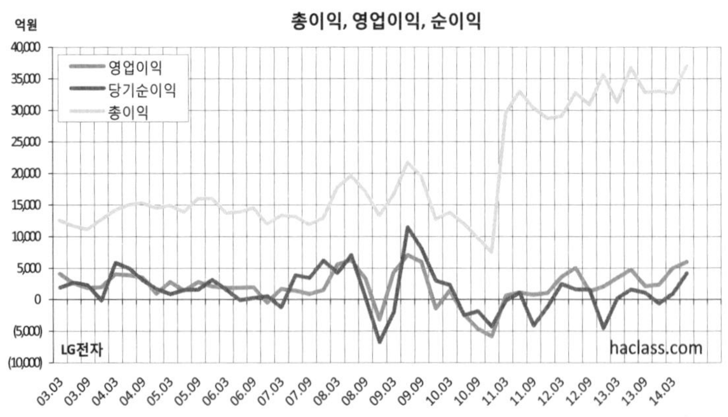

위의 그림은 LG전자의 분기별 단계별 이익을 그린 것이다. 먼저 놀라운 사실은 LG전자의 영업이익과 순이익의 절대금액이 매우 작다는 사실이다. 그 다음으로는 2007년 1분기부터 2007년 4분기까지 순이익은 높아졌으나 영업이익은 낮아지고 있다는 사실이다. 만약 순이익만 보고 있었다면 이 회사는 이 기간 동안 영업실적이 좋아진 것으로 오해할 수 있다. 그러나 영업이익, 그리고 나아가서 총이익의 흐름과 비교해보면 실제로 이 기간 동안 회사의 실적이 좋아지지 않았다는 것을 알 수 있다. 뿐만 아니라 최근 두 분기는 연결재무제표를 작성한 것인데 비록 총이익은 크게 늘어났으나 여기에서도 여전히 영업이익과 순이익은 겨우 적자를 면하고 있다는 것을 알 수 있다.

■ 이익의 질 2: 과거 이익과 비교하여 변화 찾기

이익의 질을 알아내는 두 번째 수단은 과거와 비교하는 것이다. 대부분의 경우 투자자들은 회사의 영업 실적을 지난해 또는 지난 분기와 비교하고 만다. 과거와 비교하는 것은 길면 길수록 좋다. 최소한 한 번의 경기주기는 포함하고 있어야 한다. 이렇게 해야 최근의 영업 실적이 갖는 의미를 더 정확히 해석할 수 있다.

최근의 영업 실적이 과거의 숫자와 연결되어 하나의 흐름을 만들어내고 있을 수도 있고, 과거부터 내려오는 흐름과 다른 새로운 변화를 만들어냈을 수도 있다. 만약 어떤 흐름을 찾아낼 수만 있다면 이것은 그 무엇과도 바꿀 수 없는 아주 중요한 정보가 된다. 마찬가지로 과거와 다른 새로운 변화가 생겨난 것은 더 중요한 정보가 된다. 이와는 달리 과거 실적들이 너무 들쭉날쭉 변동이 많으면 기본적으로 그 숫자들을 믿기가 어렵고, 또 그 숫자가 사실이라 할지라도 회사의 영업이 매우 불안하다고 생각해도 좋다.

투자자들은 장기 영업 실적에 변동이 심한 회사는 피하는 것이 좋다. 이런 회사는 아무래도 회사에 일어나는 일을 늦게 알게 되는 일반 투자자들이 투자하기에 좋은 대상은 아니다.

[그림 3-2] LG전자 영업이익 흐름

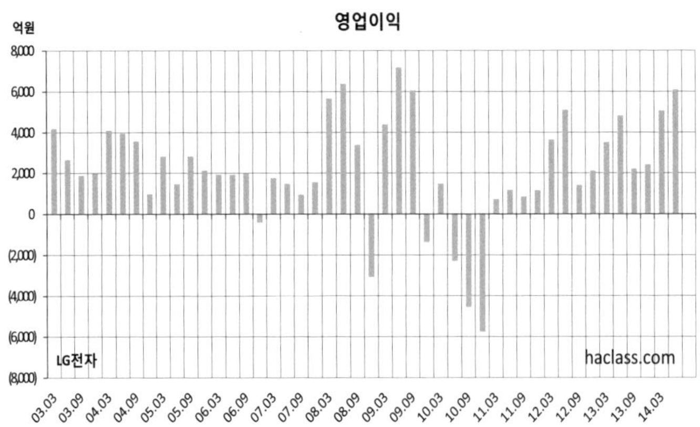

위의 그림은 LG전자의 분기별 영업이익을 나타낸 것이다. 이 그림을 보면 분기별 이익의 수준에 변화가 많다는 것을 알 수 있다. 이럴 경우 앞으로 이 회사의 분기별 이익의 수준을 짐작하기가 매우 어렵게 된다. 그리고 이것은 자연히 이런 회사의 기업가치를 높게 평가하기 어렵게 만든다. 즉 이익의 질이 떨어진다고 해석해야 한다.

■ 이익의 수준 1: 매출액이익률=이익÷매출액

옆 사람이 좋다고 추천하는 회사를 볼 때 살펴보아야 할 두 번째 요소는 매출액이익률이다. 매출액이익률이란 이익을 매출액으로 나눈 것이다. 이익은 앞에서 본 것처럼 5단계 중 어느 것을 사용해도 좋으나 회사의 본업인 영업 상황을 가장 잘 드러내는 것이 영업이익이므로 일반적으로 영업이익을 기준으로 하는 것이 좋다.

갑이라는 회사는 100을 팔아서 10의 이익을 냈는데 을은 100을 팔아서 5의 이익만 낼 수도 있다. 매출과 이익이 지난 번과 달라진 것만 찾다 보면 얼마를 팔아서 얼마의 이익을 냈는지를 놓치게 된다. 기본적으로 회사는 매출액 이익률이 높아야 한다. 경쟁력이 있는 회사는 대부분 매출액 이익률이 높다.

예를 들어, 제조업체이면서 매출액영업이익률이 10% 이하일 경우 기본적으로 경쟁력을 갖춘 회사라고 보기 어렵다. 그렇다고 매출액영업이익률이 높다고 무조건 좋은 것은 아니다. 이 경우 두 가지 문제가 있다. 하나는 매출액영업이익률이 높으면 경쟁 회사가 덤비게 된다. 두 번째는 회사가 더 이상 좋아지기 어렵다. 주식투자에서는 과거보다 미래가 더 중요하다. 많은 경우 매출액이익률이 높다는 정보는 이미 지금의 주가 속에 들어가 있다. 앞으로 회사는 지금보다 더 좋아지기보다는 나빠질 가능성이 높으므로 이런 회사는 좋은 회사이긴 하나 투자 대상으로 반드시 좋은 회사라고 볼 수는 없다. 오히려 매출액영업이익률이 낮은 상태에서 점차 높아지는 회사를 찾아야 한다.

분기별 영업 실적에서 매출액영업이익률이 아래위로 3%포인트 이상 움직이는 회사는 반드시 그런 변화가 어디서 왔는지 살펴보아야 한다. 즉 이런 변화가 일시적인 것인지 또는 단순한 숫자 장난인지 아니면 이런 변화가 실제로 회사에 일어난 주요 변화를 반영하고 있는지 확인해야 한다. 당연히 매출액이익률이 갑자기 낮아지는 회사도 주목해야 한다.

[그림 3-3] 삼성전자 매출액이익률의 변화

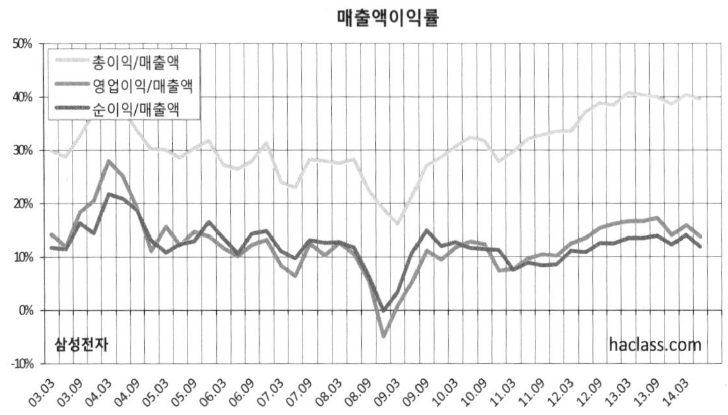

이 그림은 삼성전자의 2003년 1분기부터 2014년 2분기까지 매출액이익률을 그린 것이다. 매출액이익률의 장기흐름을 보면 총이익률은 2003년 40%에서 지금도 40%를 유지하고 있다. 그러나 영업이익은 2003년 25% 수준에서 지금은 겨우 15% 수준으로 떨어졌다. 물론 2008년 말과 2009년 초의 어려운 시기에 비해서는 좋아졌지만 여전히 매출액영업이익률이 10%대의 낮은 수준에서 벗어나지 못하고 있다. 이 회사가 진정 한국을 대표하는 주요 회사가 되려면 영업이익률이 지금보다는 더 높아져야 할 것이다.

[그림 3-4] POSCO 매출액이익률의 변화

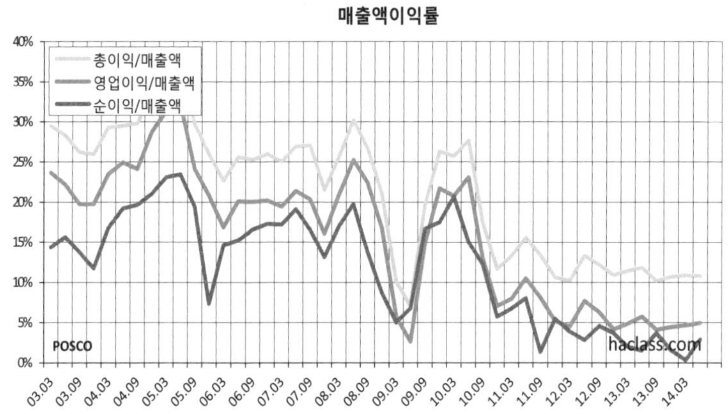

삼성전자의 이익률 수준의 변동을 보기 위해서 POSCO의 이익률과 비교해보자. POSCO는 2005년 1분기에 총이익률이 35%를 넘고 영업이익률이 30%를 넘어설 정도로 이익률이 크게 높았으나 그후 주기적인 하락을 거듭하면서 지금은 총이익률은 10%, 그리고 영업이익률은 5%로 아주 많이 나빠졌다. 이 회사는 삼성전자에 비해서는 총이익률과 영업이익률 사이가 좁다. POSCO는 삼성전자에 비해서 이익률의 변동이 더 심하다. 이는 아마도 원재료 가격의 변동이 최근에 심해졌기 때문일 것이다. 이 회사는 삼성전자보다도 이익률을 전망하기가 더 어렵게 되어버렸다.

투자자들이 좋아하는 회사는 성장 속도도 높으면서 이익률의 수준이 올라가는 회사일 것이다. 이런 조건을 갖춘 회사는 찾기가 쉽지 않다.

[그림 3-5] 기아차 매출액이익률의 변화

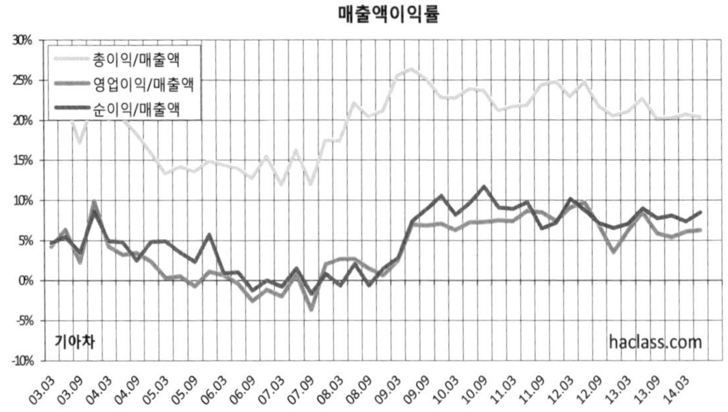

위의 회사는 기아차다. 앞의 두 회사에 비해서 이익률이 안정적으로 올라간 경우이다. 이 회사는 과거 2006년과 2007년에 영업이익률이 적자로 들어간 적도 있었다. 그런데 지금은 매출액영업이익률이 10%대에 접근했다가 다시 5% 수준으로 떨어졌다. 그리고 총이익률이 계속 낮아지고 있어 앞으로 영업이익률이 더 올라가기를 기대하기도 어렵게 되었다. 즉 한때는 이 회사의 이익률이 좋아질 것이라는 기대가 있었으나 지금은 다시 실망하게 된 것이다.

이제 마지막으로 이익률의 수준이 높은 곳에서 빠른 시간 안에 낮은 수준으로 떨어진 경우를 보자. 다음에 나오는 태웅은 2007년 중반에 매출액영업이익률이 거의 20% 수준까지 올라갔으나 2010년 이후 거의 제로 수준까지 떨어져서 지금까지 옆으로 가고 있다.

[그림 3-6] 태웅의 매출액이익률 변화

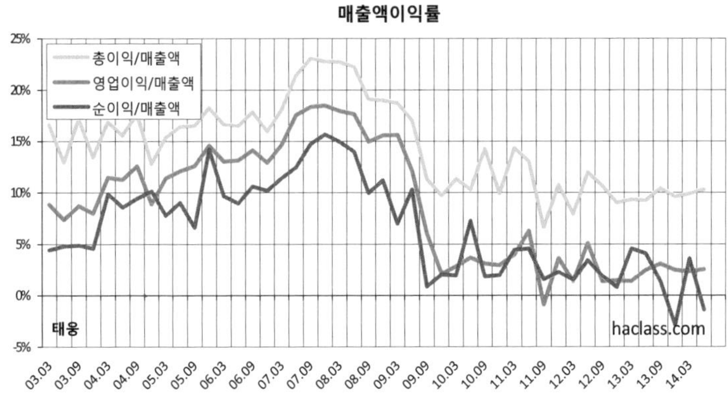

이 회사의 영업이익률이 올라갈 때 앞으로 이렇게 떨어질 줄 누가 짐작이나 했겠는가? 이런 짐작을 하지 못하고 투자할 경우 크게 낭패를 보게 된다. 그럼 이런 위험을 미리 알 수 있는 길이 있을까? 쉽지는 않겠지만 전혀 없다고는 할 수 없다. 앞으로 이 책에서 더 살펴보기로 한다.

이것은 회사가 이익률을 올리기도 어렵지만 올라간 이익률을 유지하는 것도 어렵고, 나아가서 이미 올라간 이익률을 한 단계 더 올리는 것은 더욱 어렵다는 것을 말해준다. 투자자는 분기별 영업 실적을 보고 이익률에 변화가 있는 회사를 찾아낸 후 반드시 이 변화가 회사에 일어난 다른 변화에 비추어보아 오래갈 수 있는 의미 있는 변화인지를 확인하는 과정을 밟아야 한다. 회사에 일어난 변화가 일시적인 것인지 아니면 오래갈 것인지는 숫자를 보는 것만으로는 알기가 어렵다. 이런 의미에서 다음 장에서 이야기할 회사의 질적인 측면이 중요하다.

■ 이익의 수준 2: 자산이익률=이익÷자산

회사가 만들어낸 이익의 수준을 아는 방법에는 이익을 매출액과 비교하는 것 외에 다른 한 가지가 더 있다. 사실은 이것이 이익을 매출액과 비교하는 것보다 더 중요하다. 즉 이익을 회사의 자산과 비교하는 것이다. 예를 들어, 회사 갑은 이익이 지난해보다 20% 늘었는데 을은 10% 늘었다고 하자. 이러면 당장에는 회사 갑이 더 좋아 보인다. 그러나 만약 회사 갑이 이익을 20% 늘리기 위해서 지난해에 설비를 30% 늘렸으나 회사 을은 설비를 늘리지 않았다고 하자. 이러면 회사 갑과 을 중에서 누가 더 장사를 잘한 것인가?

〈어느 회사가 더 좋은 회사일까?〉

	이익 증가율	설비 증가율
회사갑	20%	30%
회사을	10%	0%

장사를 얼마나 잘하고 있는지 판단하는 가장 중요한 기준은 장사를 하기 위해서 들어가는 돈은 적은데 이익은 많이 내는 회사다. 이것을 알려주는 지표가 자산 이익률이다. 즉 올해의 이익을 그 이익을 만들어내기 위해 사용한 자산, 즉 지난해 말의 자산 또는 지난해 말과 올해 말 자산의 평균으로 나누는 것이다. 기본적으로 회사의 자산이란 회사가 이익을 만들어내기 위해서 사용하는 자원이다. 자산 이익률이란 한 단위의 투입 자산에서 회사가 얼마의 이익을 만들어내는지 알려주는 아주 중요한 지표다. 예를 들어서 자산 이익률이 10%라고 한다면 회사는 100의 자산을

집어넣은 후 그 자산을 사용하여 1년에 10만큼의 이익을 낸다는 의미다.

회사의 자산에는 크게 두 종류가 있다. 하나는 회사의 본업인 영업활동과 관련이 깊은 영업활동 자산이고, 다른 하나는 관련성이 약한 비영업활동 자산이다. 이것은 포괄손익계산서의 이익에 영업활동과 관련이 깊은 영업 이익이 있는가 하면 관련성이 약한 영업 외 이익이 있는 것과 마찬가지다.

회사의 자산을 나누는 기준이 하나 더 있는데, 이는 회사 자산의 주인이 누구인가를 기준으로 나누는 것이다. 회사는 자산을 마련하는 데 주주의 돈도 사용하고 주주 이외의 다른 사람, 즉 채권자의 돈을 사용하기도 한다. 그래서 전체 자산을 주주 자산과 주주 이외의 자산으로 구분하기도 한다.

이익을 자산과 비교할 때는 항상 이익의 성격에 맞는 자산을 사용해야 한다. 예를 들어 주주만의 몫으로 남은 이익인 순이익과 자산을 비교할 때는 자산 중에서도 주주의 자산인 주주 자본과 비교해야 한다. 그리고 회사가 아직 부채에 대한 이자를 갚기 전인 영업이익과 자산을 비교할 때는 자산 역시 아직 주인을 가르지 않은 회사 전체의 자산, 즉 총자산과 비교해야 한다. 순이익과 주주 자본을 서로 비교한 것은 주주자본 이익률ROE. Return on Equities(순이익÷주주 자본×100)이라고 부르고, 영업이익을 총자산과 비교할 때는 총자산 영업이익률ROA. Return on Assets(영업 이익÷총자산×100)이라 한다.

〈자산의 구분〉

자산의 성격 기준: 영업활동 자산과 비영업활동 자산

자산의 소유자 기준: 채무자의 자산과 주주의 자산

〈회사 갑과 을의 총자산 영업이익률의 비교〉

	영업이익	총자산	ROA
회사갑	30(+20%)	300(+30%)	10%(=30÷300)
회사을	20(+10%)	100(+0%)	20%(=20÷100)

*영업이익과 총자산의 단위는 같으며, 예를 들면 억 원, 영업이익과 총자산( )의 값은 전년비 증가율을 의미.

위의 예에서 회사 갑과 을을 제대로 비교하려면 이 회사들의 총자산 영업이익률을 알아보아야 한다. 영업이익이 늘어나는 속도만을 보면 회사 갑은 20%, 을은 10% 늘어서 갑이 더 좋아 보인다. 그러나 총자산 영업이익률을 보면 회사 갑은 10%이고 회사 을은 20%로 더 높아서 회사 을이 들어간 자산에서 이익을 만들어내는 정도가 회사 갑보다 더 높다. 당연히 회사 을이 회사 갑보다는 장사를 더 잘하고 있다.

총자산 영업이익률 또는 주주자본 이익률은 둘 다 그 값이 높으면 좋다. 즉 들어간 돈에 비해서 그 돈을 이용하여 이익을 많이 만들어낸다는 의미이기 때문이다. 일반적으로 총자산 영업이익률은 최소한 시장의 중장기 금리 이상이어야 한다. 그 정도는 되어야 돈을 빌려주는 사람이 어느 정도 안심하고 그 회사에 돈을 빌려줄 것이다. 돈을 빌려와서 은행 이자율에도 미치지 못하는 이익률을 내는 회사라면 자연히 돈을 빌려주는 사람이 빌려주지 않으려고 하든가 아니면 이런 회사는 위험하므로 더 높은 금리를 요구할 것이다. 예를 들면 지금의 경우 총자산 영업이익률은 최소 7~8% 이상은 되어야 한다.

한편 주주자본 이익률의 경우도 그 수준이 시장의 중장기 금리보다 더 높아야 한다. 어떤 사람이 장사를 한다는 것은 그 장사에서 나오는 수익이 시장의 금리 수준보다 더 높을 것으로 예상했기 때문이다. 만약 그 수익이 시장의 금리 수준 정도라면 굳이 힘들게 장사를 할 필요가 없을 것이다. 그냥 그 돈을 금융기관에 빌려주면 된다.

자기 돈 100과 남의 돈 100을 합친 총자산 200으로 장사를 하여 20이라는 수익을 냈다고 하자. 빌려온 돈 100에는 이자를 주어야 하는데 이자율이 8%라고 하자. 그러면 수익 20에서 이자 8을 주고 남은 수익은 12가 된다. 이것이 바로 주주의 몫이다. 이것은 주주가 투자한 돈 100에 대해서 12%의 수익에 해당한다(세금 무시). 주주자본 이익률과 총자산 영업이익률을 기준으로 좋은 회사를 찾아내는 방법은 '주주의 돈에 가치를 보태는 회사와 주주의 돈을 까먹는 회사'에서 더 자세히 설명할 것이다.

〈ROA와 ROE 계산 방법〉

재무상태표		포괄손익계산서	
총 자산	200	영업 이익	20
부채	100	이자	8
주주 자본	100	순이익	12

총자산 영업이익률＝영업이익 20÷총자산 200＝10%
자기자본 순이익률＝순이익 12÷주주자본 100＝12%

모든 재무지표를 해석할 때 부닥치는 문제이지만 이런 지표를 해석할 때는 조심해야 할 점이 있다. 즉 하나의 지표를 너무 믿어서는 안 된다. 어떻게 회사 상황을 알려주는 단 하나의 지표가 있을 수 있겠는가? 반드시 관련성이 있는 다른 지표와 서로 비교해보아야 하고, 또 그 지표를 지나간 과거와도 비교해보아야 한다. 이런 지표의 값이 계속해서 안정적으로 나오는 것도 중요하지만 지표의 값에 큰 변동이 생긴 것도 아주 중요하다. 이 변동이 어쩌면 회사에 일어난 중요한 변화를 나타낼 수도 있기 때문이다. 가장 나쁜 경우는 지표값이 들쭉날쭉하면서 회사에 새로운 변화도 없는 경우다.

■ 자산구성비의 변화: 회사의 성격 변화를 드러냄

회사가 갖고 있는 전체 자산이 어떤 것으로 이루어져 있는지를 알려주는 것이 자산의 구성비다. 이것은 회사의 성격을 알려주는 가장 기초적인 숫자다. 회사 자산은 기준에 따라 여러 가지로 나눌 수 있지만 일반적으로는 현금성 자산, 운전자산, 투자자산, 유형자산 그리고 무형자산으로 나눈다.

현금성 자산이란 회사가 하루하루 영업을 하는 데 필요한 현금이나 쉽게 현금으로 바꿀 수 있는 금융 자산에 들어가 있는 돈을 말한다. 운전자산에는 크게 외상매출과 재고자산이 있다. 회사가 물건을 팔아서 현금으로 돈이 들어왔으면 현금성 자산으로 자리 잡고 있겠지만 만약 외상으로 팔았다면 외상매출로 자리 잡고 있다.

회사가 공장에서 물건을 만들고 있거나 다 만들었으나 아직 팔리지 않아서 회사 안에 남아 있는 것은 재고자산이라고 부른다. 투자자산이란 회사가 자회사에 투자하거나 만기가 1년 이상인 유가증권, 즉 채권이나 주식에 돈을 넣어두고 있는 경우다. 유형자산이란 건물이나 기계에 들어간 돈을 말하며, 무형자산이란 연구개발비처럼 큰 돈이 들어가긴 했으나 그 결과가 눈에 보이지 않는 것이다.

일반적으로 제조회사는 유형자산의 비중이 높고, 유통회사는 운전자산의 비중이 높다. 한국이 외환위기를 겪고 난 후 한국 기업에 중요한 변화가 생겼다. 과거에는 회사 자산의 대부분은 유형자산으로 되어 있었다. 그런데 외환위기를 겪자 회사들은 현금이 얼마나 중요한지 알게 되었다. 그래서 회사들은 설비 투자를 거의 하지 않았으며, 운전자산도 외상매출을 줄이고, 재고도 최소로 유지했다. 이런 결과로 자연히 현금성 자산 비중이 높아졌다. 또 일부 회사는 한국에다 투자하지 않고 중국에 투자를 하는 바람에 관계회사 주식에 들어간 돈이 많아져서 투자자산이 유형자산보다 더 많아진 경우도 있다.

같은 성격의 제품을 만드는 두 회사라도 자산 구성이 서로 다를 수 있다. 한 회사가 제조의 대부분을 다른 회사에 외주를 주고 있다면 이 회사는 비교 회사보다 당연히 유형자산의 비중이 적을 것이다. 같은 유통회사라도 백화점과 홈쇼핑 회사의 자산구성비는 크게 다르다.

이처럼 회사 자산의 구성비를 보면 회사 성격을 알 수 있으며, 또 과거 구성비와 비교하여 그것에 일어난 변화를 알면 최근 회사에 어떤 일이 일어났는지도 알 수 있다.

이제 유통 5사의 자산구조를 비교해보고 이것이 이들 회사의 자본이익률에 어떤 영향을 주고 있는지 살펴보자. 물론 자산구조만이 자본이익률에 영향을 주는 것은 아니지만 자산구조는 그 회사 사업의 성격을 나타내기 때문에 이를 기초로 회사의 자본이익률의 수준에 쉽게 접근할 수 있을 것이다. 또한 이런 자산구조가 바뀌지 않는 한 그 회사의 자본이익률

또한 바뀌기가 쉽지 않다는 것을 의미하기도 한다.

여기서 유통 5사란 백화점에서 현대백화점, 할인점에서 이마트, 그리고 홈쇼핑에서는 현대홈쇼핑, CJ오쇼핑, GS홈쇼핑 이렇게 5사를 선택했다. 이런 선택에 특별한 기준이 있는 것은 아니다.

먼저 이들 회사의 자산구조를 살펴보자.

[그림 3-7] 현대백화점 자산구성비의 변화

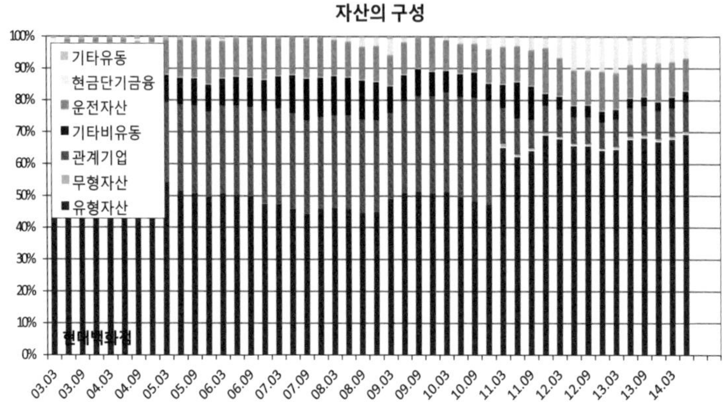

[그림 3-8] 이마트 자산구성비의 변화

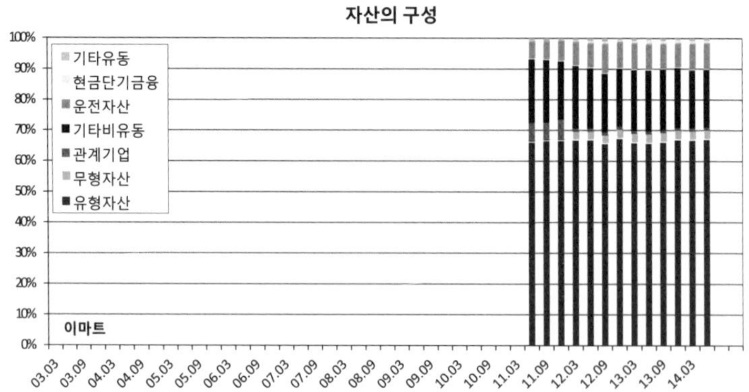

[그림 3-9] CJ오쇼핑 자산구성비의 변화

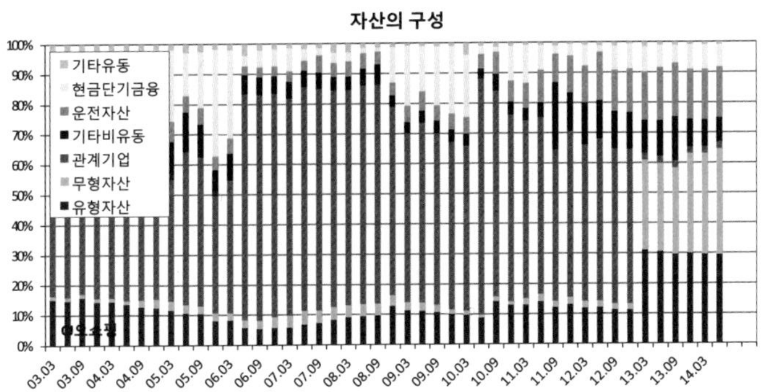

[그림 3-10] 현대홈쇼핑 자산구성비의 변화

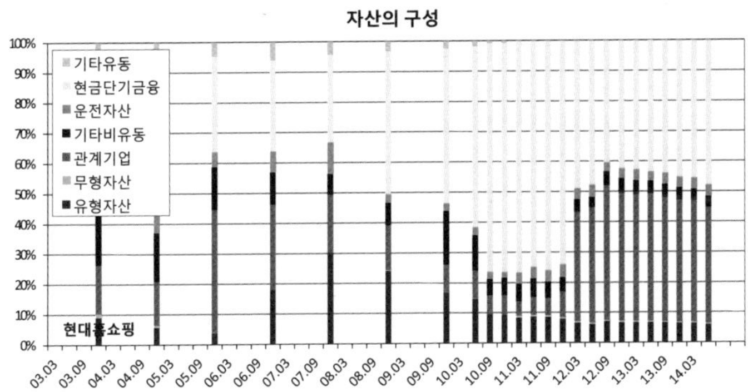

[그림 3-11] GS홈쇼핑 자산구성비의 변화

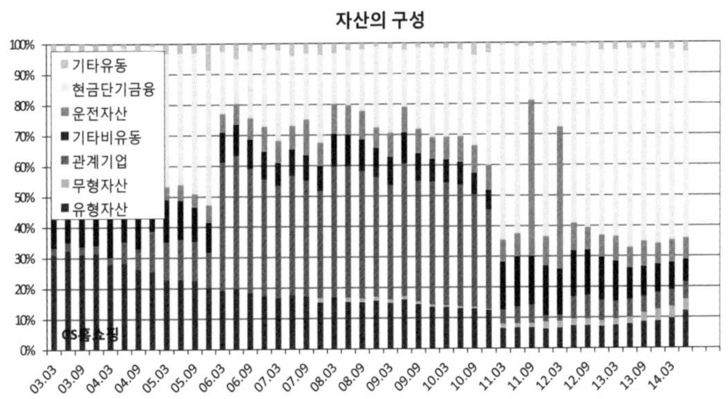

위의 회사들은 사실 유형자산의 비중이 높은 순서대로 나열되어 있다. 유형자산이 비슷하면 현금 비중을 고려했다. 즉 현금 비중이 높으면 더 낮은 곳에 두었다. 이것은 자산에서 매출이 나오는 정도를 자산의 구조와 비교해보기 위한 것이다.

백화점은 물론 유형자산의 비중이 높다. 그리고 할인점도 유형자산의 비중이 높다. 홈쇼핑 회사 중에서 CJ오쇼핑의 유형자산 비중이 높은 것은 관계회사에 유통 이외의 사업이 있기 때문이다.

이제 이런 자산 구조에서 나오는 매출의 정도를 보기로 하자.

[그림 3-12] 유통 5사 자산매출회전율

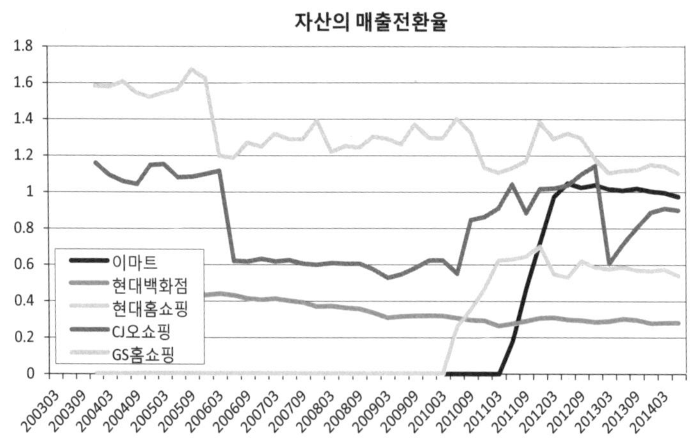

자산의 매출회전율(매출액÷자산)이 가장 높은 것은 GS홈쇼핑이고 가장 낮은 것은 현대백화점이다. 그리고 홈쇼핑 3사 중에서는 현대홈쇼핑이 낮다. 할인점 이마트는 두 번째로 높다. 즉 할인점은 대량판매를 하고,

백화점은 거의 자산 임대수익을 올리는 수준이다.

그럼 이제 이런 매출에서 나오는 이익의 수준을 보기로 하자. 만약 GS 홈쇼핑에서 많은 이익이 나온다면 이는 엄청난 일이 될 것이고, 현대백화점에서 이익률이 낮다면 이 또한 비참한 일이 될 것이다.

[그림 3-13] 유통 5사 매출액영업이익률

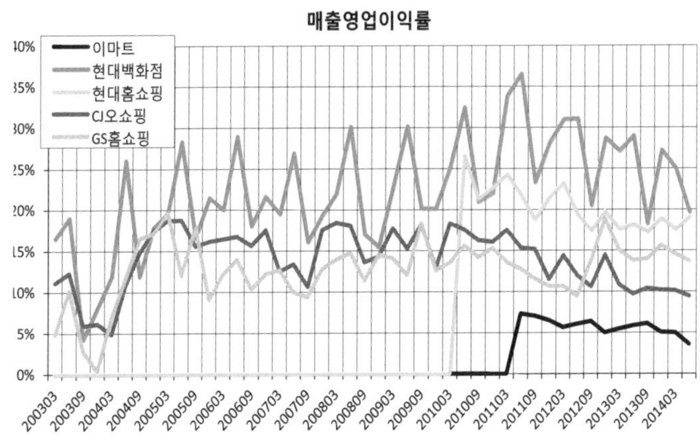

우리의 예상과 비슷하게 백화점에서는 가장 높은 매출액영업이익률이 나오고 두 번째로 회전율이 높았던 이마트에서는 가장 낮은 이익률이 나오고 있다. 그리고 홈쇼핑 3사에서는 역시 자산매출회전율이 낮은 현대홈쇼핑의 매출액영업이익률이 가장 높게 나왔다.

이런 것의 종합으로 나온 것이 바로 주주자본순이익률이다. 이를 보면 역시 매출액영업이익률이 가장 낮은 이마트의 자본이익률이 가장 낮게 나왔고, 다음으로는 자산의 매출전환율이 낮은 현대백화점이 낮게 나왔다. 그리고 홈쇼핑 3사는 자본이익률이 거의 비슷한 수준이다.

우리는 이 회사들의 자본이익률의 수준이 이미 다른 요소들, 즉 자산의 매출전환율이나 또는 매출의 영업이익률 수준에서 결정되었다는 것을 알 수 있다. 따라서 이 회사들의 자본이익률에 변화가 일어나기 위해서는 여기에 영향을 주고 있는 다른 요소들, 즉 자산구조나 매출액이익률에 변화가 생겨야 한다는 것을 짐작할 수 있다. 즉 이런 구조는 오래 갈 가능성이 높다는 것을 짐작할 수 있다. 따라서 이 회사들의 주가 수준을 자본이익률을 기준으로 평가한다면 이런 사실을 충분히 고려해야 할 것이다.

■ 현금잠김일수: 회사의 힘을 드러냄

회사의 성격이나 회사에 일어난 변화를 알려주는 지표 중에서 또 하나 중요한 것이 현금잠김일수CCC, Cash Conversion Cycle이다. 이 지표는 회사의 현금이 운전자산에 얼마나 잠겨 있는지를 알려준다. 당연히 회사의 현금이 수익도 내지 못하면서 어떤 자산에 오래 잠겨 있으면 좋지 않다. 여기서 운전자산이란 대표적인 것이 외상매출금이나 재고자산이다. 회사는 가능한 한 외상매출이 적고 재고가 적은 상태에서 많은 매출을 올리는 것이 중요하다. 이렇게 되면 회사가 장사를 하는 데 현금이 많이 들지 않는다.

회사가 현금 없이 장사하는 방법이 또 있다. 원재료를 사올 때 외상으로 사올 수 있다면 이것은 회사가 자기 돈을 들이지 않고 남의 돈으로 장사를 하는 것이다. 즉 회사는 가능한 현금으로만 팔고, 재고는 적게 유지하며, 원재료는 외상으로 사오는 것이 현금을 적게 들이고 장사하는 것이다. 이처럼 회사가 장사를 하기 위해 현금이 얼마나 운전자산에 잠겨 있는지 알려주는 지표가 바로 현금잠김일수다.

계산하는 방법은 먼저 1년의 매출액을 365일로 나눈다. 예를 들어, 어떤 회사의 1년 매출액이 365라고 하자. 그러면 이 회사의 하루 매출은 1이 된다. 그리고 이 회사가 연말 재무상태표에 외상매출을 30, 재고를 20 그리고 외상매입을 20 갖고 있다고 하자. 그러면 이 회사는 30일분의 매출액에 해당하는 현금이 외상매출에 잠겨 있고, 20일분의 매출액에 해당하는 돈이 재고에 잠겨 있으며, 또 20일분의 매출액에 해당하는 남의 돈을 이용하고 있는 것이다. 즉 30+20-20=30이 되어 결국 이 회사는 30일 매출액에 해당하는 현금이 운전자산에 잠겨 있다.

일반적으로 이 날짜가 적으면 적을수록 운전자산에 잠긴 현금이 적으므로 좋은 것이다. 회사가 힘이 세면 팔 때는 현금으로 팔고, 사올 때는 외상으로 사온다. 그래서 현금잠김일수는 '공급자-회사-고객' 사이에서 회사의 힘이 얼마나 센지를 알려주는 중요한 지표가 된다. 특히 이 값에 변화가 생길 경우에는 다른 모든 경우와 마찬가지로 반드시 그 원인을 살펴보아야 한다. 회사가 새로운 제품을 만들어서 이런 일이 일어날 수도 있고, 판매 방식을 달리해서 일어날 수도 있으며, 가격 정책을 바꾸어서 일어날 수도 있다. 또 회사가 거래처를 바꾸어서 일어날 수도 있다. 이런 변화는 회사의 구조적인 변화를 반영하므로 경기가 올라가고 내려가는 주기적인 변화를 예측하는 것보다 훨씬 더 중요하다.

그렇지만 현금잠김일수가 낮아진다고 반드시 회사에 좋은 일이 일어난 것은 아니다. 현금이 급하게 필요한 경우에 회사는 가능한 한 원재료는 외상으로 사오려고 한다. 그리고 가능한 한 과거에 외상으로 판 것은 현금으로 회수하려고 한다. 이럴 경우 회사의 현금잠김일수는 낮아지게 된다. 보통 부도 나는 회사들은 현금잠김일수가 높다. 그러나 맨 마지막에는 현금잠김일수가 급하게 줄어드는 경우도 있다. 이것이 현금을 마련하는 마지막 수단 중 하나이기 때문이다. 그냥 숫자만 보고 있으면 현금잠김일수가 낮아지므로 좋게 해석하는 실수를 할 수 있다.

일반적으로 회사의 현금이 100일 이상 운전자산에 잠겨 있는 회사는 피하는 것이 좋다. 한 가지 유의할 것은 보통 시장에 새로 등장하는 회사는 이 값이 아주 높을 경우가 있다. 빨리 시장을 확보하기 위해서 외상으로라도 고객을 잡으려 하기 때문이다. 이처럼 영업보고서에 나오는 모든 값은 그 값이 갖는 의미를 숫자로만 해석하지 말고, 반드시 그 회사가 처해 있는 상황과 연결해서 해석할 수 있어야 한다. 만약 회사의 상황과 영업보고서에 나오는 값이 잘 연결이 안 되면 회사에 남에게 알리지 못할 나쁜 일이 일어났을 수도 있고 회사가 영업보고서에 올린 숫자에 문제가 있을 수도 있다.

〈현금잠김일수 계산 방법〉

매출액이 365이면,

1일 매출액은 365÷365=1,

외상매출이 30이면, 외상매출에 잠긴 현금은 30÷1=30일분의 매출액

재고가 20이면, 마찬가지로 20÷1=20일분의 매출액이 재고에 잠겨 있고

외상매입 20이면, 반대로 20÷1=20일분의 매출액을 남의 돈으로 장사하고 있어서

CCC=30+20−20=30일로, 30일 매출액에 해당하는 현금이 운전자산에 잠겨 있다.

[그림 3-14] 현대차의 현금잠김일수 변화

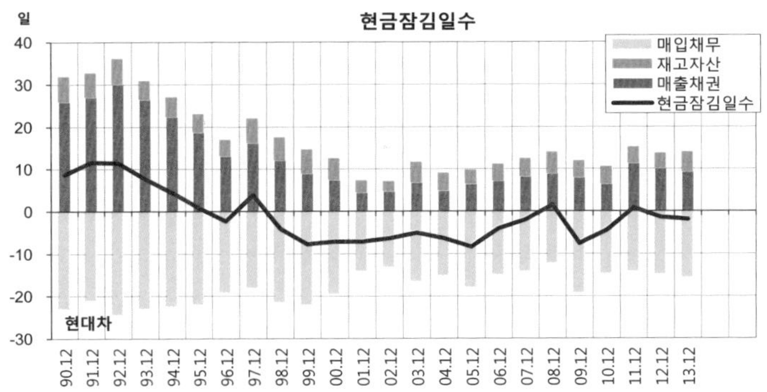

위의 그림은 최근 세계 시장에서 빠른 속도로 시장점유율을 늘리고 있는 현대차의 현금잠김일수를 그린 것이다. 놀라운 사실은 이 회사가 이미 오래 전부터 운전자본에서 남의 돈으로 장사를 하고 있다는 점이다. 즉 운전자본 현금잠김일수가 1991~92년에 약 10일이던 것이 외환위기를 겪은 1998년부터 본격적으로 마이너스로 들어간 사실이다. 즉 부품공급 회사에서 외상으로 물건을 가지고 와서 이를 자동차로 팔아서 번 현금으로 나중에 갚아주고 있다는 말이다.

모든 회사들이 이렇게 하고 싶을 것이다. 그러나 아무 회사나 이렇게 할 수 있는 것은 아니다. 회사가 공급 회사에게 외상으로 물건을 달라고 할 수 있는 힘이 있어야 한다. 그리고 회사가 쓸데없이 많은 재고를 갖지 않는 재고 관리 능력을 갖고 있어야 한다. 또한 고객에게는 현금을 받고 물건을 팔 수 있을 정도로 질이 좋은 제품을 만들 수 있어야 한다.

■ 현금흐름표의 해석: 부도 회사 미리 잡아냄

일반적으로 회사는 영업활동에서 현금이 남아야 한다(들어온 현금>나간 현금). 그래야 이 현금에서 얼마를 투자하고 남은 현금(자유현금흐름)으로 주주들에게 배당을 줄 수 있다. 만약 어떤 회사가 영업활동에서 현금이 모자란다면, 즉 영업을 해서 들어온 현금보다 영업을 하기 위해서 나간 현금이 더 많다면 이것은 회사가 어려움에 빠져 있다는 증거다. 이런 회사도 포괄손익계산서만을 보면 장사를 잘하고 있는 것으로 보일 수도 있다. 예를 들어서 어떤 회사의 매출이 높지만 외상으로 밀어내기였다면 포괄손익계산서에는 매출이 늘어서 이익이 늘어난 것으로 나타나지만 현금흐름표에서는 영업활동에서 현금이 부족할 수가 있다(나간 현금>들어온 현금).

1997년 외환위기를 맞기 전 한국의 많은 상장회사들은 영업활동현금흐름이 마이너스였다. 외환위기를 겪고 난 지금은 많은 회사들이 이런 상태에서 벗어났다. 즉 그만큼 과거에는 회사들이 시장을 먼저 차지하기 위해서 서로 경쟁적으로 매출을 늘렸던 것이다. 영업활동에서 현금이 부족했으니 당연히 다른 활동에서 현금을 마련해올 수밖에 없었다. 그래야 매출을 하기 위한 원료도 사오고 직원에게 월급도 줄 수 있었기 때문이다.

회사가 밖에서 현금을 마련하는 방법은 두 가지다. 하나는 주식을 발행해서 자본금을 늘리는 것이고 다른 하나는 빚을 늘리는 것이다. 대부분의 회사는 현금이 필요하면 손쉬운 방법인 빚을 늘린다. 이런 상태가 몇 년 계속되면 늘어난 부채는 당연히 이자 비용을 늘리고, 빚은 더욱 쌓여서 부채가 주주 자본의 2배, 3배로 올라가고, 외환위기가 왔을 때 한국의 많은 회사들처럼 꼼짝없이 당하게 된다.

이런 상황을 현금흐름표로 보면 현금이 영업활동에서 모자라고(-), 투자활동에서도 당연히 모자라고(-), 이 두 곳에서 모자라는 현금을 재무활동에서 마련해온다(+). 이것이 쌓여서 재무상태표에는 부채가 늘게 되고, 이것이 늘면 포괄손익계산서에는 지급 이자, 즉 영업외 비용이 높아지게 된다. 투자를 하여 영업에서 돈을 벌어도 많은 빚에 대한 이자를 물고 나면 결국 적자가 나는 상황에 놓이게 된다. 이런 상태에서 금리가 올라가면 손을 쓰기가 어렵게 된다.

특별히 회사가 설비를 늘리기 위해서 특정한 해에 현금이 많이 필요한 경우가 있다. 이런 경우는 영업활동에서 현금이 남아도(+) 이것만으로 투자에 필요한 돈을 다 마련하기가 어렵다. 즉 자유현금흐름free cash flow(영업활동 현금에서 설비 투자에 현금을 넣고 남은 현금)이 마이너스가 되고 이것을 메우기 위해서 회사 밖에서 현금을 마련한다. 이런 경우 현금흐름표에는 현금이 영업활동 잉여(+), 투자활동 부족(-), 재무활동 잉여(+)로 나타난다. 즉 영업활동에서 현금이 발생하더라도 투자 금액이 너무 많으면 결국 회사 밖에서 현금을 마련해야 한다. 이렇게 자유현금흐름이 부족해서(-) 재무활동으로 회사 밖에서 현금을 마련해야 하는 일이 큰 규모로 몇 년 이상 계속될 경우는 결국 부채를 늘리게 되므로 곤란하다.

다음에 예를 든 회사의 현금흐름표를 보면 2008~11년까지 영업활동에서 나온 현금보다 더 많은 현금을 투자활동에 사용했다. 부족한 현금은 당연히 재무활동으로 마련했다. 이렇게 오랫동안 회사 밖에서 현금을 마련해오면 자연히 회사 차입금은 늘어나게 된다. 차입금이 아니면 자본금을 늘린 결과로 주식수가 늘어나서 1주당 회사의 가치는 낮아지게 된다.

[표 3-6] ×× 회사의 현금흐름표

	2008	2009	2010	2011	2012	2013	2014
영업활동 현금흐름(1)	56	−9	69	47	−551	−146	−766
투자활동 현금흐름(2)	−230	−738	−507	−744	587	21	1060
재무활동 현금흐름	19	718	726	610	−84	121	−208
순이익	81	150	169	524	−1167	−1014	−1101

더 이상 이런 상황을 견디지 못하고 회사는 2012년 영업활동에서마저도 현금이 부족한 최악의 상황을 맞게 된다. 더 이상 투자하기가 어렵게 되었다. 그래서 과거에 투자한 것을 팔아서 현금을 마련했다.

이 회사의 현금 상황을 포괄손익계산서에 나오는 순이익과 연결해보면 더욱 흥미로운 사실을 알 수 있다. 2008~11년까지 4년 동안 계속 영업활동 현금이 순이익보다 적었다. 즉 회사 순이익의 질이 현금성 순이익이 아니었다. 그리고 2011년에 순이익이 524억 원으로 전 해보다 3배 이상 늘어났다. 그러나 영업활동에서 나온 현금은 오히려 전 해보다 더 줄어들었다. 만약 투자자들이 순이익만 보았다면 회사가 엄청 좋아진 것으로 생각했을 것이다. 그러나 현금흐름표를 볼 줄 안다면 이 회사의 2011년 순이익에 속지 않았을 것이다.

어떤 회사는 영업활동에서 계속해서 현금 잉여(+)를 만들어내는 한편 별로 투자할 곳이 없어서 투자를 하고 난 뒤에도 여전히 자유현금흐름을 잉여(+)로 유지하는 회사가 있다. 기본적으로 이런 회사는 좋은 회사다. 특별히 많은 투자를 하지 않는데도 영업활동에서 현금이 계속 들어오는 것이므로 현금흐름으로만 보면 가만히 앉아서 장사를 하는 셈이다. 그렇다고 이런 회사를 좋게만 볼 수는 없다. 회사가 남는 현금을 어떻게 사용하는지는 경영자를 판단하는 중요한 기준이 된다. 경영자를 판단하는 기준으로는 현금을 많이 만들어내는 것도 중요하지만 만들어낸 현금을 어떻게 배분하는지도 중요하다.

회사에 현금 여유가 생기면 경영자는 심정적으로 가능하면 이것을 회사 안에 그냥 갖고 있으려고 한다. 여기에는 몇 가지 이유가 있다. 우선은 잉여 현금을 주주에게 배당으로 주고 나면 다음에 큰 투자 자금이 필요할 때 차입을 하거나 아니면 증자를 해야 한다. 특히 증자는 대주주도 새로 돈을 넣어야 하므로 가능한 한 증자를 하지 않으려고 한다.

회사 안에 현금이 남아 있으면 이 현금이 실제로는 주주의 돈인데도 이 돈에 대한 행사 권한은 현실적으로 경영자가 갖게 된다. 경영자는 이런 권한에서 오는 유혹을 뿌리치기 어렵다. 이렇게 회사 안에 현금이 쌓이면 문제가 생길 수 있다. 사람이란 돈이 있으면 어딘가에 쓰고 싶어한다. 그래서 자회사를 늘리기도 하고, 때로는 유가증권에 투자하기도 한다. 자회사를 늘리면 모회사의 경영자는 권한이 더욱 늘어나므로 이것도 경영자에게는 매력적인 일이다.

이럴 경우 경영자와 일반 주주 사이에는 이해 충돌이 일어난다. 혹시 회사의 경영자가 자신의 권한을 늘리기 위해서 모회사의 영업과는 별로 관련이 없는 자회사에 투자할 경우, 일반 주주, 즉 투자자는 굳이 이 회사를 통해 그 자회사에 투자할 필요가 없다. 투자자 자신이 바로 그 자회사에 투자하면 된다. 단 모회사 경영자의 경영 능력이 아주 뛰어나다면 모회사를 통해서 새로운 회사(자회사)에 투자할 수도 있다.

회사가 유가증권에 투자하는 경우도 마찬가지다. 일반 주주가 어떤 회사에 투자했을 때는 그 회사의 본업을 보고 투자한 것이지 그 회사가 유가증권 투자를 잘할 것으로 기대하고 투자한 것은 아니다. 그러므로 일반 주주는 회사에 현금 여유가 생겼을 경우 회사의 경영자가 이 현금을 어떻게 사용하는지 잘 살펴보아야 한다.

기본적으로는 회사에 장기로 현금 여유가 생길 경우, 주주가 경영자를 믿어서 경영자에게 배당을 주지 말고 그 돈으로 계속 사업을 확장하라고 하지 않는 한 경영자는 주주에게 배당을 주는 것이 좋다. 일반 주주의 입장에서 보면 회사가 배당을 줄 경우, 그 돈으로 다시 그 회사의 주식을 사서 투자할 수도 있다. 그 회사가 좋은 회사이고 주가가 싸다면 주주는 굳이 세금을 내면서 배당을 받았다가 다시 그 회사에 투자할 이유가 없다. 그냥 회사가 그 돈으로 사업 확장을 위한 투자를 하는 것이 주주에게는 가장 좋은 일이다. 이런 결정을 투자자와 경영자가 깊이 있게 서로 의견을 주고받는 자리가 바로 주주총회인데 실제로 주주총회에서 이런 논의를 했다는 이야기는 아직 듣지 못했다.

이상으로 영업보고서를 해석할 때 중점적으로 보아야 할 지표들을 정리했고, 각 지표가 갖는 의미를 설명했다. 다음에는 국제회계기준으로 변경된 회계기준을 대략 살펴보고 또한 영업보고서가 갖는 한계를 분식회계의 측면에서 살펴보려고 한다.

국제회계기준으로 회계기준의 변경

회계란 회사의 재무정보를 기록하는 일종의 언어다. 당연히 언어에는 일정한 규칙이나 법칙 같은 것이 존재한다. 회계기준 역시 마찬가지다. 또한 회계기준은 시간이 지나면서 시대의 흐름을 반영하여 변하기 마련이다. 2011년부터 상장회사들은 모두 결산실적을 새로 바뀌는 회계기준에 맞추어서 발표해야 한다. 이 기준을 국제회계기준IFRS이라고 한다. 물론 그 이전에도 회계기준은 있었다. 이는 한국기업회계기준K-GAPP이라고 불렀다.

국제회계기준이란 1973년 영국 런던에서 만들어진 한 단체가 중심이 되어서 새롭게 국제적으로 적용할 수 있는 회계기준을 만든 것이다. 그러나 이것이 실제 회계에 적용된 것은 한참 후의 일인데, 1992년에 유로가 만들어지면서 유럽에서 각국의 회계기준을 통일하여 적용할 필요가 생겼기 때문이다. 또한 미국에서는 엔론 사태 같은 회계부정이 일어나서 유럽 중심 회계기준에 주도권을 빼앗길 수밖에 없었다.

그럼 이제부터 새로 바뀌는 국제회계기준에는 어떤 변화가 있는지, 그리고 이런 변화와 관련해서 재무정보를 해석할 때 어떤 것에 조심해야 할지 하나씩 알아보기로 하자.

*이하 내용은 〈투자자와 함께 읽는 국제회계기준(IFRS)〉(한국거래소)과 〈알기 쉬운 국제회계기준〉(금융감독원)을 참조하였음.

가장 큰 변화는 상장회사가 개별재무제표가 아니라 종속회사나 관계회사의 실적을 포함한 연결재무제표를 작성해야 한다는 것이다. 과거에는 상장회사가 개별재무제표를 발표하고 별도로 연결재무제표를 발표했다. 그러나 이제는 연결재무제표가 상장회사의 주요 재무제표가 된다. 물론 별도로 모회사의 별도제무제표도 작성한다. 그러나 이 별도제무제표는 과거의 개별제무제표와 다르다. 즉 과거의 개별재무제표는 종속회사나 관계회사의 실적을 지분법으로 기록했지만 새로운 기준에 따르면 지분법이 아닌 원가법이나 공정가치로 평가하여 기록하게 되어 있다. 물론 종속회사가 없는 모회사는 연결재무제표를 작성할 필요 없이 그냥 개별제무제표만 작성하면 된다. 이 경우 관계회사는 지분법으로 기록한다.

이런 변화는 새로운 기준에 따라 발표된 수치를 해석하는 데 많은 문제를 일으킨다. 즉 새로운 실적을 과거와 연결하여 해석하기가 매우 어렵게 되었다. 이 문제는 연결재무제표를 설명할 때 더 자세히 밝힐 것이다.

▶ **연결재무제표**(Consolidated Financial Statements)
지배회사와 종속회사를 하나의 회사로 간주함으로써 재무상태와 경영성과를 연결하여 나타내는 재무제표로서 지배회사가 작성함.

▶ **개별재무제표**
연결재무제표와 구별하기 위하여 사용되는 개념으로서 외감법상 명칭은 '재무제표'임. 종속회사가 없는 기업은 개별재무제표 작성시 관계회사에 대한 투자자산을 지분법으로 평가함.

▶ **별도재무제표**(Separate Financial Statements)
지배회사의 개별재무제표로서 종속회사, 관계회사 및 공동지배회사에 대한 투자자산을 지분법으로 평가하지 않고 취득한 원가(원가법)나 평가시점의 시가(공정가치법)로 처리함.

〈IFRS 하에서의 재무제표 작성 방법〉

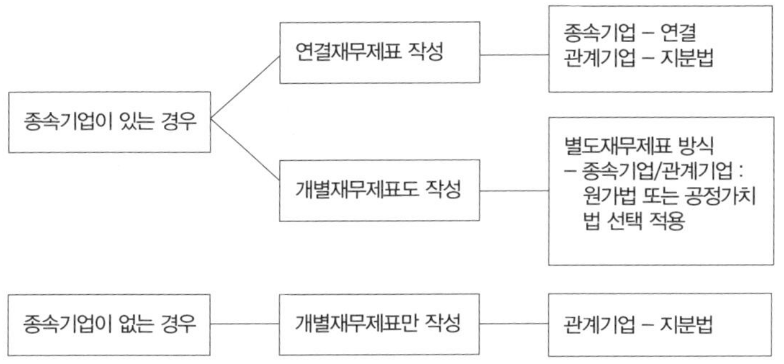

명칭의 변경과 기록체계의 변경

우선 겉으로 드러나는 큰 변화는 재무제표를 부르는 명칭이 바뀐다. 과거에는 재무제표가 대차대조표, 손익계산서, 자본변동표, 현금흐름표, 이익잉여금처분안계산서 그리고 주석으로 구성되어 있었다. 그러나 이제는 대차대조표가 재무상태표로, 그리고 손익계산서는 포괄손익계산서로 이름이 바뀌고, 이익잉여금처분안계산서는 주석으로 처리된다.

이뿐만이 아니다. 재무상태표를 기록하는 체계가 바뀐다. 과거에는 오른쪽 자산에는 유동성을 기준으로 유동성이 높은 것이 먼저이고 유동성이 낮은 것은 그 다음에 오는 순서로 기록되었다. 또한 왼쪽에는 부채 그리고 자본의 순서로 왔다. 그러나 이제는 비유동성자산이 먼저 오고 유동자산이 그 뒤를 잇고, 왼쪽에도 자본이 먼저 오고 부채가 그 다음에 올 수도 있다.

또한 포괄손익계산서에 일어나는 변화는 더 크다. 과거에는 비용 항목을 기능별로 분류하여 기록했으나 이제는 성격별로 분류하여 기록할 수도 있다. 또한 미실현평가손익을 과거에는 영업외비용으로 구분했으나 이제는 이를 기타포괄손익으로 구분하여 당기손익에서 떼어내 별도로 구분 표시한다.

현금흐름표에서도 이자의 수취와 배당금의 수취가 과거에는 영업활동 현금흐름에 들어가 있었고 배당금의 지급은 재무활동에 들어가 있었으나 이제는 이것을 회사가 선택할 수 있도록 했다. 또한 유가증권의 취득 및 처분에 따른 현금을 과거에는 투자활동으로 분류했으나 이제는 단기매매를 목적으로 하는 유가증권은 영업활동으로 분류하고 있다.

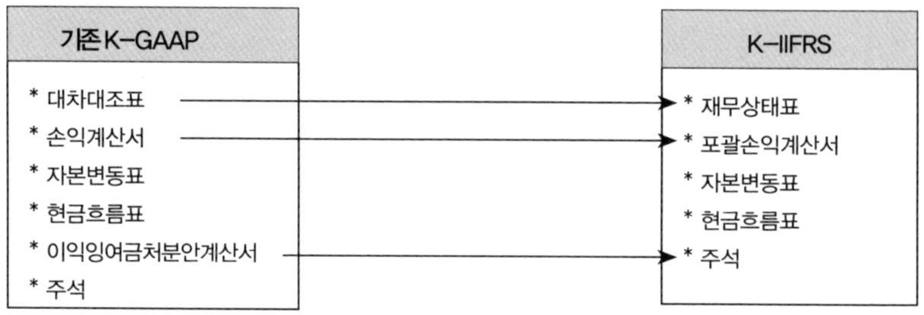

개별재무제표에서 연결재무제표로

이미 밝혔듯이 이제부터 상장회사는 모회사만의 실적이 아니라 종속회사의 실적을 모회사의 것과 합산해서 기록해야 한다. 여기서 종속회사란 모회사의 소유지분이 50% 이상인 회사를 말한다. 따라서 연결대상회사에 변동이 생기면 실적에 큰 변화가 올 수 있으므로 주석에서 연결대상회사에 어떤 변동이 생겼는지를 반드시 확인해야 한다.

[표 3-7] 재무상태표 표시 사례 (유동성·비유동성 구분법)

자산	2014년 12월 31일	자본 및 부채	2014년 12월 31일
비유동자산		지배기업의 소유주에게 귀속되는 지분	
유형자산	350,700	납입자본	650,000
영업권	80.800	이익잉여금	243,500
기타무형자산	227,470	기타자본구성요소	10,200
관계기업투자	100,150		903,700
매도가능금융자산	142,500	비지배자본	70,050
	901,620	**자본총계**	**973,750**
		비유동부채	
유동자산		장기차입금	120,000
재고자산	135,230	이연법인세	28,800
매출채권	91,600	장기충당부채	28,850
기타유동자산	25,650	비유동부채 합계	177,650
현금 및 현금성자산	312,400	유동부채	
	564,880	매입채무와 기타미지급금	115,100
자산총계	**1,466,500**	단기차입금	150,000
		유동성장기차입금	10,000
		당기법인세부채	40,000
		유동부채 합계	315,100
		부채총계	**492,750**
		자본 및 부채 총계	**1,466,500**

[표 3-8] 포괄손익계산서의 표시 방법

		2014년	2013년
한 개의 보고서	(연결포괄손익계산서)		
	수익	390,000	355,000
	……	……	……
	당기순이익	121,250	65,500
	기타포괄손익		
	해외사업장 환산외환차이	5,334	10,667
	……	……	……
	법인세비용차감후 기타포괄손익	(14,000)	28,000
	총포괄이익	107,250	93,500
두 개의 보고서	(연결손익계산서)		
	수익	390,000	355,000
	……	……	……
	당기순이익	121,250	65,500
	(연결포괄손익계산서)		
	당기순이익	121,250	65,500
	기타포괄손익		
	해외사업장 환산외환차이	5,334	10,667
	법인세비용차감후 기타포괄손익	(14,000)	28,000
	총포괄이익	107,250	93,500

비지배회사의 소유지분이 많은 경우, 이를 꼭 지배회사의 실적으로 보아야 하는지도 의문이다. 나아가서 성격이 서로 다른 회사를 종속회사로 가지고 있는 경우 실적의 변동을 보고 회사의 실체에 일어난 변화를 짐작하기가 매우 어렵다. 예를 들어, 부동산 회사나 유통회사 또는 건설회사를 종속회사로 가지고 있는 경우 이 회사들을 서로 합쳐서 실적의 변화를 해석하기가 매우 어렵다. 따라서 비록 연결재무제표가 중요하기는 하나 반드시 별도재무제표도 살펴보아야 한다.

그러나 이미 밝혔듯이 이 별도재무제표는 과거의 개별재무제표와 또 다르다. 왜냐하면 과거에는 개별재무제표를 작성할 때 종속회사나 관계회사의 실적을 지분법으로 처리했지만 이제는 이를 원가법이나 공정가치법으로 기록하기 때문에 서로 연결하여 비교하기가 어렵게 되었다. 이래저래 주석을 참고할 수밖에 없게 되었다.

예를 들어, 지배회사 갑과 종속회사 을의 대차대조표를 합하였을 때 연결재무제표가 아래와 같다고 해보자. 갑의 지분이 60%이고 비지배주주지분이 40%라고 할 경우 이 실적을 모두 갑의 것으로 해석하기가 곤란할 것이다.

〈연결재무상태표의 비지배지분〉

자산	180	부채	80
		납입자본	100
		지배지분	(60)
		비지배지분	(40)

여기서 지분법, 원가법 그리고 공정가치법의 차이를 알아보자. 예를 들어, 갑이라는 모회사가 을이라는 관계회사의 지분을 30% 가지고 있다고

하자. 갑은 이를 100을 주고 매입했다. 2014년에 을이 20의 당기순이익을 냈다고 하자. 이 경우 갑은 투자주식 100의 가치를 어떻게 기록해야 하나? 먼저 원가법으로 평가하면 그냥 100이라고 기록하면 된다. 공정가치법은 이 30%에 해당하는 지분의 시장 가격이 예를 들어 106으로 거래되었다면 106으로 기록하면 된다. 마지막으로 지분법으로 평가하면 순이익 20의 30%인 6을 더해서 106으로 평가하면 된다.

〈투자주식의 평가방법에 따른 장부표시가격의 차이〉

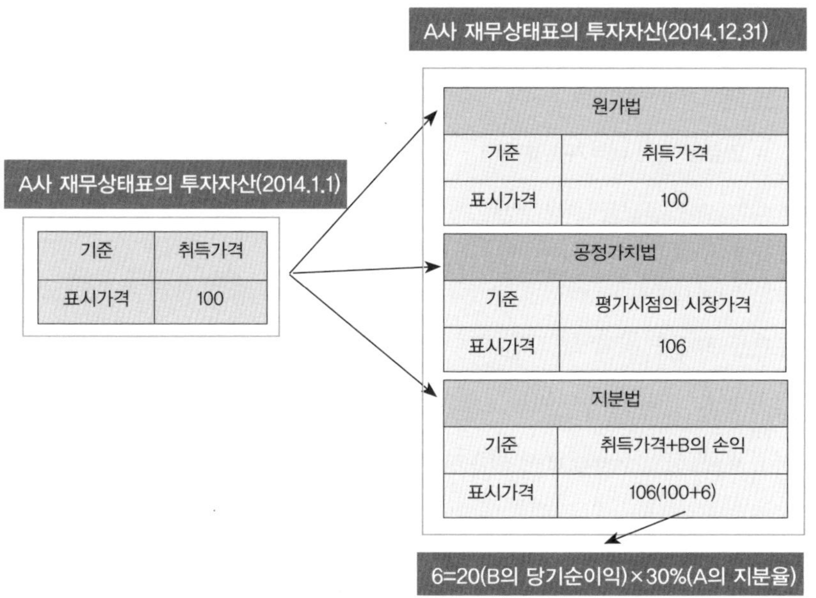

■ 연결로 인한 부채비율의 상승

회사 A가 B기업을 100% 소유하고 있다고 할 경우 A의 연결재무제표는 다음과 같다. 즉 A의 투자주식 350은 B의 주주자본 350과 서로 상계

되어 없어진다. 그래서 A의 단독보다 연결에서는 부채비율이 올라간다.

[표 3-9] 연결로 인한 부채비율의 상승

A기업의 재무상태표				B기업의 재무상태표			
투자주식 기타자산	350 650	부채 자본금 이익잉여금	400 400 200	기타자산	500	부채 자본금 이익잉여금	150 250 100
(자산총계)	1,000	(부채와 자본 총합)	1,000	(자산총계)	500	(부채와 자본 총합)	500

A기업+B기업 (연결재무상태표)			
기타자산(650+500)	1,150	부채(400+150) 자본금 이익잉여금	550 400 200
	1,150		1,150

■ **연결로 인한 내부거래의 제거**

A기업이 종속회사 B에게 원가 300인 제품을 500에 팔았다고 하자. 이 경우 A와 B의 연결손익계산서를 만들어보면 매출액은 같은 회사에 팔았으므로 500을 빼야 하고 원가에서도 300을 빼야 한다. 그 결과 당기순이익은 둘을 합한 300이 아니고 100이 된다. 즉 A기업이 만들어낸 200은 B기업에 판 500-300=200에서 나온 것이므로 이를 제거하면 100이 된다.

〈내부거래의 제거〉

A기업의 손익계산서		B기업의 손익계산서	
매출액	1,200	매출액	600
매출원가	(800)	매출원가	(400)
매출총이익	400	매출총이익	200
영업비용	(200)	영업비용	(100)
당기순이익	200	당기순이익	100

A기업+B기업 (연결손익계산서)	
매출액	(1,200–500)+600=1,300
매출원가	(800–300)+400=(900)
매출총이익	400
영업비용	200+100=(300)
당기순이익	100

공정가치평가

새로운 기준에는 자산과 부채를 공정가치로 평가할 수 있게 하였다. 여기서 공정가치란 실제가치를 말하는데, 실제가치란 만약 시장이 있어서 거래 가격이 있다면 이것을 적용하면 된다. 그러나 시장이 없다면 합리적인 평가기법을 이용하여 이를 적용하여야 한다. 각 항목에서 일어나는 변화는 다음 페이지의 표와 같다.

이런 규정에 따라서 일어나는 변화는 자산을 재평가하면 순이익이 늘어나고 따라서 자기자본도 늘어나게 된다. 그러나 회사에 따라서는 원가법을 적용하는 경우도 있으므로 회사를 서로 비교할 때는 반드시 주석을 활용해야 한다. 국제회계기준에서는 원가법으로 기록하는 경우에도 공정가치법으로 평가한 값을 주석에 기록하도록 하고 있다.

이외에 또 중요한 것이 퇴직급여채무를 평가하는 방법이다. 과거에는 청산가치개념으로 평가했으나 이제는 예측급여개념을 채택하여 보험수리적 방법으로 추정한다. 그래서 순이익이 감소하고 부채가 증가하는 결과를 낳는다. 이런 설명으로는 이해하기 어렵다. 예를 들면 다음과 같다.

구분	국제회계기준 (K-IFRS)	기존 K-GAAP	국제회계기준 도입 영향
유・무형 자산	자매회사와 종속회사를 하나로 연결하여 작성한 재무제표	지배회사가 작성하는 지배회사 자체의 개별 재무제표	연결재무제표를 작성하지 않는 개별회사의 재무제표
투자부동산	원가모형이나 공정가치모형 중 선택	원가모형만 인정	순익증가 자본증가
금융상품	당기손익인식 금융상품(Fair Value Option) 지정을 통한 공정가치 측정	해당 규정 없음	손익변동성 증가
퇴직급여 채무	예측급여채무의 개념을 채택하여 보험수리적 방법으로 측정	청산가치 개념	순익감소 부채증가
영업권	영업권은 상각하지 않고 손상평가	20년 이내에 정액법으로 상각	순익증가 자본증가

*출처: 국제회계기준의 이해와 도입준비(금융감독원 회계제도실, 2009.12)
**재무제표에 미치는 실제 영향은 기업별로 다를 수 있음.

예측급여개념이란 미래예상퇴직 시점의 급여에 기초하여 산정된 퇴직금을 현재 가치로 환산하여 퇴직금을 산정하는 방법을 말한다. 다음의 사례를 가정하여 살펴보자. 종업원 수를 10명이라고 하자.

〈사례〉

가정 ① 근속 연수: 3년
가정 ② 1인당 월평균급여: 1,000
가정 ③ 예상 추가 근속 연수: 4년
가정 ④ 미래 임금상승률: 연 10%
가정 ⑤ 할인율: 5%

과거의 방식, 즉 청산개념으로 퇴직금을 계산하면 가정 ①과 가정 ②만 있으면 된다. 즉 다음과 같이 계산한다.

〈청산 개념에 의한 퇴직급여채무 계산〉

청산 개념
퇴직급여채무 = 10명 × 월평균급여 × 현재까지 근속연수 = 10명 × 1,000 × 3년 = 30,000

그러나 미래예측급여의 개념으로 퇴직금을 계산하려면 1) 예상되는 추가 근무연수를 알아야 한다. 그리고 2) 그때까지 임금상승률을 알아야 한다. 3) 마지막으로 미래 퇴직금을 현재가치로 환산하는 할인율을 설정해야 한다. 위의 가정에 따라서 퇴직금을 계산해 보면 다음과 같은 금액이 나온다.

〈예측급여 개념에 의한 퇴직급여채무 계산〉

예측급여 개념
퇴직급여채무 = Ⓐ 10명 × 1,000 × $(1+0.1)^4$ × 7년 × Ⓑ 3년/7년 × Ⓒ $[1/(1+0.05)^4]$ = 36,130
Ⓐ 종업원이 4년 후 퇴직 시점에 받게 될 퇴직금 (총 7년 근무) (미래 시점의 금액으로서 임금상승률은 연 10%) Ⓑ 현재까지 근무한 기간에 대한 퇴직금 추계액 (미래 시점의 금액으로서 현재 시점까지는 3년 근무하였으므로 3/7을 곱함) Ⓒ 미래 시점 금액을 현재 가치로 할인 (할인율: 5%)

문제는 이런 가정이 얼마나 합리적인가이다. 그리고 이런 가정이 회사마다 다를 수 있으므로 회사들을 서로 비교할 때는 주석으로 가서 그 가정이 얼마나 적정한지도 살펴보아야 한다. 이 사례에서는 임금상승률(10%)이 할인율(5%)보다 더 높아서 청산가치보다 예측급여에서 퇴직급여채무가 좀 더 많이 나왔다.

또 한 가지 중요한 것은 영업권이다. 과거에는 영업권을 20년 동안 상각해서 비용처리했으나 이제는 상각하지 않게 되었다. 그래서 순이익이 늘어나고 자본이 증가하는 일이 일어나게 된다.

법이나 규정보다 경제적 실질을 반영한 회계처리

이와 관련된 주요 변화는 크게 두 가지이다. 하나는 대손충당금이다. 과거에는 합리적인 기준에 따라 대손액을 추정하여 반영하였으나 이제는 실제 발생한 경우에만 손실액을 반영하는 것이다. 그래서 과거에 비해 손실액이 줄어들어 이익이 늘고, 따라서 자본이 증가하는 경향이 있게 된다.

다른 또 한 가지는 상환우선주를 발행한 경우 과거에는 이것을 자본으로 분류했으나 이제는 부채로 분류한다. 그래서 부채비율이 늘어나는 효과가 있다.

영업보고서의 한계

회사가 영업보고서를 만들 때 사용하는 일반 원칙이 있지만 회사에 일어나는 모든 일을 이 일반 원칙에 다 적용시킬 수는 없다. 또한 이런 한계는 회사에게 영업 실적을 실제보다 더 좋게 화장하고 싶어하는 욕심을 자극하기도 한다. 그래서 영업보고서에 나오는 숫자에 너무 매달리면 투자자는 가끔 바보가 되기도 한다.

앞에서 부분적으로 이야기했지만 영업보고서만으로는 회사의 상태를 정확히 알 수가 없다. 당연한 이야기지만 일반적으로 어떤 대상을 일정한 틀에 담아서 드러낸다는 것은 모두 한계를 갖고 있다. 영업보고서란 회사의 최근 상태를 숫자로 드러낸 것이다. 당연히 회사가 갖고 있는 강점이나 약점을 비롯한 모든 것이 영업보고서에 드러나지는 않는다. 이것은 크게 두 가지 이유 때문이다. 하나는 회사가 갖고 있는 강약점 중에서 숫자로 드러낼 수 없는 것들이 많이 있다. 예를 들어서 회사의 중요한 자원이 사람인 금융 서비스 회사, 연구개발이 중심인 바이오 회사의 경우에 직원들이 가지고 있는 가치를 숫자로 나타내는 것은 거의 불가능하다.

또 다른 문제는 비록 숫자로 드러낼 수 있는 일이라도 이를 모두 정확하게 담아낼 수 있는 방법이 없다. 회사의 가치를 숫자로 드러내기 위해서 우리는 앞에서 본 것처럼 무엇은 재무상태표로 가고 무엇은 포괄손익계산서로 가고 이것들은 서로 어떻게 연결된다는 일정한 약속 또는 원칙을 만들어두고 있다.

그렇지만 회사에서 일어나는 모든 사건을 다 담아낼 수 있는 자세하고 고정된 원칙을 만들어내는 것은 불가능하다. 아주 일반적인 원칙만을 정할 수 있을 뿐이다. 너무 자세히 정해두면 그 규정에 꼭 들어맞지 않는 일들이 많이 일어난다. 이런 까닭으로 자연히 영업보고서를 보고 회사의 현재 상태를 알아낸다는 것에는 많은 한계가 있다. 게다가 만약 회사가 나쁜 마음을 먹고 숫자를 이리저리 바꾼다면 외부 사람들이 영업보고서를 보고 회사의 사정을 알기는 더욱 어려워진다. 그러므로 영업보고서에 나오는 숫자를 너무 곧이곧대로 믿어서는 안 된다.

회사를 실제보다 더 좋게 보이도록 영업보고서를 화장하는 것을 분식이라고 부른다. 회사는 많은 경우 회사를 실제보다 더 좋게 보이고 싶어하지만 때로는 실제보다 나쁘게 보이고 싶어하기도 한다. 회사를 실제보다 좋아 보이게 만드는 방법은 여러 가지가 있지만 가장 기본적인 것은 재무상태표에서 왼쪽에 있는 총자산은 늘리고, 오른쪽에 나오는 부채는 줄이고, 주주자본은 크게 만들면 된다.

아주 도식적으로 이야기하면 회사의 가치가 커진다는 것은 먼저 자산이 늘어나는 것이므로 회사는 총자산을 늘리고 싶어한다. 그러나 회사 자산은 우리가 앞에서 본 것처럼 부채가 늘어나서 늘어날 수도 있다. 이것은 회사의 가치가 늘어난 것은 아니다. 회사 자산 100이 늘어도 부채가 100 늘어나면 회사의 순자산에는 아무런 변화가 없다. 즉 회사는 자산을 늘리되 이를 부채가 아니라 주주자본으로 늘리고 싶어한다.

회사의 주주자본이 늘어나는 것에는 두 가지 길이 있다. 하나는 주식을 발행해서 주주로부터 돈을 받아서 늘어나는 것이고, 다른 하나는 회사가 장사를 잘해서 주주의 몫이 늘어나는 것이다. 주식을 발행해서, 즉 주주가 회사에 돈을 넣어서 그만큼의 회사 가치가 늘어나는 것은 주주에게 회사가 그냥 집 안에 있는 금고 이상의 별 의미가 없다. 즉 회사는 장사를 잘해서 이익을 내고, 그 결과로 자산이 늘어나면서 동시에 주주 가치가 늘어나는 것처럼 보이고 싶어한다. 이렇게 하려면 결국 회사는 포괄손익계산서로 가서 수익은 늘리고 비용은 줄여서 순이익을 크게 만들어야 한다.

회사가 순이익을 늘리는 방법 역시 원리로는 아주 간단하다. 매출을 비롯한 총수익은 늘리고 비용은 줄이면 된다. 먼저 매출을 늘리는 방법은 여러 가지가 있지만 가장 기본적인 것은 실제로 팔리지 않은 것을 팔린 것으로 속이는 가공 매출과 거래가 진행 중인 것은 사실이지만 이것을 실제보다 빨리 매출로 집어넣는 조기 인식이다.

- 실제로 거래 업체가 주문한 것보다 더 많이 내보낸다.
- 몇 년간의 장기 매출 계약을 한꺼번에 한 해의 매출로 잡는다.
- 같은 사업을 하는 두 회사가 서로 사고팔아서 매출을 늘린다.
- 대리점에 나가 있는 재고를 매출로 잡는다.
- 정부에 내야 할 거래 세금도 매출에 집어넣는다.
- 수수료 수입이 본업인 회사의 경우 일정한 거래에 따른 수수료만을 매출로 잡아야 하는데 거래 대금 전체를 매출로 잡는다.

다음에는 비용을 줄이는 것인데 가장 대표적인 방법은 비용으로 분류해야 할 것을 투자로 잡는 것이다. 예를 들어 장사하기 위해서 들어간 돈 100을 비용으로 볼 것인지 투자로 볼 것인지에 따라서 이익은 큰 영향을 받는다. 만약 그 100을 비용으로 보면 포괄손익계산서에 비용으로 들어가서 그만큼 이익을 줄인다. 그러나 만약 그 100을 투자라고 보면 이것은 재무상태표의 자산으로 올라간다. 투자란 그 효과가 몇 년에 걸쳐서 나오는 것이므로 들어간 돈 100 중에서 일부만을 올해의 비용으로 잡아야 한다. 그래서 예를 들어 그 100의 투자 효과가 10년 간다고 하면 100 중의 10분의 1인 10만 한 해의 비용으로 잡는다. 이렇게 되면 그 100을 비용이 아니라 투자라고 분류한 덕분에 90만큼 이익이 더 늘어나는 효과가 생긴다. 이처럼 어떤 지출을 그 해의 비용으로 잡아서 포괄손익계산서에 넣지 않고 투자 또는 연구개발 등으로 잡아서 자산에 넣는 것을 자본화capitalization라고 부른다. 위에서 본 것처럼 자본화를 하면 장기 효과는 똑같지만 당장은 비용이 줄어들어서 이익이 많이 난 것처럼 보인다.

그런데 이런 방법을 잡아내는 뛰어난 탐정이 있다. 바로 현금흐름표다. 회사가 없었던 일을 있었던 일로 바꾸거나 반대로 있었던 일을 없었던 일로 가짜 서류를 만들어가면서까지 완전히 속이지 않는 이상 많은 속임수들은 현금흐름표에서 걸러낼 수 있다. 이런 의미에서 전문가들은 현금흐름표를 좋아한다. 즉 현금흐름표는 실제로 현금이 들어오고 나간 것만을 집어내므로 매출과 이익을 늘렸으나 실제로 현금이 늘지 않은 것을 정확하게 잡아낸다. 또 비용으로 들어갈 것을 투자로 돌린 경우도 현금흐름표에는 잡힌다.

예를 들어, 어떤 회사가 이익을 늘리기 위해 비용으로 들어가야 할 100을 투자로 처리했다고 하자. 이 결과 포괄손익계산서에서는 순이익이 90(100을 비용으로 처리하면 순이익이 100 줄고, 100을 투자로 처리하면 감가상각 기간이 10년인 경우 비용이 10이 되어 순이익은 10이 준다. 이 차이는 90이다) 더 늘어나지만 이를 현금흐름표로 보면 어느 방법을 사용하든 결과는 아무런 차이가 없다. 만약 100을 포괄손익계산서에서 비용으로 처리하면 이것은 현금흐름표의 영업활동에서 현금 100이 회사 밖으로 빠져나간 것이 된다. 그래서 영업활동 현금흐름이 100 작아진다. 그러나 이것을 투자로 처리하면 재무상태표의 자산이 100 늘어나서 투자활동에서 현금 100이 회사 밖으로 나간 것으로 된다.

우리는 앞에서 현금흐름표를 분석할 때 '자유현금흐름'이라는 것을 배웠다. 이것은 영업활동 현금흐름에서 투자활동 현금흐름을 빼고 남은 현금, 즉 주주가 마음대로 처리할 수 있는 현금을 의미한다고 했다. 위의 경우를 이 자유현금흐름으로 보면 영업활동에서 현금이 100 줄어들었든 투자활동에서 현금이 100 줄어들었든 그 결과는 마찬가지다. 즉 회사는 100을 처리하는 방법을 속여서 이익을 늘리고 싶어했지만 자유현금흐름으로 보면 그 결과는 마찬가지다. 소위 볼 줄 아는 사람에게만 보이는 것이다. 이것은 미국 통신회사 월드컴[WorldCom]이 사용한 방식이다.

경우 1: 비용으로 100	**경우 2: 투자로 100**
영업활동 현금흐름 –100	영업활동 현금흐름 0
투자활동 현금흐름 0	투자활동 현금흐름 –100
자유현금흐름 –100	자유현금흐름 –100

그러나 회사의 사정이 아주 나빠지면 현금흐름표마저 속이는 경우가 있다. 이것은 재무상태표에서 차입금을 줄이는 것과 연결되어 있다. 즉 실제로는 돈을 빌려오는 것인데, 이것을 마치 영업활동에서 현금이 들어온 것으로 위장하는 경우이다. 예를 들면, 앞으로 1년 뒤에 110만큼의 제품을 전해주겠다고 약속하고 현금 100을 미리 받아오는 것이다. 그리고

1년 뒤에는 110의 가격이 나가는 제품을 전해주면 금융기관은 그 제품을 시장에 내다 팔아서(그 제품은 제3의 기관을 통해서 처음의 회사로 되돌아올 수도 있다) 10의 이자와 원금 100을 돌려받는 것이다. 이렇게 하면 회사의 재무상태표에는 차입금이 늘어나는 것이 아니라 선수금(미리 받은 돈)이 늘어나는 것으로 되어 밖에서 보면 차입금에 변화가 없는 것으로 보인다.

이 경우에 현금흐름표에는 더욱 큰 위장이 일어난다. 원래는 차입금이 늘어나므로 재무활동에는 현금이 100 늘어나야 한다. 그런데 이렇게 분식을 하면 재무활동에는 아무런 변화가 없고 오히려 영업활동에서 미리 현금이 들어온 것으로 되어 영업활동 현금이 100 늘어난 것으로 된다. 아무래도 잡으려는 사람보다 도망가는 사람이 앞서가는 것은 어쩔 수 없어 보인다. 회사가 이렇게 속이는 이유는 차입금이 늘어나면 신용평가등급이 낮아져 차입금 조달 금리가 높아지거나 신용평가등급이 낮아지면 회사의 사업에 제약을 받을 수도 있기 때문이다. 이것은 미국의 에너지 판매회사인 엔론Enron이 사용한 방법이다.

〈차입금이 100 늘어난 경우의 회계 처리〉

재무상태표의 부채 100 증가

현금흐름표에서 재무활동 현금흐름 100 들어옴

〈선수금으로 처리하면〉

재무상태표의 선수금 100 증가

현금흐름표에서 영업활동 현금흐름 100 들어옴

포괄손익계산서 수익을 늘리고 비용을 줄이기 위해 재무상태표의 자산과 부채를 조정하는 방법 우리는 앞에서 대차 · 손익 4개의 방 원리에서 재무상태표와 포괄손익계산서는 서로 깊게 연결되어 있다는 것을 이미 익혔다.

예를 들어, 포괄손익계산서의 비용이 줄어들려면 비용과 같은 왼편에 있는 방인 재무상태표의 자산이 그만큼 늘어나거나 비용과 반대편 방인 부채가 줄어들면 된다.

더 구체적으로 보면 재무상태표의 외상매출을 늘리거나 재고자산을 늘리면 그만큼 비용이 줄어들어 회사의 순이익은 늘게 된다. 그래서 가끔 회사는 외상매출금이나 재고자산을 실제보다 부풀리기도 한다. 또는 회사는 외상매입금을 실제보다 줄여서, 즉 매출 원가를 줄여서 순이익을 늘리고 싶어하기도 한다. 이런 것을 회사 밖에 있는 일반 투자자가 알아내기는 매우 어렵다. 회사의 외상매출이나 재고자산의 비중이 매출액에 비해서 갑자기 너무 높아지면 한 번쯤 의심하거나 좋지 않은 신호로 해석하는 것이 좋다.

사실 회사가 자산이나 부채의 가치 평가를 조정해서 순이익에 영향을 주는 것은 위에서 본 것처럼 현금흐름표로 잡아낼 수 있지만 가치 평가가 아니라 처음부터 금액을 부풀리거나 줄여버리는 것은 실제 조사를 하지 않는 한 잡아내기가 매우 어렵다.

자산 가치에 일어난 변화를 포괄손익계산서에 드러내지 않는 방법 회사는 재무상태표의 자산에 변화가 일어나 자산 가치가 낮아진 경우 이것을 포괄손익계산서에 손실로 잡아야 한다. 그런데 포괄손익계산서에 손실이 늘어나면 당연히 순이익이 줄어들므로 회사는 이런 상태를 피하고 싶어한다. 예를 들어, 비영업용 자산의 가격이 크게 떨어진 경우 원래는 떨어진 가격만큼을 포괄손익계산서에 손실로 잡아야 하지만 이것을 포괄손익계산서에 반영하지 않고 그냥 재무상태표의 왼쪽에 있는 주주 자본 속에 특별한 계정을 만들어서 그 속에 넣고는 주주자본 전체를 자산에서 손실이 난 금액만큼 줄여서 대차를 맞추기도 한다.

이렇게 하는 명분은 비영업용 자산에 일어난 일시적인 손실을 포괄손익계산서에 반영하면 포괄손익계산서의 이익이 본업인 영업활동과는 상관없는 일에 너무 크게 왔다갔다하여 오히려 보는 사람을 헷갈리게 하므로 차라리 이것을 포괄손익계산서에 반영하지 않는 것이 더 좋다는 것이다. 그러므로 투자자들은 회사 재무상태표에 변화가 생긴 경우 대부분은 이것이 포괄손익계산서를 통해서 드러나지만 가끔은 포괄손익계산서를 통하지 않고 재무상태표 내부에서 바로 처리되고 마는 경우가 있다는 것도 알아야 한다. 여기서 특히 조심해야 할 것은 같은 성격의 자산에서 나오는 손익을 어느 해는 포괄손익계산서를 통해서 재무상태표로 연결하고 어느 해는 포괄손익계산서를 피해서 바로 재무상태표로 보내는 경우다.

특별히 주의 깊게 보아야 할 계정 회사가 의도적으로 외부 사람을 속이려는 것은 아니지만 투자자들이 조심해야 할 것이 있다. 하나는 리스와 관련된 것이고, 다른 하나는 자산담보증권ABS, Asset-based Securities이다.

먼저 리스 거래를 보자. 리스란 물건을 먼저 받고 물건 값은 여러 해에 걸쳐 조금씩 나누어 갚는 할부와 같은 것이다. 어떤 회사가 큰 금액을 투자할 경우, 투자 회사는 설비를 먼저 받고 돈은 조금씩 나누어서 갚고 싶어할 수 있다. 회사가 이런 거래를 영업보고서에 나타내는 방법은 크게 두 가지다. 하나는 금융 리스라고 부르는 것이고 다른 하나는 영업 리스라고 부른다. 금융 리스란 투자하는 회사가 마치 설비를 파는 회사에게 돈을 빌려서 그 돈으로 설비를 산 것처럼 처리하는 것이다. 이렇게 하면 회사는 부채가 늘어나고 동시에 자산도 같은 금액으로 늘어나게 된다.

이와는 달리 영업 리스는 단지 설비의 사용료인 리스료만 포괄손익계산서에 비용으로 올린다. 영업 리스를 하면 당연히 부채도 늘지 않고 자산도 늘지 않는다. 대부분의 회사들은 영업 리스를 하고 싶어한다. 이렇게 하면 부채가 적어지기 때문이다. 같은 업종에 들어가는 두 회사가 서로 다른 방법으로 리스 회계 처리를 하고 있는데 이 내용을 모르고 두 회사를 비교하면 실수하게 된다.

다른 한 가지는 자산담보증권으로 비교적 최근에 생긴 자금 조달 방법이다. 예를 들어서 자동차 회사가 할부로 자동차를 판 경우에 이 회사는 재무상태표의 자산에 외상 매출을 갖고 있을 것이다. 회사 입장에서 보면 현금이 외상매출에 잠겨 있으므로 이것을 빨리 현금으로 바꾸고 싶어한다. 이것을 가능하게 하는 방법 중의 하나가 자산담보증권이다. 즉 금융회사가 중간에 나서서 자동차 회사가 자산으로 갖고 있는 외상매출을 기초로 새로운 증권(약속 증서)을 만들어 이것을 다른 투자자들에게 판다. 이렇게 하면 자동차 회사는 할부금을 다 받기 전에 미리 현금을 마련하게 된다. 당연히 이 회사는 외상매출금이 크게 줄게 된다.

한편 그 증권에 투자하는 투자자는 자동차 할부를 하는 고객들이 내는 할부금을 마치 일반 채권에 투자하여 이자를 받아가듯 투자의 대가로 받아간다. 만약 2개의 자동차 회사를 비교할 때 한 회사는 자산담보증권을 발행했고 다른 회사는 하지 않았는데 이런 사실을 모른 채 두 회사를 바로 비교한다면 실수하게 된다. 이런 실수를 줄이는 방법 중의 하나는 이미 앞에서 말한 것처럼 영업보고서에 나오는 숫자들을 가능한 한 과거부터 길게 보고, 이것을 경쟁 회사와 서로 비교한다. 이런 가운데 이상한 점이 발견되면 왜 그런 숫자가 나오는지 회사에 직접 물어보든가 그런 변화가 일어난 해의 영업보고서에서 주석 사항을 찾아보면 된다. 회사는 회사에 일어난 주요 변화를 숫자로 다 담아내기 어려운 경우 별도로 주석 사항에서 그것을 설명하고 있다.

영업 실적 기록 방식의 변경 마지막으로 회사 영업보고서 분석에서 조심해야 할 사항은 회사가 영업 실적을 드러내는 방법을 바꾸는 경우다. 영업보고서를 만들 때는 모든 회사들이 지켜야 하는 일반 원칙이 있지만 이것은 말 그대로 일반 원칙이고 세부적으로 들어가면 회사가 사정에 맞게 선택해서 처리할 수 있는 길이 많다. 예를 들면 설비에 투자한 금액을 10년에 나누어서 비용으로 처리할 수도 있고, 때로는 5년에 나누어서 비용으로 처리할 수도 있다. 연도만 바꿀 수 있는 것이 아니라 나누는 방법도 일정한 비율로 나눌 수 있고 일정한 금액으로 나눌 수도 있다. 또는 재고 자산의 가치를 계산하는 방법도 먼저 구입한 원료를 먼저 매출 원가로 잡을 수도 있고, 최근에 구입한 원료를 먼저 매출 원가로 잡을 수도 있다.

이처럼 회사가 갖고 있는 자산 가치를 평가하거나 자산이 비용으로 전환되는 금액을 계산하거나 영업을 위해서 들어간 지출을 자산으로 넣을 것인지 비용으로 넣을 것인지 판단하는 문제에서 회사는 과거에 해오던 방법을 버리고 다른 방법을 사용할 수 있다. 이것은 당연히 회사의 이익에 영향을 준다. 그러므로 투자자들은 이런 영업보고서 작성 방법의 변화에서 오는 이익 변화를 보고 속지 말아야 한다. 역시 이것을 알려면 영업보고서의 주석 사항을 읽어보아야 한다.

영업보고서 사례 분석

영업보고서를 분석한다고 해서 회사의 미래를 알 수 있는 보정비결을 얻게 되는 것은 아니다. 그렇지만 이를 통해서 회사가 가지고 있는 구조적인 강약점이나 회사에 일어난 중요한 변화를 알 수 있다. 이것은 그 회사의 앞날을 내다보는 데 큰 도움을 준다.

이제 지금까지 공부한 것을 기초로 중소기업인 진로발효의 영업보고서를 직접 분석해보기로 한다. 먼저 이 회사가 어떤 회사인지 알아보기 위해서 금융감독원의 전자공시시스템DART에 들어가보자. 개요를 보면 이 회사가 하고 있는 기본 사업의 성격을 알 수 있다(2014년 6월 30일 기준).

사업 내용을 더 자세히 들여다보면 이 회사는 소주의 원료가 되는 주정을 생산해서 공동판매회사에 넘기고 있다는 것을 알 수 있다. 비록 소주의 판매 증가량이 별로 높지 않아서 이 회사의 매출이 빨리 늘어나기를 기대하는 것은 어렵지만 대신 주정의 생산업체가 한정되어 있고, 판매를 공동회사가 하고 있어 판매 경쟁이 없다는 것을 알 수 있다. 즉 이 회사는 매우 단순한 사업구조를 가지고 있어서 장래를 전망하는 데 별 어려움이 없다. 그리고 이미 보았지만 회사 장래에 특별한 사건이 일어날 가능성도 매우 낮다. 즉 사업의 성격으로 보아 이 회사는 매우 안정된 회사라는 것을 잘 알 수 있다.

다음으로는 이 회사의 기본적인 재무제표를 얻어야 하는데 이것이 개인 투자자들에게는 가장 힘든 문제다. 일부 증권회사에서 제공하는 홈트레이딩 시스템에 들어가면 회사별로 요약된 재무정보를 약 5년 정도 얻을 수 있다. 또는 전자공시실에서 얻는 재무정보를 엑셀에 기록하여 분석의 기초 자료로 이용할 수도 있다. 이것이 준비되었다고 가정하고 이제부터 진로발효를 분석해보기로 한다.

[그림 3-15] 진로발효의 시가총액과 영업실적

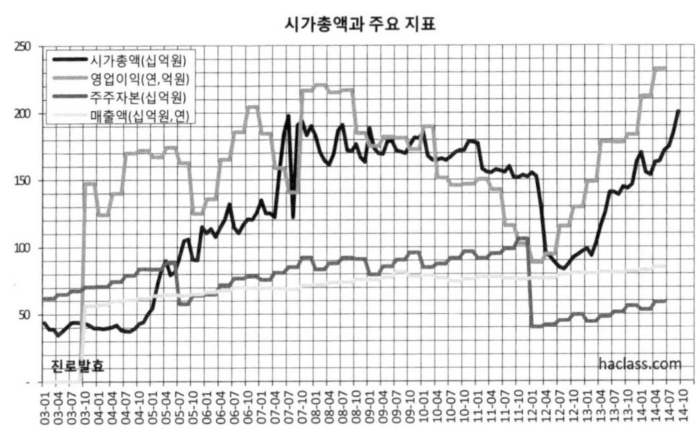

가장 먼저 이 회사의 시가총액과 주요 영업실적을 비교해보기로 하자. 위에서 시가총액, 주주자본, 그리고 매출액은 십억 원이고 영업이익은 억 원이다. 그래서 주가와 이익의 두 눈금이 서로 만나면 주가는 이익의 10배가 된다.

위의 그림을 보면 주가와 이익 사이에는 약 10배를 두고 서로 앞서거니 뒤서거니 하고 있다. 최근에는 영업이익이 좋아지면서 시가총액이 영업이익을 따라가는 모양이다. 반면에 매출액은 매우 느린 속도로 움직이고 있다는 것을 알 수 있다. 그리고 2012년에 회사에는 어떤 변화가 있어 자본이 크게 줄어들었다는 것도 알 수 있다. 비록 주가가 많이 올랐지만 혹시 이익이 계속 늘어난다면 주가도 계속 이어질 것이라는 예감이 드는 회사이다.

[그림 3-16] 회사의 전체 모습

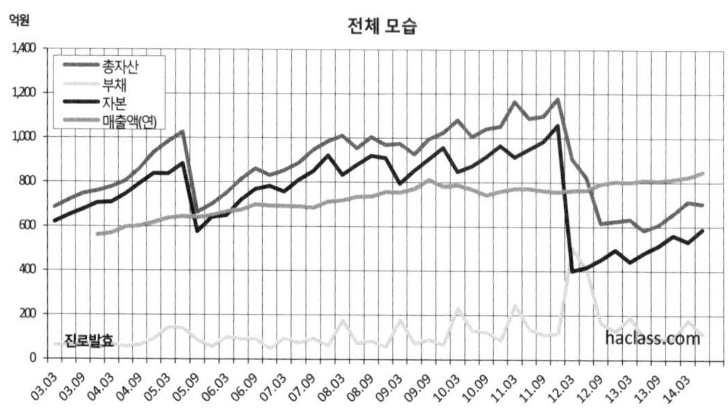

위의 그림은 재무상태표의 주요 항목과 매출액을 연간으로 환산하여 서로 비교한 것이다. 이를 보면 2012년에 자산과 자본이 크게 줄어들었다. 그러나 이것이 매출에는 별 영향을 주지 않았다. 즉 매출에 별 영향을 주지 않는 사업부를 정리한 모양이다. 그 결과로 현재 자산의 매출회전속도가 높아졌다. 즉 과거에 비해서 자산이 이익에 기여하는 정도가 많이 높아졌다는 의미이다.

[그림 3-17] 이익의 변화

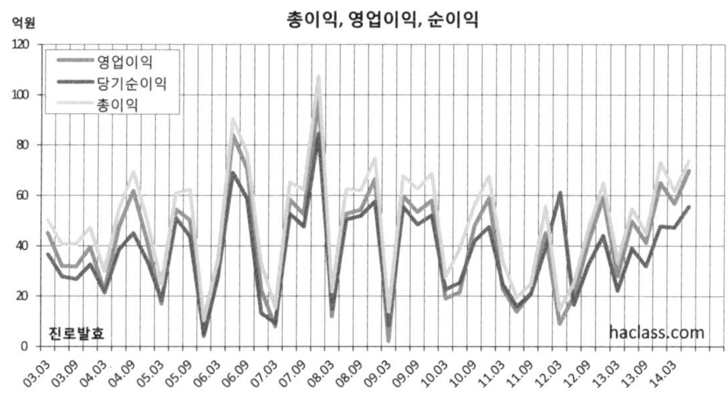

위의 그림은 이 회사의 분기별 이익을 단계별로 그린 것이다. 이 회사는 분기별로 이익의 계절성이 보인다. 최근에는 많이 줄어들었으나 여전하다. 그리고 최근 들어 이익이 많이 늘어나고 있다. 아직 과거 최고를 넘지는 못했으나 계속 올라가는 중이다. 그리고 이익 단계별로 별 차이가 없다. 즉 판매관리비나 기타 비용이 별로 들어가지 않는 회사라는 점을 알 수 있다.

[그림 3-18] 매출액이익률의 변화

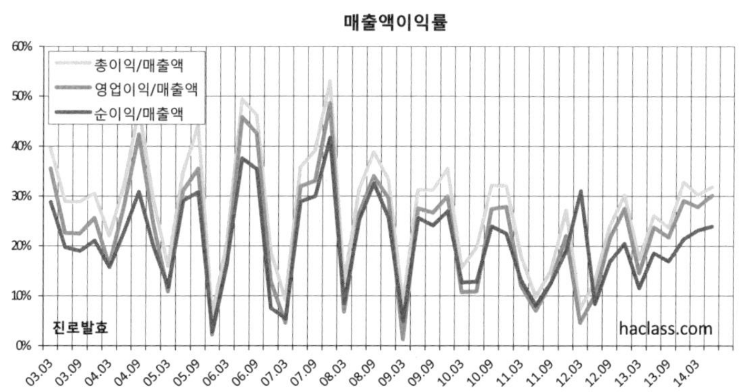

이 회사의 매출액이익률을 보면, 총이익률은 약 30% 수준이고 영업이익률이 총이익률과 거의 비슷한 수준이다. 과거에는 강한 계절성이 있었으나 지금은 많이 줄어들었다. 과연 이 회사의 이익률이 지금의 수준을 더 넘어서 올라갈 수 있을지 매우 중요한 고비에 와 있다는 생각이 든다.

다음 그래프를 통해 이 회사의 자본이익률을 살펴보면 이익이 늘어나면서 자본이익률이 빠른 속도로 좋아지고 있다. 여기서 투하자본이익률이란 투하자본(차입금과 주주자본의 합계액)을 영업이익과 비교한 것이다. 최근에 투하자본이익률이 10%에서 30%로 올라갔다. 지금 이 회사는 매우 좋은 상태에 있다.

[그림 3-19] 자본이익률의 변화

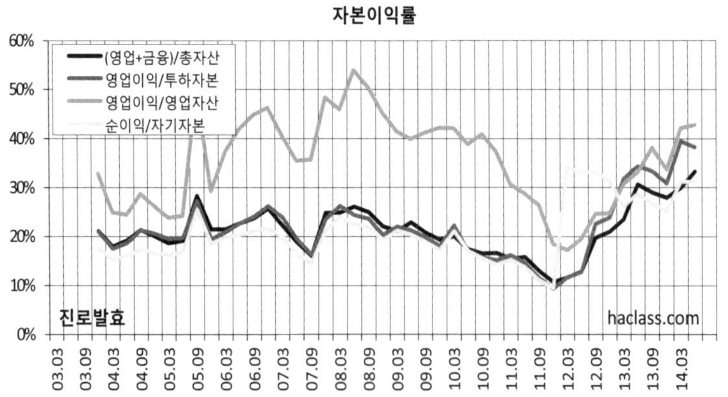

[그림 3-20] 자유현금흐름

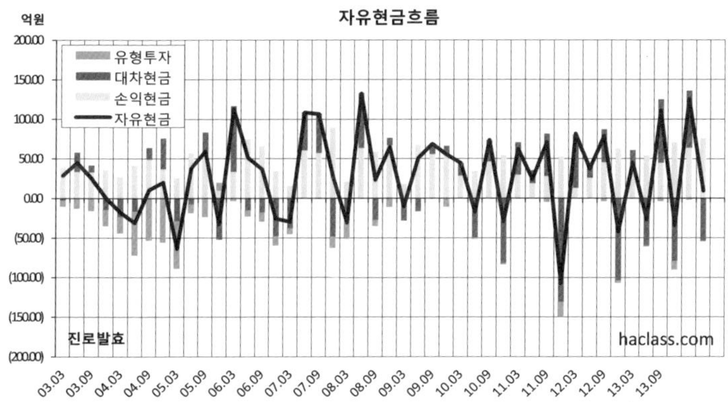

이 회사는 과거부터 유형자산에 들어가는 현금이 거의 없다. 즉 사업을 유지하기 위해서 많은 유형투자가 필요한 사업이 아니라는 뜻이다. 그래서 손익현금에서 대차현금을 조정하면서 계속 자유현금을 만들어왔다. 즉 이 회사는 자금 사정이 매우 좋다는 것을 알 수 있다.

[그림 3-21] 현금잠김일수의 변화

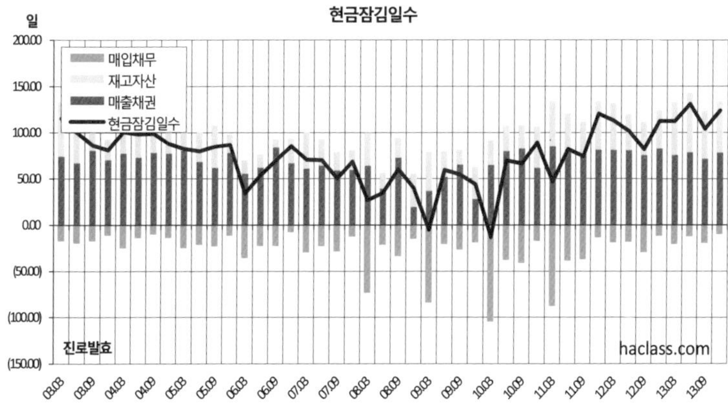

이 회사는 최근에 현금잠김일수가 과거에 비해 조금 높아졌다. 그러나 이것이 차입금을 늘리지는 않고 있다. 지금 이 회사의 차입금 수준은 매우 낮다. 그래서 이런 운전자본 운용은 매출확대를 위한 전략으로 생각된다. 즉 지금 이 회사의 운전자본에 잠긴 현금의 양이 조금 높게 나타났으나 이것이 이 회사 현금 사정에 나쁜 영향을 미치지는 않고 있다고 판단한다.

이상의 재무지표들 중에서 중요한 것들을 따로 모아 이를 시가총액과 비교하면 다음 페이지와 같은 주요 재무지표와 투자지표를 만들 수 있다. 그리고 주요 재무지표를 최근 일년의 값과 과거 5년의 값을 서로 비교하면 최근의 수준을 서로 비교할 수도 있다. 이런 재무지표를 종합하고 이것을 시가총액과 비교한 투자지표를 고려하면 지금의 주가 수준이 어떤 상태인지 나름대로 짐작할 수 있는 감각을 지닐 수 있다.

이 회사의 2014년 10월 10일 현재의 주식수는 752.4만 주이고 이 날의 주가는 29,250원이다. 그래서 이 날의 시가총액은 2,250억 원이다. 이를 이 회사의 최근 일년의 순이익 182억 원과 비교하면 주가는 이익의 약 12배가 된다. 이는 시장의 평균보다 약간 더 높은 수준이다. 그러나 이 회사의 아주 높은 자본이익률과 비교하면 지금의 주가이익배수는 결코 높은 수준으로 볼 수 없다. 즉 회사의 주주자본이 매년 30% 정도 늘어나고 있어서 이 장부상 주주자본의 시장가격인 시가총액이 올라가지 않는다면 이것은 결코 정상이 아니다. 즉 지금의 자본이익률이 계속된다면 앞으로도 꾸준하게 이 회사의 주가는 올라갈 것으로 생각한다.

[표 3-10] 재무지표와 투자지표

진로발효	자산	부채	시가총액	2,257
A018120	704	117		
14.06		자본	영업활동	230
억원		587	투자활동	(118)
	영업이익	매출액	재무활동	(93)
	232	850	현금증감	(18)
	지배순이익	929	자유현금	212
	182			
	220			

	보통주	우선주
주식수(천주)	7,524	
주가(원)	30,000	
시가총액(억원)	2,257	
2014.10.20		

*푸른색은 최근 분기를 연간으로 환산

haclass.com

시가/순이익	12.4	8.0%
시가/주주자본	3.8	
시가/자유현금	10.7	
시가/총자산	3.2	
시가/매출액	2.7	
배당금/시가	3.3%	
영익/(시가+차입금)	10.2%	
	과거1년	과거5년
영업활동/영익	1.0	0.8
자유현금/순이익	1.2	0.7
매출액/총자산	1.21	0.9
영업이익/매출액	27.3%	18.7%
순이익/매출액	21.4%	17.8%
영업이익/총자산	33.0%	17.6%
영업이익/투하자본	38.3%	19.5%
순이익/주주자본	30.9%	19.5%
자유현금/주주자본	36.1%	15.6%
운전현금/매출액	2.3%	-3.6%
유형현금/매출액	-2.1%	-1.6%
매출증감률	4.5%	1.5%
영업이익증감률	30.4%	-0.2%
순이익증감률	32.3%	-4.2%

Value Investing

4 경쟁력으로 좋은 회사 찾는 법

좋은 회사란 10년 뒤에 내가 잠에서 깨어나도 지금처럼 여전히 장사를 잘하고 있을 회사다. 이런 회사는 다른 회사가 쉽게 따라 하지 못하는 무엇, 자신만이 가장 잘할 수 있는 무엇을 갖고 있다. 10년을 보면 최소 2~3년은 보이지만 2~3년만 보면 아무것도 보이지 않는다.

4장을 시작하기 전에

자동차의 계기반이 자동차의 운행 상태를 알려주듯이 영업보고서는 회사의 영업 상태를 알려주는 계기반 역할을 한다. 투자자들은 이 계기반을 보면서 투자 판단을 한다. 계기반이 있는데도 이를 읽을 줄 모르거나 무시하면 때로 기름이 떨어져서 중간에 차를 세워야 할지도 모른다.

자동차 계기반이 자동차의 운행 상태를 모두 알려주는 것은 아니다. 뛰어난 기계공은 소리만 듣고도 자동차의 상태를 안다고 한다. 마찬가지로 회사의 상태가 모두 영업보고서로 나타나는 것은 아니다. 더욱이 주식 투자에서 중요한 것은 과거나 지금의 회사 상태가 아니라 앞으로 회사가 얼마나 장사를 잘할지를 판단하는 것이다.

자동차를 운전할 때 차 뒤를 알려주는 거울만 보고 운전하면 당연히 사고가 난다. 실제 회사의 모습 중에는 영업보고서에는 잡히지 않지만 회사의 상태와 미래를 암시하는 중요한 요소들이 많이 있다. 우리는 이것을 한마디로 '경쟁력'이라고 부르고 4장에서는 이를 통해서 좋은 회사를 찾아내는 방법을 알아보려고 한다.

좋은 회사를 찾기 위한 질문들

우리는 지금까지 회사의 영업보고서에 나오는 숫자로 좋은 회사를 찾는 방법을 알아보았다. 이미 이야기한 것처럼 회사의 가치 중에는 중요한 것임에도 불구하고 숫자로 드러낼 수 없는 것이 있으며, 비록 숫자로 잡히는 것도 이것을 담아내는 그릇인 영업보고서 표현 형식의 한계와 회사를 실제보다 좋아 보이게 하려는 분식 때문에 영업보고서에 나오는 숫자를 조심해서 살펴보아야 한다.

이제 회사가 갖고 있는 가치 중에서 숫자로 잘 드러나지 않는 요소를 살펴보려고 하는데, 이 모두를 통틀어서 한마디로 경쟁력이라고 부르기로 한다. 투자자들이 회사에 접근하는 방법에는 여러 가지가 있을 것이다. 회사라는 조직체가 사회 속에서 무슨 일을 하고 있는지 잠시 생각해 보자.

회사라는 조직체는 조직체 밖의 사람들에게 무엇인가 가치 있는 것을 제공하는 대가로 돈을 받아 살아간다. 그러므로 회사는 무엇보다 고객에게 가치 있다고 생각하는 것, 고객이 기꺼이 돈을 지불하겠다고 생각하는 것을 제공해야 한다. 그래서 우리는 우선 ① 회사가 고객에게 무엇을 주고 있는지 알아야 한다. 그러나 회사가 고객에게 가치 있는 것을 제공하는 것은 좋으나 만약 이익을 내지 못하면 회사는 생존할 수가 없다. 그러므로 회사는 이익을 내야 한다. 그래서 ② 회사가 장사를 잘하고 있는지 알아야 한다.

세 번째는 회사가 고객에게 가치 있는 것을 제공하고 그 대가로 돈을 벌고 있다면 이런 상태가 얼마나 오래 갈 것인지를 생각해보아야 한다. 즉 이런 상태가 일시적인 것인지, 아니면 오래 갈 것인지를 생각하는 것이다. 이런 상태가 오래 가려면 회사는 남과 다른 점, 즉 경쟁력을 갖고 있어야 한다. 즉 ③ 회사가 갖고 있는 경쟁 요소는 무엇이며, 그것이 얼마나 오래 갈 수 있는지 알아야 한다. 회사가 지금 갖고 있는 경쟁력을 오래 유지하려면 회사는 당연히 이를 위해서 의도적인 노력을 해야 한다. 이것을 우리는 경쟁 전략이라고 부른다. ④ 회사가 갖고 있는 경쟁 전략은 무엇인가?

회사가 전략을 수행하는 데는 경영자의 역할이 무엇보다 중요할 것이다. ⑤ 경영자를 믿을 수 있는가? 이상의 다섯 가지 질문을 해보면 질적인 측면에서 좋은 회사를 찾아낼 수 있을 것이다. 이것을 앞에서 본 영업보고서를 통해 나온 결과와 연결하면 좋은 회사를 찾는 작업은 거의 마무리된다.

회사는 돈을 벌고 있는가

회사가 돈을 벌고 있는지 알기 위해서는 앞에서 본 영업보고서를 보면 된다. 우리는 영업보고서를 읽는 방법을 이미 살펴보았다. 다시 한번 핵심만 정리하면 다음과 같다.

포괄손익계산서에 나오는 매출이나 이익의 증가만 보지 말고, 재무상태표와 현금흐름표를 같이 보면서 이익의 질과 수준을 파악한다. 특히 중요한 것은 회사가 장사를 하기 위해서 집어넣는 돈에 비해서 장사를 해서 버는 돈이 얼마나 되는지를 알려주는 자산 대비 이익의 수준을 보는 것이다. 이때 중요한 것은 먼저 숫자가 회사 상태를 얼마나 정직하게 나타내고 있는지 그리고 지금 회사가 어떤 상태에 있는지, 나아가 과거와 무엇이 달라졌으며 경쟁 회사와 무엇이 다른지를 찾아내는 것이다.

어느 정도 영업보고서를 읽을 줄 아는 사람은 영업보고서만 보고 그 회사가 어떤 성격의 회사인지 상상해볼 수도 있다. 예를 들어 1인당 매출액이 많은 회사는 다음 네 가지 유형 중 하나에 속할 것이다. 백화점 같은 유통회사, 기술의 정도가 높은 하이테크 회사, 석유화학과 같은 대형 장치 산업, 그리고 게임과 같은 소프트웨어 성격의 회사일 것이다.

다음에 매출액 이익률을 보니 평균보다 더 높았다. 그러면 유통 회사와 대형 장치 산업 회사는 떨어져나간다. 이런 유형의 회사는 매출액 이익률이 높을 수가 없다. 이제 남은 것은 하이테크 회사이거나 소프트웨어 회사다. 이 회사의 자산 구성비를 보니 유형자산의 비중이 높았다. 이러면 답은 하이테크 회사가 된다. 소프트웨어 회사는 설비 장치의 비중이 높지 않다. 만약 이 회사의 자산 구성비에서 재고자산이 거의 없다면 소프트웨어 회사다.

이처럼 회사의 유형과 영업보고서에 나오는 숫자들은 서로 깊은 연관이 있으므로 영업보고서를 보면 회사가 갖고 있는 기본적인 성격과 회사에 일어나고 있는 일을 이해할 수 있다. 만약 어떤 회사가 그런 일반적인 유형과 다른 숫자를 내보인다면, 즉 산업의 평균적인 수준과 다른 값을 내보이면 이것은 아주 중요한 정보가 된다. 그 회사는 일반적인 유형과 다른 무엇을 하고 있을 가능성이 높기 때문이다.

그 회사는 '누구'에게 '무엇'을 제공하고 있는가

이 질문을 다른 말로 바꾸면 '무엇을 하는 회사인가'가 된다. 여기에 대한 대답은 얼른 보면 쉬워 보이나 좀 더 생각하면 어렵다. 이 질문은 마치 '나는 누구인가'라는 질문과 성격이 비슷하다. 그 회사의 사장도 잘 대답하기 어려운 질문이 될 수 있다. 그리고 이 질문에 어떤 대답을 어떻게 하느냐에 따라서 이 회사에 중요한 변화가 생기게 된다. 많은 회사들이 이 질문에 대답하기 위해서 비싼 돈을 주고 외부 경영 컨설팅 회사에게 자문을 받기도 하고, 회사의 임직원들이 모여서 회의하느라 며칠 밤을 새기도 한다.

'이 회사는 ○○ 솔루션을 제공한다', '이 회사는 ○○ 핵심 부품을 공급한다'와 같은 대답은 좋은 대답이 아니다. 경영에 관한 모든 질문의 대답은 언제나 고객 또는 시장에 맞추어져야 한다. 즉 이 제품이 없으면 수요자가 어떤 어려움에 빠지는데 이 제품이 있어서 수요자는 어떤 도움 또는 편리함을 얻게 된다는 관점에서 설명할 수 있어야 한다. 이렇게 대답해야 이 회사가 만드는 제품이 반드시 고객이 필요로 하는 제품인지 아닌지를 알 수 있다. 이렇게 대답해야 이 회사가 고객에게 제공하는 기능이 오래 갈 수 있는 것인지 잠시 유행하다 말 것인지를 짐작할 수 있다. 이렇게 대답해야 회사가 고객에게 제공하는 기능이 이제 한계에 온 것인지 아니면 계속해서 더 발전할 수 있는지 짐작할 수 있다. 그리고 마지막으로 이렇게 대답할 수 있어야 이 회사를 다른 회사, 즉 경쟁 회사와 비교할 수 있다. 만약 다른 회사도 같은 기능(편리함)을 고객에게 주고 있다면 굳이 고객이 이 회사를 선택해야 할 또 다른 이유가 있어야 할 것이다.

회사라는 조직체는 회사 밖(고객)에다 무엇인가를 주는 대가로 고객이 지불하는 돈에서 이익을 만들어낸다. 회사 안에서 일어나는 일체의 일은 모두 원가 또는 비용에 해당한다. 어떤 회사는 고객에게 뛰어난 성능의 제품을 공급할 수도 있고, 또 어떤 회사는 남보다 더 뛰어난 성능은 아니지만 같은 성능의 제품을 남보다 더 싸게 제공할 수도 있고, 또 어떤 회사는 남과 같은 성능의 제품을 남과 같은 가격이지만 고객에게 더 편리하게 제공할 수도 있다. 회사가 고객에게 무엇을 제공하고 있느냐 하는 물음은 회사가 고객에게 어떤 가치를 주고 있느냐 하는 질문으로 바뀌야 하며, 또 이 질문은 회사가 어떻게 돈을 벌고 있느냐 하는 질문과 깊게 연관되어 있다. 주식투자를 하는 사람은 고객에게 무엇인가 다른 가치, 예를 들면 기능, 가격, 사후 관리 등을 제공하는 회사를 찾아야 한다.

'누구에게'라는 질문도 아주 중요하다. 고객이 누구냐에 따라서 투자자는 회사에 대하여 많은 것을 알게 된다. 아주 쉽게는 고객(시장)이 국내일 수도 있고, 해외일 수도 있다. 또는 소득 수준으로 고객을 구분할 수도 있고, 나이로 구분할 수도 있다. 나아가서 고객이 개인일 수도, 기업일 수도 있다. 고객을 중간 고객과 최종 고객으로 구분할 수도 있다. 제품을 실제로 사용하는 고객, 돈을 내는 고객, 의사 결정권이 있는 고객이 다를 수도 있다. 많은 경우 고객은 하나가 아니다. 고객이 누구냐에 따라서 회사 성격의 대부분이 결정된다. 따라서 제품의 내용과 제품의 판매전략 등 모든 것이 달라지게 된다.

예를 들어서 고객이 다수의 개인인 경우와 소수의 유통 판매업인 두 회사를 비교해보자. 고객이 다수면 아무래도 고객이 회사에 주는 충격(변동)은 작다. 그리고 직접 고객을 만나면 시장에서 오는 정보를 잘 알 수도 있다. 이와 반대로 해외 대형 유통업체에게 대량으로 납품하는 회사라면, 회사는 완전히 이 유통업체에 덜미를 잡히고 있는 꼴이다. 이런 회사는 아무리 매출이 짧은 시간에 늘어난다 하더라도 개인 투자자들은 투자를 피하는 것이 좋다. 이 회사에 언제 어떤 일이 일어날지 알기도 어려우며, 이 고객이 생각을 바꾸면 회사는 대응하기가 아주 어렵다.

투자자가 회사를 바라볼 때 중요한 것은 그 회사에 언제 무슨 일이 일어날지 알아맞히고 여기서 투자 기회를 찾는 것이 아니다. 중요한 것은 회사에 언제 무슨 일이 일어나더라도 결과적으로 장사를 잘할 힘을 가지고 있는 회사를 찾는 것이다. 그렇기 때문에 대형 고객 한둘에게 회사 매출의 대부분을 의존하는 회사는 위험하다.

시장(고객)의 현재 규모 및 잠재 규모를 짐작해야 한다. 잠재 시장의 규모는 많아 보아야 연간 5,000억 원밖에 안 되는데 10개 이상의 회사가 들어와 있는 경우도 있다. 이런 회사는 곧 회사의 주력 제품을 다른 것으로 바꾸어야 한다. 예를 들어 마치 게릴라전을 치르듯이 2~3년 안에 회사의 주력 제품이나 사업 영역을 바꾸는 회사들이 있다. 왜 바꾸느냐고 물으면 가만 있으면 매출이 줄기 때문이라고 말한다.

개인 투자자들은 회사의 주력 제품이나 사업 영역이 자주 바뀌는 회사는 피해야 한다. 이런 회사들이 마치 새로운 성장 분야에 진출한 것처럼 큰 소리를 치는 경우가 있다. 회사가 어떤 시장에 새로 들어갈 때는 그 시장에서 주도자가 되겠다는 각오를 하고 시작해야 한다. 회사 제품이 다양할 경우에도 각각의 세분된 시장에서 그 회사 제품이 주도 제품이 되어야 한다.

그 회사가 들어가 있는 시장이 지금 시장 성장 주기 중에서 어디쯤에 있는지 아는 것은 회사를 이해하는 데 큰 도움을 준다. 그 시장 또는 산업이 초기 형성 단계인지, 성장 단계인지, 아니면 성숙 단계를 지나서 쇠퇴 단계에 있는지 알아야 한다. 시장은 이런 성장 주기를 지나면서도 동시에 경기 순환을 겪는다. 즉 성장 단계에 있으면서도 어느 시기에는 경기가 후퇴하여 회사 실적이 나빠지기도 한다. 그래서 산업의 경기 주기를 산업의 성장 주기와 혼돈하지 말아야 한다. 예를 들어 아직 성장 단계에 있는 회사가 경기 하강기에 들어가면 이것은 좋은 투자 기회다.

마지막으로 지금 일어나고 있는 사회 변화가 그 회사의 고객, 그 회사가 제공하고 있는 제품에 어떤 영향을 줄 것인지 생각할 수 있어야 한다. 많은 투자자들이 산업의 경기 순환에는 관심을 가지면서도 이것보다 훨씬 더 중요한 사회의 구조적인 변화, 추세적인 변화에는 별로 관심을 두지 않는다.

예를 들어 한국은 이미 출생률이 인구를 현 수준에 유지하는 2.2명 이

하인 1.2명으로 떨어졌다. 그래서 나이 든 사람은 늘어나지만 젊은 인구는 줄어든다. 유아의 감소율은 더 빠르다. 이것은 당연히 유아용 시장에 영향을 줄 것이며, 유아용품 제조회사는 고급품을 만들든가 사업 다양화로 대응해야 할 것이다. 노령 인구를 대상으로 하는 사업도 마찬가지다. 이런 사회의 피할 수 없는 큰 변화를 알아채고, 이것을 투자 아이디어로 바꿀 줄 아는 것은 아주 중요하다.

인구 변화와 마찬가지로 중요한 것이 가계의 가처분소득 지출 구성비에 일어나는 변화다. 최근 10여 년 사이 한국의 가계 지출에서 비중이 높아진 것은 오락•문화, 의료•보건, 그리고 통신이다. 그러나 여기서 투자자에게 중요한 것은 사회의 변화가 아니라, 그런 사회 변화에 영향을 받아서 성장하는 회사를 찾는 것이다. 비록 사회에는 큰 변화가 일어나더라도 너무 많은 회사들이 서로 브랜드 경쟁을 하다 보면 투자 수익률이 오히려 다른 산업보다 더 낮을 수도 있다. 이런 큰 변화 중에는 당연히 거대한 규모로 다가오는 중국 경제도 들어가야 할 것이다.

시장에서 경쟁의 정도도 파악해야 한다. 우선은 경쟁하는 회사의 수가 적어야 한다. 그 수가 약간 많아도 시장이 성장하고 있는 중이면 경쟁의 정도는 약해진다. 시장이 새로 만들어지는 경우는 비록 성장 속도가 빨라도 경쟁이 치열하다. 서로 먼저 시장을 잡으려 하기 때문이다. 그리고 경쟁하는 회사들 사이의 규모도 중요하다. 경쟁하는 회사들의 시장 점유율이 비슷하면 경쟁은 심해진다. 그러나 이 중 한 회사가 시장을 절반 이상 차지해버리면 시장은 어느 정도 안정된다.

경쟁 업체 수가 많거나 규모가 비슷하더라도 시장의 세부 고객이 구분되어 있으면 괜찮다. 예를 들어, 수요자 시장이 기호별, 소득 수준별 또는 나이별로 성격이 다르고, 각각의 시장에 하나의 회사만 들어가 있다면 경쟁은 약해진다. 그러나 여기에 안심해서는 안 된다. 한쪽 시장이 죽으면 당연히 남의 시장을 넘보게 되고 결국은 서로가 서로의 시장으로 들어가는 전쟁을 한바탕 치르고 나야 어느 정도 시장이 조용해진다.

기존의 경쟁 회사만이 무서운 것은 아니다. 더 무서운 것은 새로 등장하는 회사다. 이들은 슬그머니 야간침투 하듯이 다가와서 깃발을 꽂아버린다. 새로운 회사들은 기존의 회사들이 무시하고 있는 시장을 뚫고 들어온다. 예를 들어 전기전자 제품은 대부분 대형에서 소형으로, 그리고 기업 수요에서 가정 수요로, 나아가서 개인 수요로 변해오는 경향을 갖고 있다. 대형 기업 수요를 만들고 있던 기존의 회사들은 값싸고 질 낮은 소형, 개인용 수요를 무시하는 경향이 있다. 이 사이에 점점 개인용 수요 시장은 커지고, 제품의 성능이 좋아지면서 기업도 개인용 제품을 사용하게 된다. 기존 회사가 눈치 챘을 때는 이미 늦다.

회사는 어떻게 돈을 벌고 있는가

주식투자자는 회사가 어떻게 돈을 버는지 이해해야 한다. 이것은 지금 회사가 장사를 잘하고 있다면 이것이 일시적인 것인지 아니면 앞으로도 오래 계속될 수 있는지를 알아보려는 질문이다. 투자자에게 중요한 것은 지금이 아니라 앞으로 회사가 얼마나 장사를 잘할 것인지를 짐작하는 것이다. 또 이것을 좀더 거창하게 말하면 회사의 수익 모형이기도 하다. 모형이라는 말에서 짐작하듯이 이런 회사의 수익 모형이 튼튼하다면 투자자는 회사가 비록 지금은 아니지만 앞으로 이익을 낼 가능성이 높다고 짐작할 수 있을 것이다. 반대로 이런 수익 모형이 약하다면 비록 지금 이익을 내고 있지만 곧 경기가 죽거나 경쟁자가 나타나면 회사의 실적이 나빠질 가능성이 높다고 짐작할 수 있을 것이다.

회사가 돈을 번다는 것은 고객 입장에서 보면 회사가 고객에게 무엇인가 가치 있는 것을 주는 대가로 고객이 회사에게 주는 것이다. 그러므로 회사가 돈을 버는 방법에는 고객의 가치라는 입장에서 보면 크게 두 가지가 있다. 하나는 이미 누군가가 고객에게 제공하는 기능을 다른 회사가 더 싸게 또는 더 편하게 제공해주는 것이다. 이것은 고객에게는 좋은 일이고 회사들은 서로 치열하게 원가 또는 서비스 경쟁을 해야 한다.

다른 하나는 고객이 지금까지는 전혀 제공받지 못했던 기능을 어떤 회사가 새로 공급하는 경우다. 사회 전체에 새로 가치를 보태면서 새로운 회사가 등장하는 경우다.

회사가 고객에게 새로 가치를 보태는 경우에도 크게 두 가지가 있다. 하나는 완전히 새로운 시장을 만들면서 새로운 가치를 만들어내는 것이고, 다른 하나는 이미 있는 시장 또는 제품에 새로운 기능을 붙이면서 새로 가치를 보태는 경우다. 전자에는 많은 위험이 따른다. 과연 고객이 회사가 만들어내는 새로운 가치를 받아들일 것인지도 의심스럽고 회사가 헤치고 나가야 할 어려움도 많다. 이와 달리 이미 시장이 있는 경우에는 회사가 고객에게 제품을 새로 알리지 않아도 되고, 새로 유통망을 만들지 않아도 되며, 여러 가지를 생략할 수 있어서 그만큼 사업 위험이 낮아진다. 그러나 당연히 성공하면 전자는 시장을 주도하는 회사가 되는 반면 후자는 그저 그런 회사가 된다.

회사가 돈을 버는 방법은 고객에게 무엇을 제공하는가에 따라 결정된다고 해도 과언이 아니다. 만약 회사가 고객에게 경쟁 회사보다 성능이 더 좋은 제품을 제공하려면 회사는 아무래도 연구개발 투자를 많이 해야 할 것이다. 만약 회사가 고객에게 전달하려는 것이 남과 같은 성능의 제품을 더 싸게 제공하는 것이라면 회사는 이것을 위해서 대량 생산 체제를 갖추든가 생산 공정의 효율성을 높여서 생산 비용을 줄이려고 노력할 것이다. 또는 회사가 고객에게 남과 같은 성능의 제품을 남과 같은 가격으로 제공하면서도 고객에게 편의성을 주는 것으로 돈을 벌고 있다면 회사는 고객의 마음을 사로잡기 위해 판매 방식에서 경쟁 회사와 차별을 두려고 할 것이다.

이처럼 회사가 고객에게 전달하려는 가치가 무엇이며, 회사는 이 가치를 전달하기 위해서 실제로 무엇을 하고 있는지, 고객이 여기에 만족하면서 기꺼이 대가를 지불하고 있는지를 알아내는 것은 그 회사가 속한 산업이나 시장의 경기 순환을 알아맞히려고 애쓰는 것보다 10배 아니 100배는 더 중요하다. 또 이렇게 회사를 파악하면, 그 산업 범위에서 벗어나서 다른 산업에 속한 회사와도 비교할 수 있다. 어떤 투자자가 산업의 범위를 뛰어넘어서 회사를 서로 비교할 수 있는 능력을 갖추었다면 그 사람은 이미 투자에 사용할 수 있는 중요한 도구를 갖고 있는 셈이다.

VALUE INVESTING

회사는 그 제품을 어떻게 만들어내고 있는가

한국의 많은 회사들은 처음에 외국에서 자본과 기술을 빌려와서 장사를 시작했다. 이렇게 하면 자연히 회사의 경쟁력은 낮아진다. 한국의 회사가 가진 유일한 경쟁력은 낮은 인건비, 높은 교육열 등이었다. 그러나 이 중에는 빌려온 기술을 우리 것으로 만들고 여기에 새로운 것을 보태서 처음 한국에게 기술을 팔아먹은 회사에게 이제는 거꾸로 한국의 제품을 수출하는 회사로 성장한 경우도 있다. 이런 회사들이 중견 기업이 되고 대기업이 되었다. 그러나 이제는 사정이 많이 달라졌다.

투자자는 회사가 새로운 제품을 만들면 반드시 그 제품(서비스)이 누구의 것인지 물어봐야 한다. 다른 회사에서 돈을 주고 사온 것인지, 아니면 회사 내부에서 스스로 개발한 것인지 알아봐야 한다. 그 제품 개발을 도와주고 있는 외부 파트너가 있는지, 다른 회사도 쉽게 모방할 수 있는 것인지, 특허가 있어서 보호받고 있는지, 제품을 만드는 것도 회사가 직접 만드는지 아니면 회사는 디자인이나 설계만 하고 생산은 다른 회사에서 하는지도 알아봐야 한다. 또한 이런 모든 특징을 회사의 영업보고서에 나오는 여러 지표와 연결할 줄 알아야 한다.

즉 핵심은 가능한 한 회사가 고객에게 제공하는 제품(서비스, 기능)을 그 회사가 독자적으로 찾아낸 것이면 좋다. 이 말이 반드시 회사 내부에서 기초 기술을 개발해야 한다는 의미는 아니다. 다른 회사가 쉽게 모방하거나 따라올 수 없는 것이 중요하다. 아니면 다른 회사가 따라올 때 스스로의 힘으로 한 발 더 앞서 나갈 수 있는 능력을 갖고 있는 것이 중요하다. 외부의 힘으로 무엇인가 새로운 것을 하나 만드는 데 성공했는데 다른 회사가 이것을 모방하여 더 잘 만들었을 때 대응하지 못하는 회사가 되어서는 안 된다.

그리고 핵심 능력만 회사 안에 남기고 다른 것은 회사 밖에서 하는 것이 좋다. 회사의 핵심 능력은 회사 사정에 따라서 다 달라진다. 가장 좋은 핵심 능력이란 한두 개인에 집중되어 있지 않으면서 다른 사람이 보고서도 쉽게 따라 하지 못하는 것이어야 한다. 여기에 가장 가까운 것이 기업 문화다. 이것은 누가 가져가지도 못하고 모방하기도 어렵다.

회사는 그 제품을 고객에게 어떻게 전달하고 있는가

회사가 제품을 고객에게 전달하는 방법에도 여러 가지가 있다. 직영 유통망을 갖고 있을 수도 있으며, 독립 대리점을 두기도 하고, 독립 유통업체에 완전히 의존하기도 한다. 많은 경우 회사는 독립성을 높이기 위해서 직영 유통망을 갖고 싶어하지만 여기에는 돈이 많이 든다. 또 많은 경우 회사는 여러 유통망을 동시에 사용할 수밖에 없는데 이 경우 유통망별로 가격에 충돌이 생기기도 한다. 그러므로 독자 유통망을 갖는 것이 반드시 좋은 것만은 아니다. 중소기업체의 경우 힘들게 독자 유통망을 갖추고 나면 그때까지 가만히 있던 대형 경쟁사의 공격을 받아 결국 남의 회사를 위해서 유통망을 만들어주고 끝나는 경우도 있다. 남이 탐낼 만한 보물은 갖기도 어렵지만 그 보물을 지키기는 더 어렵다.

새로운 회사가 기존의 회사를 공격하는 방법 중 하나가 새로운 방법으로 제품을 고객에게 전달하는 것이다. 최근 인터넷 기술의 보급으로 많은 거래가 인터넷이라는 판매망에서 이루어지고 있다. 새로운 판매망은 제품의 가격이나 제품의 내용까지도 바꾸며, 욕구는 있었으나 제품으로 만들지 못했던 새로운 수요를 만들어내기도 한다. 기존의 회사는 여기에 대응하기가 아주 어렵다. 왜냐하면 새로운 유통망을 수용하면 기존의 유통망이 죽어버리기 때문이다. 기존의 유통망을 만드느라고 이미 많은 돈과 인력이 들어가 있는 경우에는 더욱 힘들어진다. 이럴 경우 기존의 회사는 새로운 조직을 만들어야 새로운 유통망에 대응할 수 있다. 기존의 조직은 기존 유통망에서 나오는 이익을 유지하기 위해서 새로운 유통망의 확장에 소극적으로 대응하기 때문이다.

그럼에도 불구하고 기존의 회사들이 대부분 쉽게 새로운 유통망을 받아들여버리면 새로운 유통망은 아무런 경쟁 요소가 되지 못하며, 오히려 비용 요인이 되고 만다. 여기서 최종적으로 이익을 보는 사람은 바로 고객이다. 투자자는 이처럼 비록 시장이 커지고, 고객이나 사회에는 좋으나 회사에게는 이익이 되지 않는 경우를 구분할 수 있어야 한다.

VALUE INVESTING

회사는 다른 회사와 무엇이 다른가

우리는 지금까지 여러 가지 측면에서 회사를 이해하려고 했다. 이런 모든 과정을 진행할 때 항상 잊지 말아야 할 질문이 이 회사는 다른 회사와 무엇이 다른가 하는 점이다. 회사가 아무리 좋아도 다른 회사와 다른 점을 찾을 수 없다면 결국은 보통회사가 되고 만다. 회사가 남과 다른 점을 갖고 있다는 것은 다른 말로 하면 경쟁력을 갖고 있다는 말이다.

다음으로 중요한 것은 그 회사의 경쟁 요소가 얼마나 오래 갈 수 있느냐 하는 점이다. 잠시 장사를 잘하던 회사가 경쟁자의 등장이나 외부 환경의 변화로 어려움에 빠지는 경우는 수없이 많다. 투자자는 회사가 어떤 경쟁 요소를 가졌는지 알고 나면 이것이 얼마나 오래 갈 수 있는지 물어야 한다. 즉 그 회사가 갖고 있는 경쟁 요소가 다른 회사는 넘볼 수 없는 튼튼한 방어벽을 갖고 있는지 보아야 한다.

경쟁 요소에는 법률에서 보호해주는 특허가 있다. 또 법률로는 보호해주지 않지만 우연히 시장의 표준이 되어버린 사실상의 표준도 있다. 고객의 마음속 깊이 회사의 이름이나 제품(서비스)이 자리잡은 회사도 강한 경쟁력을 가진다. 이런 것을 마인드 쉐어Mind Share라고 한다. 고객이 이미 특정 제품에 길들여져서 새로운 제품이 나와도 사용 방법을 다시 배워야 하는 번거로움 때문에 어지간해서는 다른 제품으로 옮겨가지 않는다. 정부가 정책적으로 독점을 허용해주는 시장도 있다. 외국 회사는 잘 들어오기 어려운 시장도 있다. 이미 시장이 한정되어 있고, 수요자가 기대하는 기능을 기존의 제품이 충분히 공급하고 있어서 새로운 회사가 들어올 여지가 없는 시장도 있다. 회사와 고객이 서로 너무 잘 알아서 그리고 이런 관계를 만드는 데 오랜 세월이 걸리므로 새로운 회사가 등장할 가능성이 거의 없는 시장도 있다.

이외에도 수없이 많은 경쟁 요소를 찾아낼 수 있다. 방어자 입장에서 강점과 약점을 생각해볼 수 있으며, 공격자 입장에서 강점과 약점을 생각해볼 수 있다. 문제는 이런 경쟁 요소가 얼마나 오래 가느냐이다.

당연한 이야기지만 회사는 한번 가진 경쟁력을 최대한 오래 유지하도록 노력해야 하며, 새로운 경쟁 요소도 찾아내야 한다. 회사의 외부자인 투자자 입장에서는 경쟁 전략에 깊이 들어갈 필요는 없지만 경쟁 전략이 성공하기 위한 요소는 이해하고 있는 것이 좋다. 경쟁 전략의 성공과 관련해서는 다음 세 가지를 이해해야 한다.

첫째, 회사가 추진하는 경쟁 전략은 사회에 일어나는 변화 위에 서 있어야 한다. 우리는 실제로 현실이 어떤지 전체 모습은 잘 모른다. 정치를 하는 사람은 그런 눈으로 현실을 보고, 기업을 경영하는 사람은 그런 눈으로 현실을 본다. 종교, 철학, 역사, 예술 모두 마찬가지다. 그리고 현실은 계속 변해간다. 현실을 잘게 쪼갠다고 현실을 알아낼 수 있는 것은 아니다. 현실을 만들어내는 핵심 요소를 찾았다고 현실을 이해하는 것도 아니다. 단지 이러하다고 가정을 세운 뒤에 그 현실과 부딪치며 나아갈 뿐이다. 그러므로 당연히 전략을 세울 때도 현실은 이러저러하다고 가정을 세울 수밖에 없으며, 가능한 한 그 가정이 현실과 잘 맞아야 한다.

이 사실이 투자자에게 갖는 의미는 오랫동안 남보다 빨리 성장하는 회사를 찾기가 정말 어렵다는 것이다. 예를 들어 1910년대 100여 개였던 미국 자동차 회사가 지금은 3개만 남아 있다. 이런 큰 흐름은 한두 개 개별 회사가 어떻게 할 수 있는 것이 아니다. 새로운 기술이 나와서 과거에는 불가능했던 일들이 가능해지고, 이것을 기초로 새로운 산업이 만들어지면 주식시장에는 거의 반드시 거품이 만들어진다. 그러나 지나고 나면 비록 그 산업은 여전히 성장하더라도 성장의 주역은 처음의 회사가 아니라 다른 새로운 회사로 바뀌어 있는 경우가 많다. 우리는 이런 일을 인터넷이 만들어낸 거품 붕괴 과정에서 경험했다. 가치투자에서 장기로 평균 이상 성장 가능성이 높은 회사를 찾는 것은 그만큼 어려운 일이다.

둘째, 전략에 성공하려면 회사는 무엇인가를 버릴 수 있어야 한다. 회사가 새로운 산업에서 성공하려면 회사의 모든 자원을 한 곳에 집중해야 한다. 그렇게 해도 성공을 확신할 수 없다. 경쟁자와 비슷한 정도의 힘으로는 성공하기 어렵기 때문이다. 그러므로 전략은 무엇을 새로 만들어내는 것이기도 하지만 무언가를 버리는 것이기도 하다. 많은 경우 버리지 않고는 새로운 것을 만들어내지 못한다.

경쟁 전략을 오랫동안 연구한 하버드대학의 마이클 포터[Michael Porter]는 열심히 하는 것만으로는 경쟁에서 이기지 못한다고 한다. 흔히들 남과 같은 일을 남과 같은 방식으로 남보다 더 열심히 하는 것을 경쟁 전략이라고 생각한다. 경쟁 전략이란 남과 같은 일을 하더라도 최소한 남과 다르게 하는 것이어야 하며, 나아가서 남과 다른 일을 열심히 하는 것이다.

투자자들은 무엇을 버린다고 말하는 회사를 주목해야 한다. 특히 회사가 크게 어렵지 않은데도 어떤 사업부를 없앤다고 말하는 회사는 반드시 주목해야 한다. 회사가 어려울 경우는 어쩔 수 없이 회사 규모를 줄여야 하지만 어렵지 않은데도 줄이는 것은 지금의 것보다 더 나은 새로운 사업을 찾아 나선다는 것을 의미한다. 한편 투자자들이 속지 말아야 할 경우도 있다. 회사가 어려워서 인원을 줄이는데 부서별로 10%씩 줄인다고 말하는 회사가 있다. 이런 회사는 앞으로 어떻게 하겠다는 아무런 새로운 전략도 갖고 있지 않은 것이다. 어떤 부서는 줄이지만 어떤 부서는 키우며 나아가서 새로 만드는 것이 전략이다.

셋째, 경쟁 전략을 수행하는 과정에 일시적으로 회사의 영업 실적이 나빠지는 것을 미리 각오해야 한다. 영업 실적이 나빠지면 회사의 주가도 떨어진다. 투자자는 이때 영업 실적이 나빠진다고 그 회사를 버리면 안 된다. 그 어떤 전략도 1,2년 안에 바로 효과가 나오는 경우는 없다. 회사가 새로 무엇을 한다고 선언하고 나면 대부분의 경우, 아니 그 회사가 정말 제대로 변화에 성공하려면 변화하는 중에는 회사의 영업 실적이 나빠지기 쉽다.

사실 대부분의 회사들은 회사가 이대로 가면 지금보다 더 어려워질 것이라는 것을 잘 알면서도 이런 결과가 두려워서, 변화 중에 어떤 나쁜 일이 일어날 것을 걱정하여 지금의 문제를 근본적으로 고치려고 하지 않는다. 용감하게 변화를 추진하는 회사도 대부분은 변화하는 중에 일어날 실적 악화를 전혀 준비하지 않고 가는 경우가 많다. 시장 점유율은 과거보다 더 높아야 하고, 이익도 더 많이 늘어야 한다고 말한다. 그러나 진정으로 변화하려는 회사는 일시적인 회사 실적 악화를 미리 각오한다.

변화하는 중에 실적이 나빠지면 주식시장은 회사의 앞날을 걱정하면서 이 회사를 버린다. 회사는 시장에서 잊혀지게 된다. 사실은 바로 이때가 이 회사에 관심을 기울일 때다. 그 변화에 성공하면 회사의 실력은 한 단계 더 올라가게 된다. 모든 변화가 성공하는 것은 아니지만 변화에 성공하면 회사가 만들어내는 이익의 질은 과거보다 더 높아지며, 따라서 투자자들은 회사의 주가에도 이것을 반영하여 1원의 이익에 더 높은 배수로 값을 매겨야 한다.

회사의 경영자는 믿을 수 있는가

회사의 장래에 경영자가 얼마나 큰 영향을 미치는지는 설명이 필요없다. 그러나 투자자들이 회사의 경영자가 어떤 사람인지 알기는 쉽지 않다. 주식투자자 입장에서 경영자를 평가하는 몇 가지 기준은 다음과 같다.

우선은 정직해야 한다. 우리는 정직하지 못한 경영자를 많이 보아왔다. 다음으로 경영자는 회사가 번 돈을 주주를 위해서 사용해야 한다. 주주를 위해서 사용한다고 회사의 장래는 준비하지 않고 번 돈을 모두 주주에게 배당으로 나누어주라는 말은 아니다. 회사 최고의, 최대의 목적은 고객에게 가치를 제공하면서 시장을 넓히고 새로운 시장을 만들어가는 것이다. 그 결과로 회사는 돈을 벌고, 돈을 벌어야 새로운 가치를 만들어갈 수 있다. 이렇게 늘어난 가치는 당연히 불확실한 상황에서 회사 가치 창조에 자본을 투자하여 기여한 주주에게는 시세 차익이나 배당을 통해서 일정한 몫이 돌아가야 한다.

피터 드러커Peter Drucker는 돈을 버는 것은 결코 회사의 목적이 될 수 없다고 한다. 회사가 돈을 벌어야 하는 것은 회사가 생존하기 위한 필수 불가결한 조건이라고 말한다. 이것은 마치 사람이 숨을 쉬는 것은 생존하기 위한 필수 불가결한 조건이지 사는 목적이 아닌 것과 같다.

훌륭한 경영자가 어떤 사람인지 알기는 어려워도 우리가 피해야 할 경영자가 어떤 사람인지는 비교적 쉽게 알 수 있고 발견하기도 쉽다. 예를 들면 다음과 같다.

- 본업 이외의 곳에 자주 얼굴을 내미는 사람, 특히 정치 관련 분야에 얼쩡거리거나 본업 이외의 일로 언론에 자주 오르내리는 사람
- 주주와 만나는 것을 겁내거나 주주를 무시하고 주주 총회에 나오지 않는 사람, 1년에 한 번 여는 주주 총회를 짧은 시간 안에 끝내는 회사의 경영자
- 자신의 취미와 회사의 경영을 구분하지 못하는 경영자
- 회사의 돈을 마치 자신의 돈으로 착각하는 경영자, 그러면서도 회사가 자본이 필요해서 증자를 하려면 돈 내는 것을 아까워하는 대주주 경영자
- 회사의 본업과는 아무 상관도 없는 여러 분야로 자신의 권력을 키우기 위해 사업을 확장하는 경영자
- 지금 회사가 금리 이상의 돈을 벌고 있는지 아닌지를 알지도 못하는 경영자, 즉 이자 내고 이익만 나면 돈을 벌고 있다고 착각하는 경영자, 즉 주주의 돈인 자기 자본은 비용이 들지 않는 공짜 돈이라고 생각하는 경영자
- 경쟁회사와 다른 점이 무엇이냐고 물었을 때 대답하지 못하는 경영자
- 3~5년 뒤에 회사의 모습을 물었을 때 대답하지 못하는 경영자
- 감량 경영이 불가피한 상황에서 인원을 줄여야 한다면서 사업부마다 공평하게 10%씩 줄이자는 서류에 결재하는 경영자
- 아버지의 사업을 물려받은 뒤 회사의 능력을 넘어서 확대 투자하

는 경영자

- 경쟁 회사가 하는 일은 모두 따라 해야 하고, 이 모든 일을 자기 회사가 더 잘해야 한다고 생각하는 경영자

만약 투자자가 투자하고 싶은 회사 경영자를 만날 기회가 있다면 경영자에게 다음과 같은 질문*을 해야 한다

- 당신이 경쟁 회사의 경영자와 다른 점은 무엇인가?
- 당신이 밤에 잠을 잘 자지 못하는 일이 있다면 그것은 무엇인가?
- 가까운 미래에 일어날 일 중에서 가장 좋은 일과 가장 나쁜 일은 무엇인가?
- 주주의 가치를 높이기 위한 방안이 있는가?
- 지금 당신이 가장 많은 시간을 투자하는 일은 무엇인가?
- 만약 회사에 좋지 않은 일이 일어난다면 무엇일까?
- 5년 뒤에 회사는 지금과 어떻게 달라져 있을까?
- 지금까지 당신이 저지른 큰 실수는 무엇인가?
- 회사에 대해서 외부 사람들이 가장 오해하거나 잘 모르고 있는 것은 무엇인가?
- 내가 왜 이 회사에 투자해야 하는가?
- 지금까지 질문 중에서 빠진 것이 있다면 무엇인가?

(*참고《Investor Therapy》, Dr. Richard Geist)

3~5년 뒤 회사의 모습은?

이상의 분석으로 회사의 장래를 어느 정도 머릿속에 그릴 수 있어야 한다. 가능한 멀리까지 내다볼 수 있으면 좋지만 너무 멀리 가면 환상이 되기 쉽다. 예를 들면 회사가 지금의 시장에서 지금의 제품으로 계속 장사를 할 것인지, 아니면 새로운 시장, 새로운 제품이 주력 제품이 될 것인지 짐작할 수 있어야 한다. 당연히 3~5년 뒤에도 지금의 제품이 회사의 주력이고 그러면서도 회사가 안정적으로 성장할 수 있으면 좋다. 주력 제품이 지금은 알 수 없는 어떤 제품으로 바뀐다는 것은 투자자 입장에서 보면 불안하다.

회사가 너무 빨리 성장하는 것도 위험하다. 그러면 모든 것이 변해야 한다. 사장이 직원의 이름을 몰라 직원이 이름표를 붙이고 다녀야 한다면 그 조직은 과거와 달라야 한다. 빠른 성장 뒤에는 항상 위험한 시기가 찾아온다. 가끔 어떤 회사는 자기 능력의 배가 넘는 주문을 받은 뒤 부도가 나는 경우가 있다. 정부에서 표창을 받고 난 뒤 부도가 나는 회사도 있다.

회사의 모습이 머릿속에 그려지면 이것을 반드시 예상 영업보고서로 나타낼 수 있어야 한다. 예를 들어, 3년 뒤에 매출액이 지금의 2배가 된다고 가정하자. 이 정도의 매출을 올리려면 사람은 물론 설비, 판매망 등 여러 가지가 새로 필요하며, 회사의 조직 구조도 당연히 바뀌어야 한다. 회사는 이를 위한 자금을 어디선가 마련해야 할 것이다. 투자자가 직접 이런 자료를 만들 필요는 없지만 회사나 다른 사람들이 만든 예상 영업보고서를 보고 해석할 줄은 알아야 한다.

매출은 2배가 늘어난다고 하면서도 매출을 늘리는 데 필요한 설비나 인원은 별 변화가 없다든가, 설비는 늘어나는데 여기에 투자하기 위한 자금 조달은 분명하지 않다든가, 매출은 2배가 늘어나는데도 매출액 이익률에는 아무런 변화가 없는 이상한 자료들도 가끔은 있다.

회사 경쟁력 분석의 마지막 단계는 회사의 가장 위험한 요소가 무엇인지 점검해보는 것이다. 예를 들어 3~5년 뒤 회사 모습이 잘 그려지지 않는다면 이것은 회사 영업에 영향을 주는 요소가 너무 많다는 이야기다. 일반 투자자들은 회사의 장래에 영향을 주는 요소가 너무 많은 회사는 피하는 것이 좋다. 영업 환경에 변화가 오더라도 이를 흡수하면서 대응해나갈 수 있는 회사가 좋다. 이렇게 하자면 자연히 새로 생긴 회사보다는 이미 몇 번의 경기 순환을 겪은 회사가 좋다. 또는 회사가 가진 경쟁력이 아주 강해서 어지간한 환경 변화가 와도 다 흡수할 수 있는 회사여야 한다.

이외에도 회사의 위험 요소는 여러 가지다. 가장 흔한 것은 법률 소송이다. 그리고 지금까지 회사의 경쟁 요소로 작용하던 것이 바로 가장 큰 위험 요소로 바뀔 수가 있다. 예를 들면, 특허가 만료된다든가, 독점에 대한 정부 정책이 변하는 경우다. 또한 회사의 모회사나 자회사에서 오는 영향을 받을 수도 있다. 시장에 일어나는 변화, 고객에 일어나는 변화, 경쟁 회사에 일어나는 변화, 제품의 기술에 일어나는 변화 등 수없이 많은 변화가 있다. 그리고 대주주가 바뀌면서 회사에 큰 변화가 올 수도 있다.

가장 일반적으로 환율이나 유가, 금리와 같은 주요 가격 변수의 급한 변동이 영업에 주는 위험도 있다. 이런 가격 변수의 변화를 미리 예상한다는 것은 정말 어렵다. 그러므로 이것의 변화를 예상하기보다는 이런 변수들에 변화가 생기면 이를 회사가 흡수할 수 있는지 어떤지에 초점을 맞추는 것이 올바른 일이다.

투자자 또는 경영자가 회사의 장래를 생각할 때 가장 큰 위험 요소는 미처 생각하지 못한 곳에서 중요한 변화가 생기는 것이다. 보이는 범위에서 변화가 일어나는 것은 어느 정도 대응이 가능하다. 그러나 보이지 않는 곳에서 일어나는 변화는 준비가 되어 있지 않으므로 대응하기가 어렵다. 경쟁 회사와의 싸움은 별로 어렵지 않다. 어려운 것은 전혀 생각지도 않은 곳에서 경쟁 회사가 나오는 것이다. 전혀 생각지도 않던 분야에 일어난 기술 변화가 회사의 제품을 낡은 것으로 만들어버리는 것이다. 이런 측면에서 투자자는 가능한 영업 환경의 변화가 느린 분야의 회사를 선택하는 것이 좋다. 변화가 빠른 분야의 회사를 선택하려면 겉으로는 변화가 많아 보이지만 그런 변화 뒤의 기본적인 흐름을 이해하고 있어야 한다.

사실 보이지 않는 곳에서 일어나는 변화에 대응하는 것은 결코 쉬운 일이 아니다. 그렇다고 어떤 변화가 일어나기까지 눈과 귀를 세우고 보초병처럼 그냥 가만히 있을 수도 없다. 결국 어떤 회사가 세계적인 회사가 되고 장기로 성장하는 회사가 되려면 일어나는 변화에 대응하는 것이 아니라 스스로가 그런 변화를 만들어내야 한다. 만약 투자자가 이런 회사를 찾아낸다면 이것은 투자자에게 큰 행운을 가져다줄 것이다. 물론 한때 변화를 주도했으나 결국은 사라진 회사들도 많다. 기업의 일생도 생물의 세계와 비슷해서 영원히 살 수 있는 불로초는 없을 것이다.

Value Investing

5 기업의 가치 평가

투자자들이 주가에 던질 수 있는 질문에는 두 가지 유형이 있다. 하나는 주가가 앞으로 올라갈지 떨어질지 물어보는 것이고, 다른 하나는 지금의 주가가 싼지 비싼지 물어보는 것이다. 대부분의 투자자들은 앞의 방법으로 주식시장을 쳐다본다. 아주 소수의 투자자들만이 뒤의 방법으로 주식시장을 쳐다보고 뒤의 방법으로 투자결정을 내린다. 가치투자란 바로 뒤의 방법으로 투자하는 것인데, 이를 위해서는 지금의 주가가 싼지 비싼지를 알려주는 그 주식(기업)의 본질 가치를 찾아내야 한다. 그런데 아름답게도 본질 가치는 고정된 목표물이 아니고 항상 살아서 움직이는 목표물이며, 보는 사람의 시각에 따라서 그 모양이 달라진다.

5장을 시작하기 전에

지금까지 우리는 좋은 회사를 찾는 방법들에 대해 알아보았다. 하나는 회사의 모습을 숫자로 담아내는 영업보고서를 통해서 찾아내는 것이고, 다른 하나는 숫자로는 잘 나타나지 않는 회사의 질적인 측면, 즉 경쟁력을 살펴보는 것이다. 이렇게 해서 회사의 모습이 머릿속에 그려지면 이제는 그런 경제적인 특성을 지닌 회사의 가치를 찾아내고 그 가치를 지금의 시장 가격과 비교하여 그 회사를 지금의 가격에 살 것인지 또는 팔 것인지를 결정해야 한다. 이제부터 그것을 향해 나아가기로 한다.

VALUE INVESTING

가치 평가란?

주식투자와 관련된 글을 읽다 보면 밸류에이션[valuation]이란 말을 자주 보게 된다. 그렇지만 이 말의 의미가 얼른 와 닿지는 않는다. 밸류에이션이란 말이 나오면 많은 경우 그 앞뒤에는 부[wealth], 가치[value], 가격[price], 질[quality], 심리[psychology], 배수[multiple], 현금흐름할인[discounted cash flow] 등의 단어들이 따라 다닌다. 밸류에이션이라는 말을 사전식으로 설명하면 어떤 자산이 갖고 있는 부의 가치에 값을 매기는 절차나 이런 절차를 거쳐서 나온 가치의 크기다[The process of determining the current worth of an asset or company]. 설명이 더 어려워진 느낌이 들지만 쉽게 말하면 누군가가 어떤 회사를 사려고 할 때는 당연히 그 회사의 값어치가 얼마나 되는지 알아보고 그 값어치보다 더 낮은 가격으로 사고 싶어한다. 그 회사의 값어치가 얼마쯤인지 알아내려면 이것저것 조사하고 분석도 해야 한다. 회사의 값어치를 찾아내는 절차나 과정을 거쳐서 적당한 값을 매기는 것을 밸류에이션이라고 한다. 우리 말로는 가치평가가 적당하다.

가격이 붙어 있는 모든 물건은 그 값이 적당하거나 비싸거나 아니면 싸다. 그럼 무엇으로 그 값이 비싼지 싼지 결정할 것인가? 우리가 이 책의 3장과 4장에서 이야기한 여러 가지 기준으로 좋은 회사를 찾아내고

[그림 5-1] 밸류에이션의 구조

나면 그 다음에는 지금 시장에서 거래되고 있는 그 회사의 가격이 적정한지를 판단해야 한다.

예를 들어, 어떤 회사의 주식이 지금 시장에서 1만 원에 팔리고 있다고 하자. 그러면 투자자는 이 주식을 이 가격에 살지 말지를 결정해야 한다. 이때 판단하는 방법에는 다음과 같이 여러 가지가 있다.

- 가장 쉽게는 이 회사의 주가 움직임을 보니 과거에 최고 2만 원이었는데 지금 1만 원이니 싸다고 말할 수 있다.
- 최근의 주가 모양을 보니 앞으로 주가가 올라갈 것처럼 보여서 주식을 살 수도 있다. 과거에도 이런 모양을 보이고 나면 주가가 올라간 적이 자주 있었기 때문이다.
- 신문이나 대부분의 사람들이 그 주식이 올라간다고 말해서 남보다

먼저 서둘러서 그 주식을 살 수도 있다.

그러나 이런 것은 가치평가라고 말하지 않는다. 가치평가란 주식 가격을 그 회사의 가치를 대변할 수 있는 무엇과 비교하는 것이다. 예를 들어, 주가 1만 원을 그 회사의 순이익 1,000원과 비교할 수 있다. 과거에는 이 회사의 주가가 이익의 15배였는데 지금은 10배여서 지금의 주가는 싸다고 판단할 수 있다. 그러나 이것도 애매하기는 마찬가지다. 왜 주가가 이익의 20배 또는 5배가 아니고 10배가 적당한가라는 의문에 확실한 대답을 하지 못하기는 마찬가지이기 때문이다. 우리는 앞으로 이 장에서 이런 의문들을 하나씩 풀어나갈 것이다.

주가를 회사의 가치와 비교하려면 먼저 회사의 가치를 대변하는 무엇인가를 찾아내야 한다. 그것은 회사의 순이익일 수도 있고, 매출액, 순자산, 배당, 현금흐름 등 숫자로 나타낼 수 있는 것일 수도 있으며, 때로는 경영자의 질, 회사의 경쟁력, 회사의 연구개발 능력 등 숫자로 잘 나타내기 어려운 것일 수도 있다. 우리는 이미 3장에서 숫자를 통해 회사 가치에 접근하는 방법을 살펴보았고, 4장에서는 질적인 측면을 통해서 회사 가치에 접근하는 방법을 살펴보았다.

숫자나 질을 통해 회사의 가치를 가장 잘 대변하는 무엇을 찾아냈다고 해서 바로 회사 가치를 1만 원 또는 2만 원처럼 가격으로 나타낼 수 있는 것은 아니다. 순이익이 회사의 가치를 가장 잘 드러낸다고 할 경우 이 순이익을 이용해서 회사의 가치를 가격으로 바꾸기 위해서는 일정한 절차를 거쳐야 한다. 바로 이런 절차를 거쳐 회사의 적정한 가치 또는 가격(이때는 가격이 바로 가치가 된다)을 찾아내는 것을 밸류에이션이라고 한다.

순이익을 통해서 회사의 적정한 가격을 찾아낸다고 하자. 이때 사용하는 것이 바로 주가이익배수PER, Price to Earnings Ratio다. 즉 주가를 회사의 순이익과 비교하는 것이다(주가를 순이익으로 나눈 것. 이 배수의 높낮이를 보고 주가가 높은지 낮은지 판단한다). 당연히 주가는 순이익 이외의 다른 것과도 비교할 수 있다. 회사의 가치를 직·간접으로 드러낼 수 있는 것은 무엇이나 가능하다.

예를 들면, 주가를 매출액과 비교할 수도 있고, 배당, 순자산, 연구개발비, 현금흐름 등 무엇이든 가능하다. 만약 그 회사가 자동차 회사라면 1년 동안 만들어내는 자동차 대수와 주가를 비교할 수도 있다. 인터넷으로 장사를 하는 회사는 그 회사의 인터넷 주소에 접속하는 접속 건수 또는 방문객 수와 주가를 비교하기도 한다.

과거 인터넷 거품 시기에 주가가 너무 올라서 과거부터 가장 많이 사용해오던 주가이익배수가 100, 200까지 올라가기도 했다. 이익을 내지 못하고 적자를 내는 회사마저도 주가가 계속 올라가자 올라가는 주가를 합리화하기 위해서 매출액을 주가와 비교하기도 하고, 인터넷 방문 고객 숫자와 주가를 비교하기도 했다. 이처럼 주가를 회사의 가치를 대표하는 어떤 것과 비교하여 배수를 찾아내고 이 배수의 크기를 보고 주가가 싼지 비싼지를 판단하는 것을 배수multiple 방법이라고 부른다.

이것보다는 약간 더 복잡한 그러나 이론적으로는 더 타당한 다른 방법도 있다. 실제로 우리가 채권 가격을 계산하거나 어떤 상가에 있는 가게를 살 경우에 적용하는 방법이다. 예를 들어 어떤 가게를 사려고 하는데,

매년 1억 원의 순이익을 내는 가게를 그 주인이 사정이 생겨 20억 원에 팔려고 내놓았다고 하자. 이 가격이 적당한지 생각해보자. 즉 가치평가를 해보아야 한다. 20억 원을 들여서 매년 1억 원의 순이익을 낸다면 투자 수익률은 5%(=1÷20)이다. 만약 지금 이 돈으로 국채를 사면 5% 정도의 수익을 낼 수 있다. 그러므로 5% 정도의 수익이라면 국채를 사지 굳이 힘들게 가게를 운영할 이유가 없다. 즉 20억 원은 비싸다고 판단할 수 있다. 만약 이런 절차를 거치지 않고, 그 옆 가게가 20억 원에 팔렸으니 이 가게도 그 가격이 적당하다고 생각하면 이것은 합리적인 결정이 아니다.

주식의 경우도 마찬가지다. 그 회사가 앞으로 매년 만들어낼 순이익의 크기를 보고 그 회사에 알맞은 값어치를 매길 수 있다. 보통 이 값어치를 본질 가치[intrinsic value], 내재 가치 또는 적정 가치 등으로 부른다. 그래서 이 본질 가치를 기준으로 시장에서 거래되는 시장 가격이 높으면 시장 가격이 비싸다고 보고 주식을 팔며, 반대로 시장 가격이 본질 가치보다 낮으면 시장 가격이 싸다고 보고 주식을 산다. 이것을 교과서에서는 미래수익을 현재 가격으로 만든다고 하고, 줄여서 미래수익할인[discounted cash flow] 방법이라고 한다. 즉 앞으로 계속해서 회사가 만들어낼 수익을 보고 그 회사의 현재 가치를 판단하는 것이다.

즉 가치평가란 회사의 가치를 드러내는 측정 단위를 무엇으로 볼 것인지, 그런 측정 단위를 찾았다면 앞으로 그 값이 얼마나 그리고 어떻게 나올 것인지를 예상하는 한편 그 예상값을 기초로 지금 회사에 얼마의 가격을 매길 것인지 고민하는 과정이자 그 결과로 나온 값이다. 대부분의 경우 이 측정 단위는 배당금, 순이익, 현금흐름, 매출액, 장부 가격 등 영업보고서에서 찾을 수 있는 숫자들이다.

이 두 방법은 어느 것이나 회사의 값어치를 숫자로 나타내야 한다. 그래야 그것을 시장 가격과 비교할 수 있다. 그런데 회사의 값어치를 숫자로 나타내는 데는 여러 가지 한계가 있다. 기본적으로 회사의 값어치는 숫자로 바꾸기 어렵다. 여기서 무슨 공식 같은 것을 기대하는 사람은 실망할 것이다. 그리고 이 절차를 공식으로 알고 있는 사람이 있다면 잘못된 것이다. 우선 여기서 말하는 숫자는 모두 과거의 숫자가 아니라 앞으로 회사에 일어날 미래의 일을 숫자로 드러내는 것이어서 판단하는 사람의 주관적인 예측에서 벗어날 수가 없다. 그래서 가치평가에는 회사가 갖고 있는 값어치 중에서 숫자로 드러내기 어려운 질quality을 고려해야 하며, 또 회사의 미래를 내다보는 사람의 주관에서 오는 판단의 기울기나 실수도 고려해야 한다.

회사의 장래를 결정하는 데 큰 영향을 주는 것은 사람이다. 특히 경영자가 어떤 사람인지가 중요하다. 그런데 경영자를 잘 판단하기도 어렵지만 판단하더라도 이것을 숫자로 드러내기는 아주 어렵다. 여기서 더 나아가면 경영자의 질보다 더 중요한 것이 그 회사가 갖고 있는 기업 문화다. 이것 역시 그 값어치를 숫자로 드러내기가 거의 불가능하다.

이외에도 회사에서 중요하지만 그 값어치를 숫자로 드러내기 어려운 것들이 많다. 이런 것들을 모두 합해서 기업의 질이라고 부를 수 있다. 그래서 가치평가를 할 때는 기업의 질이 높은 회사는 질이 낮은 회사보다 배수를 적용할 때 더 높은 배수를 주어야 한다. 예를 들어, 두 회사 모두 지금의 주가가 이익의 10배로 시장 배수가 비슷해도 기업의 질이 높은 회사는 그렇지 않은 회사보다 적정 배수를 더 높여야 한다. 예를 들면, 이런 회사는 주가가 이익의 15배가 되어도 다른 회사에 비해서 여전히 싸다고 볼 수 있다. 왜냐하면 이 회사가 갖고 있는 중요한 가치(기업의 질)가 모두 이익의 숫자로 드러나지 않았기 때문이다.

가치평가를 할 때 조심해야 할 또 다른 한 가지는 미래를 바라보는 투자자의 주관과 심리에서 오는 실수다. 예를 들어, 인터넷 거품 시기에는 모두가 미래를 밝게 보아서 주가이익배수가 너무 높아지는 바람에 이것을 더 이상 가치평가의 도구로 사용할 수 없었다. 지금 한국 주식시장의 주가이익배수는 계산 방법에 따라서 조금 다르나 10(2014년 9월 시가총액 상위 104 기준)을 조금 넘는다. 이 배수만을 보면 전체적으로 한국의 지금 주가 수준이 적절한 수준이라고 생각된다. 과거에는 이 배수가 평균 15 정도였다. 뒤에서 자세히 보겠지만 이 배수를 다른 금융 자산인 국채나 채권과 비교해보아도 역시 적절한 수준이다. 이처럼 지금의 주가이익배수가 과거보다 조금 낮은 것은 일반적으로 투자자들이 과거에 비해 한국 기업의 미래를 밝게 보지 않기 때문이다. 이처럼 시장의 주가는 투자자들이 미래를 보는 주관적인 판단이나 집단 심리에 큰 영향을 받는다.

우리는 집단적인 의사 결정이 잘못된 경우를 많이 본다. 대표적인 예가 투표다. 후보자의 한마디 말실수가 지지율을 오르내리게 한다. 이런 투표자의 집단 심리와 대비되는 것으로 몸무게를 재는 체중계가 있다. 심리의 변동이 있다고 체중계의 저울이 움직이지는 않는다. 그래서 주식시장은 체중계가 아니라 투표 기계에 비유된다. 그러나 주식투자에서 좋은 성과를 내려면 시장이 기업의 가치를 투표 기계로 측정하고 있을 때 나는 그것을 체중계로 재고 있어야 한다.

이런 의미에서 보면 적절한 주가 판단을 방해하는 가장 큰 힘은 시장의 집단 심리다. 시장의 집단 심리는 가끔, 때로는 오랫동안 주가를 지나치게 올리거나 지나치게 떨어뜨린다. 이런 집단 심리의 열기에서 잠시 벗어나 냉정하게 시장을 둘러볼 때 사용할 수 있는 유일한 수단이 가치평가다. 짧게 보면 시장의 집단 심리가 시장의 흐름을 지배하지만 길게 보면 주가는 기업의 가치를 벗어날 수가 없다. 그러나 다시 강조하지만 이 기업 가치는 객관적인 것이 아니다. 그것은 주관성과 불확실성을 안고 살아갈 수밖에 없다.

과연 기업 가치가 객관적으로 측정 가능한지 아니면 판단하는 사람의 주관에서 결코 벗어날 수 없는지를 고민하는 사람들이 있다. 이런 고민이 나오는 배경을 이해하는 것이 중요한데, 여기에는 두 가지가 있다. 하나는 이미 이 책의 맨 앞에서 밝혔듯이 기업의 가치는 스스로를 드러낼 수 있는 수단을 갖고 있지 못하다. 기업의 가치뿐만 아니라 모든 가치가 그렇다. 가치는 자신의 모습을 드러내려면 다른 무엇의 도움을 받아야 한다. 가치가 자신을 드러내는 가장 일반적인 방식이 바로 가격이라는 화폐단위다. 아주 오래 전에는 가치를 담아내는 수단이 소금이기도 했고, 지금도 감옥에서는 담배가 사용된다. 가치를 가격으로 드러내는 바로 그 순간, 기업의 가치는 객관에서 주관으로 변하고 만다. 이것은 가치-가격의 관계에서 피할 수 없는 운명이다.

다른 하나는 가치가 결코 홀로 독립해서 존재하지 않는다는 것이다. 다른 무엇과의 관계 속에서만 존재한다. 그래서 관계를 맺고 있는 다른 무엇이 변하면 가치도 바뀐다. 물론 어떤 가치는 잘 변하지 않고 또 어떤 가치는 잘 변한다. (이제 과연 기업의 가치가 객관인지 주관인지 고민하지 말기 바란다. 둘 중의 어느 하나는 선택해야 정답을 맞히는 것은 아니다. 시험과 달라서 현실에는 정답이 없는 문제가 많다. 같은 문제에 정답이 두 개인 것도 있다. 그래서 언제나 정답이 하나만 있어야 하는 시험에서 성적이 좋은 사람이 반드시 인생을 잘 사는 것은 아니다.)

VALUE INVESTING

주가이익배수 방법

싸움터에 나가는 사람은 자기 손에 알맞은 도구가 있어야 한다

투자를 무엇으로 보느냐에 따라 투자 원칙과 투자 방법이 달라지고 투자 성과에도 차이가 난다. 짧게 보면 투자 성과는 투자 원칙과 관련 없는 것처럼 보이지만 길게 보면 투자 원칙 없이 투자에 성공하는 경우는 거의 없다. 만약 투자를 100원의 가치가 있는 회사를 50원을 주고 사는 것이라고 정의한다면 남은 문제는 회사의 가치가 얼마인지 알아내는 일이다.

회사의 가치란 따지고 보면 결국 앞으로 회사가 벌어들일 돈의 크기와 질에 달려 있다. 회사가 앞으로 돈을 많이 벌 가능성이 높을수록 회사의 가치는 올라간다. 그리고 확실해 보이면 보일수록 회사의 가치는 커진다. 비록 회사가 무슨 보물지도를 발견해서 횡재를 할 것처럼 말하더라도 그것을 믿기 어렵다면, 즉 확실하지 않다면 여기에 높은 값을 매길 수는 없다. 이처럼 회사의 가치를 찾아낸다는 것은 예상하는 이익의 크기와 예상 이익의 실현 가능 정도를 보고 그것에다 지금 얼마를 매길 것인지를 결정하는 것이다.

그런데 불행하게도 우리는 회사가 앞으로 얼마나 많은 돈을 벌 것인지 잘 알 수가 없다. 예를 들어, 지금처럼만 장사를 한다면 앞으로 떼돈을 벌 것처럼 보여도 경쟁자가 새로 생긴다든가, 수요자의 기호가 바뀐다든가, 새로운 기술이 나온다든가 등 예상하지 않은 일이 일어나서 갑자기 이익이 크게 줄기도 하고, 심하면 적자를 낼 수도 있다. 이처럼 미래란 언제나 불확실하며 그 누구도 미래에 무슨 일이 일어날지 제대로 맞히지 못한다. 그 회사의 사장도 마찬가지다. 더욱이 지금은 옛날보다 변화가 훨씬 더 심하며, 앞으로는 지금보다 변화가 더 심할 것이다.

그렇다고 투자를 할 때 회사가 앞으로 어떻게 변할지 생각하지 않고 투자를 하면 어제 1만 원에 거래되던 회사를 비싸다고 사지 않았던 사람이 마치 기억상실증에 걸린 환자처럼 오늘 2만 원인 주가를 옆에 있는 사람이 사는 것을 보고 따라서 사는 일이 벌어질 수도 있다. 이렇게 되면 주식투자는 바보들의 놀이가 된다. 오늘 내가 2만 원 주고 산 주식을 나보다 더 바보가 있어서 내일 3만 원에 사주기를 바라는 꼴이 된다. 이런 바보들의 놀이에서 벗어나려면 비록 수학 공식처럼 누구나 인정하는 객관적인 것은 아니지만 지금 시장의 주가가 높아 보이는지 낮아 보이는지 아니면 적당해 보이는지를 짐작하게 해주는 판단 지표가 필요하다.

앞에서 본 것처럼 이 판단 지표는 어쩔 수 없이 그 회사가 앞으로 만들어낼 것으로 예상되는 미래의 이익과 관련될 수밖에 없다. 이 미래의 이익을 지금의 주가와 비교하여 지금의 주가가 싼지 비싼지 판단하는 지표를 만드는 방법에는 크게 두 가지가 있다. 이 중의 하나는 우리가 미래수익할인 방법이라고 부르는 것이며, 다른 하나는 주가이익배수 방법이라고 부르는 것이다.

이 중에서 미래수익할인 방법이란 위에서 말한 것처럼 회사가 앞으로 매년 만들어낼 것으로 예상되는 이익에 지금 얼마의 값을 매길 것인지를 정하는 것이다. 이 방법은 이론적으로는 허점을 찾기가 어렵다. 그러나 실제로 사용하기는 어렵다. 이 방법을 사용하려면 회사의 5년 뒤는 물론 10년 뒤 그리고 아주 오랜 후까지 회사가 얼마의 이익을 낼 것인지를 예측 또는 가정해야 한다. 그리고 이 방법을 사용하면 실제로는 예측이 거의 불가능해 우리가 그냥 가정해버리는 먼 훗날의 회사 이익이 회사 가치의 대부분을 차지하게 된다. 그래서 이 방법은 이론으로는 타당하나 예측하기 어려운 먼 미래를 정확히 예측해야 하므로 실제로는 틀릴 가능성이 높다. 그래서 실무에서 사용할 때는 변화를 준다.

이에 비해서 주가이익배수 방법은 비록 이론적으로는 여러 가지 문제를 안고 있지만 실제로 적용하기가 쉬워서 많은 비판에도 불구하고 주식투자자들이 오래 전부터 가장 많이 사용하고 있다. 대부분의 경우가 그러하지만 어떤 지표란 실제로는 복잡한 것을 쉽게 알아보도록 간단하게 만든 것이므로 당연히 한계를 갖고 있다. 초보자와 고수의 차이는 사용하는 무기의 한계를 아느냐 모르느냐이다.

주가이익배수의 의미

주가이익배수란 주가를 회사가 만들어낸 이익과 비교하는 것인데, 분자에 주가가 오고 분모에 회사가 만들어내는 특정한 해의 이익이 들어온다. 일반적으로 주가는 지금 시장의 주가를 사용하고, 이익은 가장 가까운 해의 이익을 사용한다. 즉 주가와 이익을 서로 비교하여 주가가 회사가 만들어낸 특정한 해의 이익의 몇 배 수준에서 거래되고 있는가를 보고서 지금의 주가가 싼지 비싼지를 판단하는 것이다.

지금 어떤 회사의 주가가 1만 원이고 그 회사의 최근 연도 1주당 순이익이 1,000원이면 이 회사의 주가는 이익의 10배에 팔리고 있다. 즉 이 배수가 10이라는 말은 회사 이익 1원을 시장에서는 10배인 10원의 값어치가 있다고 보는 것이다. 그러므로 이 배수가 높다는 것은 시장이 이 회사 이익 1원이 갖는 값어치를 높게 매기고 있다는 것이며, 반대로 낮다면 시장이 그 값어치를 낮게 평가한다는 의미다.

〈주가이익배수의 의미 ①〉

주가이익배수 = 주가÷순이익 = 1만 원÷1,000원
= 10 ……… 1원의 이익에 10원의 값을 매김

주가이익배수는 또 다른 측면에서 바라볼 수 있다. 주가를 투자 금액이라고 보고 기업 이익을 투자 대가로 돌아오는 수익이라고 볼 수 있다. 그래서 이 배수가 10이라면 투자한 원본을 수익으로 모두 회수하는 데 10년이 걸린다는 의미도 된다. 즉 이 회사 주가를 1만 원에 사면 이 회사가 매년 1,000원의 이익을 만들어낼 경우 투자 원금인 1만 원을 회수하기까지 10년이 걸린다. 그러므로 사람들은 누구나 회수 기간이 짧은 곳에 투자하고 싶어할 것이다. 즉 주가이익배수가 낮은 회사의 주식을 사고 싶어한다.

〈주가이익배수의 의미 ②〉

주가이익배수 = 주가÷순이익 = 투자 금액÷회수 금액 = 1만 원÷1,000원
= 10 ……… 투자 금액 1만 원을 회수하는 데 걸리는 기간 = 10년

주가이익배수는 다음처럼 활용할 수도 있다. 위에서 본 것처럼 주가를

투자 금액, 이익을 투자 수익이라고 보고, 주가이익배수의 분자 분모를 거꾸로 하면 투자 수익률이 되는데, 이것을 주식투자 수익률이라고 부를 수 있다. 즉 주가이익배수가 10일 경우, 이것을 거꾸로 하면 10분의 1이 되어 주식투자 수익률이 10%가 된다. 주가이익배수가 20이면 20분의 1이 되어 주식투자 수익률은 5%가 된다. 만약 어떤 회사가 발행한 회사채의 수익률이 7%인데 이 회사의 주가이익배수가 10배라면, 즉 주식투자 수익률이 10%라면, 투자자는 이 두 수익률을 비교하여 그 회사의 회사채를 살 것인지 아니면 주식을 살 것인지 판단할 수 있다.

〈주가이익배수의 의미 ③〉

1÷주가이익배수 = 순이익÷주가 = 투자 수익÷투자 금액 = 투자 수익률
1,000원÷1만 원 = 10% ……… 주가이익배수의 역수는 투자 수익률

일반적으로 경기가 좋아지면서 회사의 이익이 많이 늘어날 것으로 예상되면 투자자들이 주식으로 몰려들어 주식 가격이 올라가므로 주식의 투자 수익률이 낮아지고, 반대로 성장 속도가 낮거나 회사의 앞날이 잘 보이지 않을 때는 사람들이 주식을 떠나서 미래 수익이 이미 확정된 회사채, 특히 국채로 몰려들므로 회사채의 가격이 올라서 회사채의 투자 수익률이 낮아진다. 지금 한국의 주식시장(2014년 9월 시가총액 상위 104 기준)은 주식보다는 회사채의 투자수익률이 더 낮다. 즉 가격으로 보면 채권이 주식보다 더 높다는 뜻이다.

지금 한국 주식시장의 주가이익배수는 계산에 따라 조금 다르겠지만 10 근처다. 이것을 (예상) 투자수익률로 바꾸면 10% 정도가 된다.

지금 회사채의 수익률은 5% 전후이므로 단순히 이 숫자만을 비교하면

투자자들은 주식의 10% 수익률보다 회사채의 5% 수익률에 더 몰리는 상태다. 그러나 옛날에도 주식의 투자 수익률이 채권보다 더 높았던 것은 아니다. 과거 1970~80년대에는 오히려 회사채의 수익률이 주식의 수익률보다 2배나 더 높았다. 과거에는 투자자들이 채권보다는 주식에 더 몰려들어서 주식의 가격이 높았다는 의미다. 이것을 지금과 비교해보면 지금은 투자자들이 앞으로 한국의 회사가 이익을 잘 내지 못할 것으로 보고 있다는 증거다. 투자자들의 이런 전망 또는 심리가 앞으로 언제쯤 무엇을 계기로 바뀔 것인지를 알아낼 수만 있다면 큰돈을 벌 수도 있다.

위에서 본 것처럼 주가이익배수와 금리 사이에는 일정한 법칙이 존재한다. 일반적으로 금리가 내려가면 돈이 채권에서 빠져나와 주식으로 몰리게 된다. 금리가 떨어지므로 채권에 투자하면 과거보다 수익률이 낮아지는 반면에 기업은 금리가 떨어지면 이익이 늘어난다. 그러므로 금리가 내려가면 기업 이익이 늘어나기 전에 주가가 먼저 올라서 주가이익배수는 올라간다. 반대로 금리가 올라가면 기업 이익이 낮아지기 전에 주가가 먼저 떨어져서 주가이익배수는 떨어진다.

그러나 이런 법칙을 아무 상황에나 무조건 적용하면 안 된다. 우선 여기서 금리는 단기 금리보다는 중장기 금리를 사용하는 것이 좋다. 단기 금리는 정책 효과가 너무 많이 들어가며 또한 주가에 반영되는 미래는 단기보다는 중장기이기 때문이다. 또 한 가지 고려해야 할 것은 금리가 움직이고 있는 중에는 위의 도식을 그대로 적용하기 어렵다. 예를 들어, 금리가 떨어지고 있는 중에는 채권 가격이 계속 올라가므로 오히려 돈이 채권시장으로 몰릴 수도 있다.

주가이익배수를 거꾸로 하여 나오는 수익률을 바로 채권 수익률과 비교해서 주식의 투자 수익률이 채권 수익률보다 더 높다고 지금의 주가가 낮다고 결론을 내리는 것은 너무 성급하다. 예를 들어, 지금 한국시장 주가이익배수는 10 정도인데, 이것을 수익률로 바꾸면 10%가 된다. 이것은 분명 중기 채권 수익률보다 높다. 그렇다고 지금 한국 시장에서 주식이 채권에 비해 낮게 평가받고 있다고 결론을 내리는 것은 성급하다.

보다 더 중요한 것은 주식에는 채권에 없는 이익의 성장 가능성이라는 것이 있는데도 불구하고 왜 주식투자 수익률이 채권보다 높은 상태에 있는지를 더 깊이 따져보아야 한다. 즉 왜 시장=집단으로서 투자자들이 주식투자를 위험하다고 생각하고 있는지, 과연 한국 기업의 미래가 그렇게 불안한지, 무엇을 계기로 시장이 한국 기업의 미래를 밝게 볼 것인지 찾아내는 작업이 더 중요하다. 이런 작업은 하지 않고 위의 도식을 그대로 적용해서 지금의 한국 주가가 채권에 비해서 싸다고만 말하는 것은 정신적인 게으름이다.

주가이익배수와 시장 심리

어떤 회사의 적정한 주가 수준을 찾아낸다는 것은 그 회사의 적정한 이익배수를 정한다는 말과 의미가 통한다. 적정한 이익배수를 정할 때 언제나 만나는 의문은 왜 지금 1만 원인 이 회사의 주식이 여기에 동그라미가 하나 더 붙은 10만 원이면 안 되는가 또는 2개 더 붙은 100만 원, 3개 더 붙은 1000만 원이면 안 되는가 하는 것이다. 다른 말로 하면 지금 10인 이익배수가 왜 100이나 1000이면 안 되는가 하는 의문이다. 거기에 대해서는 경쟁 회사들의 수준이 10 근처라든가 과거 이 회사의 이익배수 수준이 10 근처였다는 대답이 나올 수 있다.

그러나 다시 왜 경쟁 회사나 과거 이 회사의 이익배수가 10 근처였는가 하는 의문이 들 수 있다. 만약 어떤 회사의 주가를 그 회사의 가치와 비교하지 않는다면 화투놀이를 할 때처럼 1점에 100원으로 할 수도 있고 100만 원으로 할 수도 있다. 즉 주식 가격이 10만 원 근처에서 움직이는 것이 아니라 100만 원이나 1,000만 원 근처에서 움직일 수도 있다.

그러나 주식은 화투놀이처럼 아무렇게나 가격 수준을 정할 수 있는 것이 아니다. 화투는 1점에 얼마라고 놀이를 하는 사람들이 약속하고 나면 그 값이 고정되지만 주식은 1점의 가격, 즉 기업 이익 1원의 가격이 게임을 하는 중에 계속 변한다. 예를 들어 기업 이익 1원의 질이 좋아 보이면 1원의 가격, 즉 이익배수는 올라간다. 또 기업 이익 1원을 만들어내는 기업의 실력이 탄탄해 보여도 이익배수는 올라간다. 그리고 지금 만들어낸 1원이 다시 투자되어서 앞으로 더 많은 이익을 더 빠른 속도로 만들어낼 것으로 생각되어도 이익배수는 올라간다. 이처럼 이익배수는 게임을 하는 사람들의 주관적인 판단에 따라 언제나 아래위로 움직인다.

때로는 주관적인 판단이 집단 심리로 변해서 시장 전체의 배수가 크게 위로 올라가거나 밑으로 내려가기도 한다. 즉 시장 전체가 한 나라의 미래 경제를 아주 밝게 보면 시장 전체의 이익배수는 크게 올라갈 수 있다. 마치 1990년대 후반 인터넷 회사들의 주가가 기업 이익의 몇백 배 수준까지 올라간 경우처럼 말이다. 때로는 기업이 당장 이익을 만들어내지 못해도 앞으로 이익을 만들어낼 것이라는 전망만으로도 주가는 크게 올라간다. 반대로 한국의 외환위기 때처럼 투자자들이 집단으로 한국의 장래를 어둡게 보면 기업 이익에 아주 낮은 배수만을 준다. 즉 이익배수는 시장에서 수시로 변하는 투자자들의 심리를 반영하면서 움직인다.

이런 심리를 반영한 움직임도 길게 보면 주가와 이익 사이에는 일정한 배수가 만들어진다. 그리고 이 주가이익배수는 채권의 수익률과도 일정한 관계를 유지하면서 움직인다. 채권 수익률은 채권 투자에서 나올 이자와 원금의 실질 가치에 크게 좌우된다. 마찬가지로 주식도 투자에서 나올 일정한 수익을 기대하고 투자하는 것이다. 그리고 이 주식투자 수익률은 언제나 다른 투자 대상에서 나올 수익률과 비교되면서 움직일 수밖에 없다. 결국 모든 투자의 투자 수익률은 기본적으로 한 나라의 경제성장 속도를 크게 벗어날 수가 없다. 이런 경제성장이 없다면 도대체 어디에서 그 투자의 수익이 나오겠는가? 남의 것을 훔쳐오지 않는다면 말이다.

그래서 비록 주가이익배수가 투자자들의 집단 심리를 반영하여 움직이기는 하지만 지나치게 올라가거나 지나치게 내려오면 마치 지구의 중력이나 용수철처럼 적정한 수준으로 되돌아오려는 반대의 힘을 그 안에 갖고 있다. 그래서 경험이 많은 투자자들은 지나침을 찾아내는 것을 아주 중요하게 생각한다. 그리고 지나침을 찾아내는 것은 결코 어렵지 않다고 말한다. 단지 인간의 욕심이나 두려움이 이것을 방해하고 있을 뿐이다. 그래서 투자의 거인들은 편안한 마음과 경험을 바탕으로 지나침을 발견하면 비록 그 시기는 정확히 알지 못하지만 그때부터는 서서히 시장의 다수와는 반대로 움직이기 시작한다.

주가이익배수의 한계

앞에서 본 것처럼 모든 도구는 편리함과 동시에 그 안에 한계도 같이 지니고 있다. 한계를 아는 것은 아주 중요하다. 도구가 갖는 한계를 알면 그 도구를 사용하는 다른 사람보다 더 현명하게 사용할 수 있다. 가장 바보 같은 일은 한계가 있다고 도구를 버리는 것이다. 투자 도구가 갖는 한계의 의미를 알고서 그것을 잘 이용하는 곳에 바로 투자의 묘미가 있다. 모든 성공은 바로 한계 근처에서 만들어진다. 주가이익배수가 갖는 한계는 크게 보아 두 가지다.

첫 번째 한계는 기업의 이익에 관련된 것이다. 먼저 주가이익배수란 주가를 회사의 이익과 비교하는 것인데 과연 여기서 사용하는 이익이 기업의 가치를 대표할 수 있느냐 하는 점이다. 회사가 1년 동안 장사를 하고 나면 그 결과 올해는 돈을 얼마나 벌었는지 알아보기 위해 손익계산서를 만든다. 손익계산서는 매출액부터 시작해서 각종 비용을 빼고 정부에 세금까지 내고 맨 나중에 순이익이 얼마라고 알려준다. 매출액부터 순이익에 이르기까지는 몇 단계의 계단을 더 내려가야 한다.

손익계산서를 만들 때는 이런저런 방법을 사용해야 한다는 일반적인 기준이 마련되어 있기는 하지만 여전히 회사는 마음 먹기에 따라 특정한 해의 순이익을 늘릴 수도, 줄일 수도 있다. 즉 주가를 회사의 순이익과 비교할 때 순이익이 바로 회사의 가치를 반영한다고 보기 어렵다. 그래서 순이익이 진정 회사의 가치를 얼마나 잘 반영하는지 살펴보아야 한다. 이것을 순이익의 질Quality of Earnings이라고 부른다. 이익이 회사의 가치를 잘 반영하고 있으면 이익의 질이 높다고 말하고 반대면 낮다고 부른다. 이익의 질이 높은 회사는 1원의 이익에 높은 주가를 주어도 좋지만 이익의 질이 낮은 회사는 같은 1원의 이익이라도 낮은 주가를 주어야 한다. 우리는 이미 이 책의 3장에서 회사 이익의 질을 알아보는 방법을 이야기했다. 이익의 질이 갖는 의미가 이렇게 가치평가 단계에서 드러나는 것이다.

순이익과 관련된 두 번째 문제는 주가를 순이익과 비교할 때 어느 해의 순이익을 사용할 것인가 하는 점이다. 지나간 최근 연도의 순이익을 사용할 수도, 다가올 최근 연도의 순이익을 사용할 수도 있으며, 지금부터 5년 뒤의 순이익을 사용할 수도 있고, 몇 년간의 평균을 사용할 수도 있다. 지금의 주가에는 당연히 앞으로 몇 년간의 회사 영업 전망이 반영되어 있다. 그래서 만약 최근 연도 순이익을 사용하여 주가이익배수를 계산한다면 분자에 들어가는 주가는 이미 앞으로 회사가 만들어낼 먼 훗날의 순이익을 반영하고 있는데 분모에 들어가는 순이익은 최근 연도만의 순이익이므로 담고 있는 내용물이 서로 어긋나게 된다. 이런 문제 때문에 앞으로 이익이 많이 늘어날 것으로 보이는 회사는 주가이익배수가 당연히 높게 나온다. 그러므로 주가이익배수가 높다고 무조건 주가가 비싸다고 말해서는 안 된다.

이런 문제를 해결하기 위한 한 가지 방법은 주가이익배수를 이익의 성장률로 수정하는 것이다. 먼저 최근 연도의 순이익을 사용하여 주가이익배수를 계산한 뒤 이것을 다시 이익의 성장률로 나눈다. 예를 들어, 회사 A의 주가이익배수가 20인데 앞으로 5년간 이익의 성장 속도가 30%로 예상될 경우, 배수 20은 얼른 보면 좀 높아 보이나 주가이익배수 20을 성장률 30으로 나누어주면 20÷30=0.7이 된다. 반면에 주가이익배수가 10이면서 성장률이 10%인 회사 B의 경우 배수 10을 성장률 10으로 나누면 10÷10=1이 된다. 즉 이익의 성장을 생각하기 전에는 회사 A의 주가가 이익에 비해서 높아 보이나 이익 성장률을 고려하면 오히려 회사 A의 주가가 회사 B보다 낮게 평가받고 있는 것이다. 이것을 페그PEG. per-to-growth라고 부른다. (자세히 보면 주가이익배수와 이익의 성장 속도는 둘 다 아라비아 숫자로 나타나고 있지만 그 단위가 서로 다르다. 따라서 단위가 서로 다른 숫자를 나누어서 어떤 값을 만들어내어 이를 비교하는 것은 잘못이다. 그러나 주가이익배수와 성장률은 일정한 범위 안에서는 서로 나누어서 상대비교를 해도 그 순서가 바뀌지 않는다.) 일반적으로 시장에서는 페그가 1이면 그 회사의 주가가 적정한 수준이라고 관행적으로 사용하고 있다.

〈주가이익배수를 성장 속도로 수정〉

	주가이익배수	이익 성장 속도	성장 속도로 수정한 배수
회사 A	20	30	20÷30=0.7
회사 B	10	10	10÷10=1

주가이익배수가 갖는 한계를 보완하기 위해 이익 성장률을 사용할 때는 다음 두 가지를 조심해야 한다. 첫째, 성장률을 계산하려면 언제나 출발점과 목표점이 있어야 하는데 출발점의 이익 수준이 정상적인 이익이어야 한다. 무슨 특별한 일로 이익이 갑자기 늘어나거나 줄거나 하지 않아야 한다.

두 번째는 비록 이익 성장률이 높게 예상되더라도 반드시 이익 달성 가능성을 함께 생각해야 한다. 예를 들어, 지금 예상으로는 이익이 앞으로 5년간 연평균 약 30% 늘어날 것으로 생각되나 어떤 회사는 회사의 사업 성격이 복잡하여 이익에 영향을 주는 회사 내외부 요소가 많고 이런 요소들의 변화가 잦은 반면에 또 다른 회사는 회사의 사업 내용이 비교적 단순하여 앞으로 회사가 만들어낼 이익을 예측하기도 쉽고, 내외부에서 일어나는 변화도 작으며, 또 어지간한 변화가 일어나도 회사 내부에서 흡수할 수 있는 경우도 있다. 이처럼 앞으로 회사에 어떤 일이 일어날지 잘 보이지 않거나, 예상 이익이 시나리오에 따라 변동이 심하거나, 지금 예상하지 못하는 일이 일어났을 때 이것을 회사가 내부로 흡수하는 능력이 부족한 경우에는 그만큼 예상 이익이 불확실하므로 자연히 이런 회사는 적정 배수를 낮춰 잡아야 한다. 같은 원리로 예상 이익 전망이 확실한 회사는 적정 배수를 높게 잡아도 좋다.

주가이익배수가 갖고 있는 두 번째 한계는 이것이 상대적인 평가 지표라는 것이다. 예를 들어 회사 A와 B의 주가이익배수가 각각 10과 15인 경우, 회사 A를 기준으로 삼으면 회사 B의 주가는 높다고 말해야 하고, 회사 B를 기준으로 삼으면 회사 A의 주가가 낮아 보인다. 그래서 만약 어떤 사람이 회사 A의 주가를 알아보기 위해 회사 B의 배수 15를 들고 나와서 회사 A의 배수가 10이므로 이 회사의 지금 주가는 낮게 평가되어 있고 회사 B처럼 배수 15가 적당하므로 앞으로 회사 A의 주가가 50% 더 올라갈 여지가 있다고 말하면 이 말을 믿어야 할지 말아야 할지 고민이 된다. 왜냐하면 만약 이 사람이 회사 B의 주가를 판단할 때는 회사 A를 들고 나와서 기준이 되는 회사 A의 배수가 10이므로 지금 회사 B의 배수는 너무 높아서 앞으로 회사 B의 주가는 여기서 30% 정도 더 떨어진다고 말할 것이기 때문이다. 회사 B의 주가가 30% 정도 더 떨어진다면 당연히 회사 A의 주가가 50% 더 올라간다는 것도 틀린 말이다.

이것은 주가이익배수만이 아니라 모든 상대적인 지표가 갖고 있는 한계이기도 하다. 이런 한계를 피하는 한 가지 방법은 전체 공개 회사 중 비교적 규모가 크고 역사도 오래된 회사 중에서 주가이익배수가 역사적으로 잘 변하지 않은 몇 개의 주요 회사를 찾아내어 항상 이 회사를 기준에 두고 상대적인 거리를 조정해나가는 것이다. 주가이익배수가 지나치게 높거나 지나치게 낮은 경우에는 이를 수익률로 바꾸어서 다른 투자 대상, 즉 주로 채권의 수익률과 비교하여 주가이익배수의 높낮이 범위를 정하는 것도 한 가지 방법이다.

상대적인 평가와 관련된 두 번째 문제는 과연 어떤 회사를 비교 기준 회사로 뽑아낼 것인가이다. 일반적으로는 평가하려는 회사와 사업 내용과 구조가 가장 비슷한 회사, 즉 경쟁을 심하게 하는 회사를 찾아야 할 것이다. 그리고 앞에서 보았던 것처럼 단위 이익 1원이 갖는 의미를 최대한 일치시켜야 한다. 즉 비교 기준 회사(회사 A)는 100원을 집어넣어 1원의 이익을 만들어내는데 평가 회사(회사 B)는 50원을 집어넣어 1원의 이익을 만들어낸다면 같은 1원이라도 이 1원이 갖는 이익의 질은 서로 다르다. 그러므로 만약 비교 기준 회사의 배수가 10이라면 평가 회사는 이익의 질이 더 높으므로 비교 기준 회사보다는 더 높은 배수를 주어야 한다. 즉 이처럼 이익의 질, 예상 이익의 성장 속도 그리고 예상 이익의 달성 가능성을 고려해서 비교 기준 회사의 배수를 그대로 적용하지 않고 아래위로 조정하는 것을 배수의 할증 또는 할인이라고 부른다.

주가이익배수를 사용하기 위해 비교 기준 회사를 찾아낼 때 잘못을 저지르는 경우가 몇 가지 있다. 가장 많은 실수는 무조건 그 회사가 속한 산업의 평균 배수 또는 시장 전체의 배수를 가지고 오는 것이다. 예를 들어, 회사 A가 화학회사라고 화학 산업의 평균 배수를 그대로 적용하면 실수할 수도 있다. 평균이라는 숫자는 생각하기 편리한 점도 있지만 한편으로는 개별 회사가 가진 특성을 모두 죽여버리는 것이므로 사용할 때 조심해야 한다. 주가이익배수가 위력을 가장 잘 발휘할 때는 비교 기준 회사를 사업의 성격이 비슷한 회사, 즉 소속 산업에서 찾는 것이 아니라 투자 수익의 정도가 비슷한 회사에서 찾아낼 수 있는 경우다. 더 쉬운 말로 하면 제품의 성격이 비슷한 회사가 아니라 이익의 질이 비슷한 회사를 비교 회사로 정하는 것이다. 생각의 범위를 같은 제품, 같은 산업에서 벗어나 보다 더 중요한 기준으로 보다 더 넓은 곳에서 비교 회사를 찾아내는 것이 중요하다. 이 정도가 되면 투자의 맛을 느낄 수 있다.

주가이익배수 방법의 매력은 할증 또는 할인에

주가이익배수 방법의 꽃은 적정 배수를 찾아낼 때다. 기준 회사의 배수가 15라고 평가 회사에도 그대로 15를 적용하는 것은 이미 앞에서 보았듯이 정말 칼을 잘못 사용하는 것이다. 이런 문제는 어떤 회사의 주가이익배수를 과거의 배수와 비교할 경우에도 역시 만나게 된다. 예를 들어, 삼성전자의 주가이익배수는 과거 오랫동안 10을 유지해왔다. 이때 가장 중요한 것은 과연 앞으로는 삼성전자에게 얼마의 배수를 줄 것인가 하는 점이다. 물론 과거처럼 10을 줄 수도 있고 아니면 이것보다 더 높은 15를 줄 수도, 더 낮은 5를 줄 수도 있다. 이것을 결정하는 것은 무엇일까?

만약 어떤 사람이 지금 삼성전자는 과거의 삼성전자에 비해 여러 가지 면에서 회사가 더 좋아졌고 앞으로도 좋아질 것이라고 예상한다면 삼성전자에 10보다 더 높은 배수를 줄 것이다. 반대로 더 나빠질 것으로 본다면 10보다 더 낮은 배수를 줄 것이다. 이처럼 어떤 회사의 적정 배수는 그 회사의 장래를 보는 사람들의 생각에 따라서 달라진다. 심하게 말하면 투자자의 수만큼 적정 배수의 값이 나올 수도 있다.

주가가 올라가는 경우를 나누어보면 크게 두 가지다. 하나는 옛날과 같은 배수를 적용받으면서 이익이 늘어나서 주가가 올라가는 경우다. 다른 하나는 이익도 늘어나고 배수 자체도 올라가면서 주가가 올라가는 경우다. 뒤의 경우는 주가가 폭발적으로 올라간다. 소위 말하는 홈런이다. 이것을 다른 측면에서 보면 경기 변동에 따라 회사 이익에 변동이 오고 주가도 변동이 올 수 있다는 말이다. 이런 경기 변동으로는 배수 자체가 변하기 어렵다.

배수를 한 단계 더 올리거나 내리는 것은 회사에 무엇인가 구조적인 변화가 일어난 경우다. 예를 들면, 회사가 지금까지 공짜로 제공했던 서비스에서 돈을 받았는데 오히려 고객이 늘어났다든가, 회사에 새로운 제품이 들어오면서 이익률이 한 단계 더 올라갔다든가, 주요 경쟁 회사가 망해서 시장 점유율이 갑자기 올라갔다든가, 그 동안 국내 시장에서만 물건을 팔았는데 세계 시장에서도 경쟁력을 확보했다든가 등 여러 가지가 있을 수 있다.

실제 시장에서는 주가이익배수의 변화 시기가 회사의 변화 시기와 언제나 같은 것은 아니다. 어떤 경우는 회사에 이미 변화가 일어났는데도 시장에서는 뒤늦게 이것을 반영할 수도 있고, 아직 회사에 변화가 일어나지 않았는데도 시장이 미리 변화의 조짐을 알아채고 배수를 올리거나 낮추는 경우도 있다. 이미 회사에 일어난 변화를 시장이 뒤쫓아가는 경우는 큰 위험이 없지만 시장이 미리 앞서 가는 경우에는 당연히 현실이 기대를 따라가지 않을 수도 있으므로 위험이 따른다. 이것이 심하면 우리는 거품이라고 부르고 거품이 꺼지면 폭락이 온다.

구체적으로 어떤 주식의 배수를 정할 때는 다음 사항들을 고려해야 하는데, 이는 다른 조건들이 같을 경우다.

- 이익이 안정되어 있고, 미래 이익 예측이 쉬운 회사는 배수를 높게 주어야 한다. 이런 회사는 당연히 경기 순환의 성격이 강한 회사보다 높은 배수를 받아야 한다.
- 당연한 이야기지만 이익의 성장 속도가 높은 회사는 배수를 높게 주어야 한다.
- 배당을 많이 주는 회사는 배수가 높아야 한다. 엄격하게 접근하면 이런 주장은 잘못이다. 그럼에도 불구하고 기업의 미래 전망이 불확실하고, 기업 경영자가 주주 가치를 잘 인정하지 않는 나라에서는 막연한 미래 성장 전망보다는 지금의 배당에 더 큰 가치를 주어야 할 것이다.
- 기업 투자 금액에 비해 기업 이익이 높은 회사, 즉 주주자본 이익률이 높은 회사일수록 배수를 높게 주어야 한다.
- 재무 위험이 높은 회사, 즉 부채 비율이 높아서 금리 변동이나 경기 변동에 견디는 힘이 약한 회사는 배수를 낮게 주어야 한다.

요약하면 주가이익배수라는 도구는 비록 한계가 있지만 사용하기에 따라서 많은 도움을 준다. 주가에 큰 변동이 오게 하는 것은 회사가 만들어내는 이익의 증가나 감소보다도 회사에 일어난 구조적인 변화로 오는 배수의 계단식 변화다. 결국 배수 방법의 가장 큰 매력은 회사가 갖고 있는 경쟁력의 변화를 적정 배수와 연결하기 위해 고민하고, 그것이 맞아떨어졌을 때 담장을 넘어가는 홈런 볼에서 느끼는 것과 같은 짜릿한 맛을 느끼는 것이다. 그러나 당연히 이런 공은 자주 오지 않는다. 워렌 버핏은 투자를 종종 야구에 비유하곤 한다. 야구에는 스트라이크 아웃이 있지만 주식투자에는 이것이 없으므로 성급하게 굴지 말고 가만히 기다리다가 자신이 좋아하는 코스로 공이 올 때만 방망이를 휘두르라고 한다.

주가이익배수로 본 사례 분석

주가이익배수가 주가 판단 도구로서 갖는 가능성과 그 한계를 보기 위해 구체적으로 몇몇 회사의 과거 주가 흐름을 살펴보기로 하자. 한 가지 미리 밝힐 것은 과거의 주가를 설명하는 것은 누구나 할 수 있다. 즉 설명을 갖다 붙이는 것이 되기 쉽고, 마치 모든 것을 다 아는 것처럼 보일 수 있다. 이 책에서도 역시 그런 한계를 벗어나기 어렵다는 점을 미리 밝힌다.

◎ 사례 1: 현대모비스

먼저 이 회사의 주가 흐름을 보면 2000년 말 시가총액이 4,000억원 수준에서 한 때에는 30조 원 수준(2011년 10월 말 기준)까지 올라갔으나 지금은 25조원 수준에 있다. 과거 최고를 기준으로 보면 11년 사이에 주가가 75배 이상 올랐다. 이런 경우는 결코 흔하지 않다. 투자자가 일생에 이런 경험을 한다는 것은 행운이다. 이 회사의 주가 변화를 회사의 이익과 비교해보자. 이 회사는 과거에 이익 변화가 아주 심했다. 1993년과 1998년에는 적자까지 보았다. 그러나 1999년부터 2011년까지 순이익이 아주 빠른 속도로 늘어났다. 그러나 그 후에는 이익이 정체하면서 주가도 떨어진 후 옆으로 가고 있다. 주가는 거의 이익의 10배 수준에서 움직이고 있다. 이런 지표를 보면서는 혹시 이익을 미리 알 수만 있다면 어쩌면 주식 투자가 매우 쉬울지도 모른다는 생각이 들 정도다.

[그림 5-1] 현대모비스의 주가와 이익 움직임

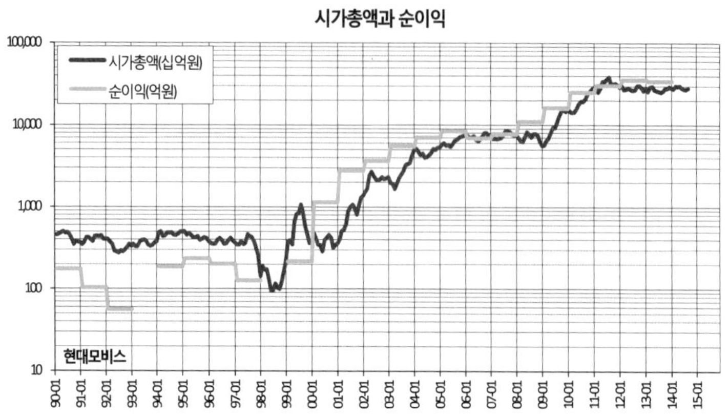

다음은 이 회사 이익에 생겨난 변화의 의미를 살펴보자. 이런 이익 변화가 회사 실체의 변화와 어떻게 연결되어 있는지, 이 변화가 회사의 경쟁력을 높여준 것인지 그리고 오래 갈 수 있는 것이었는지 살펴보자.

지난 몇 년 사이에 이 회사에 일어난 가장 큰 변화는 매출액총이익률이 2000년에 갑자기 10% 수준에서 20% 수준으로 올라섰다는 점이다. 매출액총이익률이 10% 포인트 이상 올라선 것은 매출이 많이 늘었으나 매출을 늘리는 데 필요한 자산이나 인력은 거의 늘지 않아서 고정비 부담 없이 매출을 늘릴 수 있었기 때문이다. 즉 회사는 과거 자동차 정비 서비스망을 그대로 이용하여 정비용 부품을 독점 공급하는 새로운 사업을 성공적으로 만들어냈다. 자산의 증가 없이 만들어낸 이익의 증가는 자연히 자산과 비교한 이익의 수준도 높였다. 이 회사의 주가가 2000년에 바닥

[그림 5-2] 현대모비스의 매출액이익률의 변화

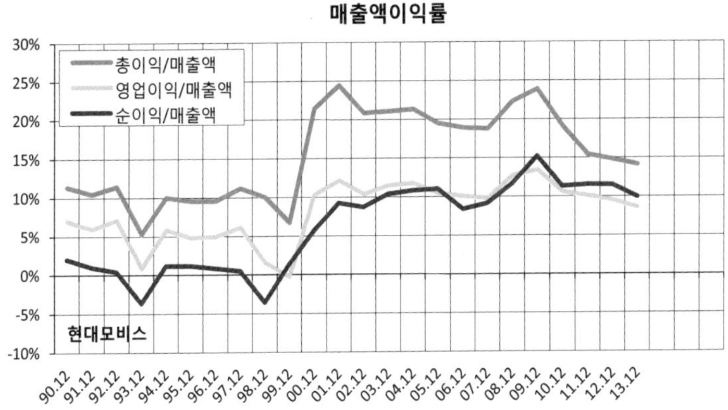

수준에 있었다는 것을 보면 시장은 이 회사에 일어난 변화를 2000년 당시에는 아직 알아차리지 못했음을 알 수 있다. 시장은 2001년에 들어와서야 회사에 일어난 변화를 눈치 채기 시작했다.

그 당시 이 회사가 안고 있는 숙제는 그때까지 빠른 속도로 늘어난 매출이 앞으로도 과거처럼 큰 투자 없이 계속해서 늘어날 수 있을 것인지, 그것이 불가능하다면 그때 풍부하게 갖고 있는 현금을 이용하여 어떤 새로운 사업을 진행할 것인지, 그 사업이 기존의 사업처럼 자산에 비해서 높은 수익을 내줄 것인지를 판단하는 것이었다. 그러나 불행하게도 이 회사는 그 후 비록 매출액은 꾸준하게 늘어났으나 영업이익은 거의 늘어나지 못했다. 즉 이 회사는 더 높은 부가가치를 만들어내지 못하고 있다. 그래서 매출액이익률도 낮아지고 따라서 자연히 자본이익률도 떨어졌다. 주식시장에서는 이것을 반영하여 이 회사의 주가는 더 이상 올라가지 못하고 있다. 이 회사 주가가 다시 한번 올라가기 위해서는 매출액이익률이 지금보다 더 올라가야 한다.

◎ **사례 2: SK텔레콤**

[그림 5-3] SK텔레콤의 주가와 이익 움직임

[그림 5-4] SK텔레콤의 매출액이익률의 변화

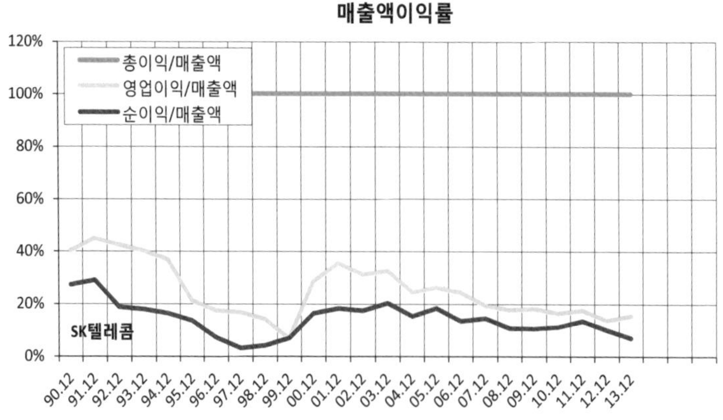

이 회사의 주가를 길게 보면 처음 시장에 올라온 1990년부터 1999년까지 빠른 성장기와 그후 지금까지 장기하락하는 정체기를 거쳐 최근에 다시 약간 상승하는 시기로 나눌 수 있다. 크게 보면 순이익 역시 약간의

시차는 있으나 주가와 비슷한 흐름을 보이고 있다. 주가는 1990년의 시가총액 1,000억 원에서 시작하여 1999년 말에 약 40조 원까지 올라갔다가 그후 계속 낮아져서 10조 원 수준까지 떨어졌다. 지금은 다시 올라 약 22조 원이 되었다. 이 회사 주가의 가장 큰 변화는 1998~99년에 일어났다. 당시 주가는 1998년 중반 4만 원에서 1999년 말에 40만 원으로 위에서 본 현대모비스보다 더 짧은 기간에 10배가 올랐다. 특히 이 회사는 주가가 이익보다 더 앞서서 움직였다. 주가는 1999년에 크게 올랐지만 이 회사의 순이익은 2000년에야 크게 올랐다. 그래서 1999년 말에 시가총액은 약 33조 원인데 순이익은 3,000억 원이어서 주가가 이익의 100배나 되었다. 정말 상상하기 어려운 일이 실제로 일어난 것이다.

그러나 이 회사는 1999년의 영광을 뒤로 하고 2000년부터 지금까지 순이익이 옆으로 가면서 주가 역시 정체하는 그림을 그리고 있다. 이것은 시장이 1999년의 광기와는 달리 앞으로 이 회사의 전망을 과거처럼 밝게 보지 않는다는 증거다. 그래서 주가이익배수도 2000년 말에는 20배로 떨어졌고, 2010년 말에는 일반적인 대형 우량 회사들의 평균 수준인 10배 정도로 떨어졌다. 한때 이 회사의 주가이익배수가 100배나 되었다는 것은 시장이 이 회사의 장래를 얼마나 장밋빛으로 보았는가를 알려주는 좋은 지표다. 그러면 과거 영업 실적을 보면서 1999년 무렵 시장에서 이 회사를 밝게 본 배경과 그 이후 회사에 일어난 변화의 내용을 알아보자. 그리고 최근 다시 주가가 올라간 배경도 살펴보자.

먼저 1999년을 전후하여 영업보고서에 일어난 제일 중요한 변화는 2000년에 매출액영업이익률이 갑자기 30%대로 올라선 것이다. 그런데 주가가 크게 움직인 것은 1999년의 일이므로 시장이 2000년에 이 회사에 큰 변화가 일어날 것이라는 것을 미리 알고 있었다고 해석할 수 있다.

2000년에 이 회사의 이익률이 크게 늘어난 것은 그 동안 시장을 넓히기 위해서 고객에게 여러 가지 할인 혜택을 주던 것을 정부 규제로 금지당하자 이것이 고스란히 이익으로 바뀐 것이다. 정부가 지나친 판매 경쟁을 막은 것은 이 회사를 힘겹게 뒤쫓아오던 후발 경쟁사들이 정부에 규제를 요구했기 때문이다. 정부는 한 회사가 공공성이 강한 통신 시장을 너무 많이 독점하는 것을 막기 위해 이 요구를 들어주었다. 그러나 정부 규제로 일부 시장을 경쟁사에게 넘겨주었지만 그 덕분에 이익이 늘어나면서 이 회사 주식에 투자한 주주들은 1년 사이에 주가가 10배 올라가는 엄청난 기회를 갖게 된 것이다. 의도하지 않은 결과가 또는 2차, 3차 효과가 갖는 힘을 알려주는 좋은 사례다.

그후 회사는 이익률이 떨어져 지금은 매출액영업이익률이 10% 수준이다. 주가 역시 계속해서 낮아지면서 시장의 관심을 잃어가고 있다. 어떻게 이렇게 오랫동안 주가가 옆으로 갈 수 있을까? 다시 말하면 어떻게 이렇게 오랫동안 회사의 이익이 늘어나지 않을 수 있을까? 지금 이 회사는 중기로 정체기에 들어서 있다. 어쩌면 이것은 이 회사의 현금흐름에서 볼 수 있는 자금배분에 문제가 있었는지도 모른다. 어쩌면 이것은 이 회사의 2001~03년 현금흐름표와 연관이 있을지도 모른다.

회사는 2001~03년에 엄청나게 큰 규모로 현금을 집어넣어 자사주를 사들였다. 3년 동안의 순이익과 비슷한 4조 원이라는 큰 금액의 돈이 들어갔다. 2001년에는 투자하고 난 뒤에 남은 현금이 거의 없어서 밖에서 돈을 빌리기까지 했다. 회사가 사들인 자기 회사 주식은 계열사가 갖고 있든가 아니면 경쟁사가 갖고 있던 주식이었다. 시장에서는 회사가 힘들게 벌어들인 이익을 일반 주주의 이해관계와는 크게 관련이 없는 곳에 사용하고 있다고 생각했을 수도 있다. 주가이익배수가 과거처럼 높은 배수를 받으려면 투자자들이 이 회사가 벌어들인 이익을 주주를 위해서 사용하고 있다고 생각할 수 있는 계기가 있어야 할 것이다. 사실은 이제 회사 지배 구조가 마무리되어서 지금부터는 영업에서 벌어들이는 현금을 주주를 위해서 사용할 수 있는 시기가 왔는지도 모른다. 2004년에 배당이 늘어난 것은 그 조짐 중의 하나다. 그때 이후 배당이 늘어나서 한때 현금배당 수익률이 거의 6%까지 올라갔으나 지금은 약 3% 수준이다. 최근 이 회사의 주가 상승에는 회사의 현금정책에 일어난 이런 변화가 반영되었다고 생각한다. 그리고 이 회사 이익률이 더 이상 하락하기 어려운 수준으로까지 떨어진 것도 한 배경이 될 것이다.

이 회사의 주가를 판단할 때 또 한 가지 중요한 것은 정부의 규제다. 이 회사처럼 공공성이 강한 서비스를 제공할 경우 정부는 국민들로부터 비난을 받지 않기 위해 자연히 규제를 하게 된다. 이 회사는 많은 주주의 돈을 들여서 갖춘 서비스 능력을 사회의 공공재로 만들어 사용자에게 혜택이 돌아가도록 할 것인지 아니면 그 투자에서 이익을 내어 주주에게 일정한 투자수익이 돌아가도록 할 것인지 분명한 전략을 세워야 한다. 정부가 규제를 하면 할수록 회사는 주주에게 도움을 요청해야 한다. 그리고 공공성이 강한 서비스는 사용자에게 혜택이 가도록 하지만 기반 시설을 이용한 부가서비스를 개발하고 부가가치의 사슬을 다양한 이해 관계자와 연결해두면 정부의 규제를 피해갈 수도 있을 것이다.

◎ 사례 3: 진로발효

우리는 이미 앞에서 진로발효를 한번 살펴보았다. 이 회사는 소주의 원료인 주정을 공급하는 회사여서 어지간한 외부 변수에는 영향을 받지 않는다는 점에서 매우 안정적이다. 다시 한번 이 회사의 주가 흐름을 보면 2004년 말 시가총액이 약 400억 원에서 2007년 중반에 2,000억 원으로 5배가 올랐다. 그후 최근까지 옆으로 가다 최근에 다시 과거 최고를 넘어서려 하고 있다. 이 회사 역시 주가는 거의 순이익과 비슷한 수준에서 움직였다. 즉 주가는 이익의 약 10배 수준에서 움직이고 있다. 이 회사의 주가가 더 올라가려면 이익이 더 올라가야 할 것이다.

[그림 5-5] 진로발효의 주가와 이익 움직임

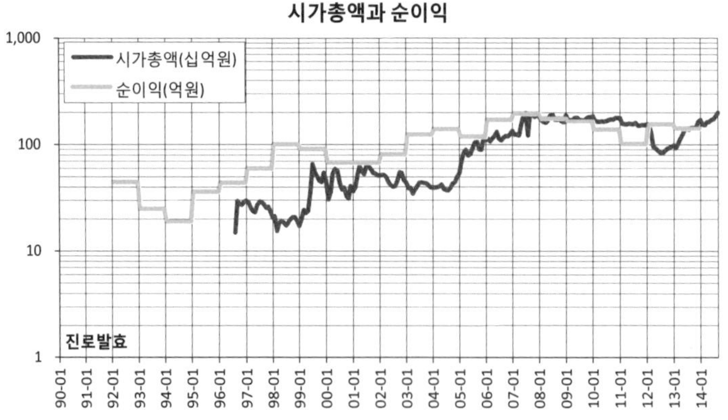

문제는 최근의 주가상승 배경이다. 이 회사는 2012년에 사업부의 일부를 매각했다. 그후 몸이 가벼워진 가운데 매출액이익률이 올라가서 자본이익률이 다시 과거의 높은 수준인 30%대로 올라섰다. 주주자본이익

[그림 5-5] 진로발효의 자본이익률 변화

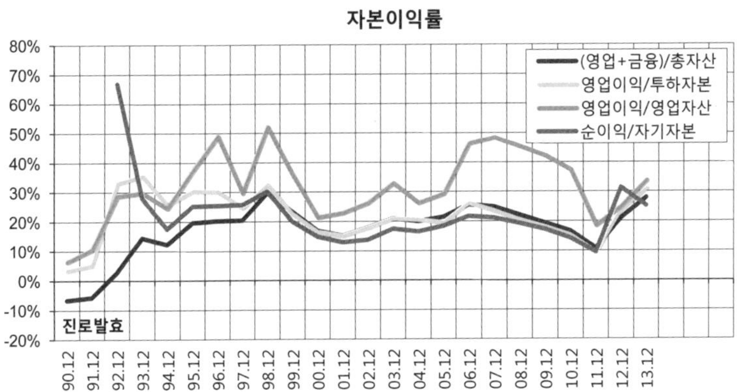

률이 약 30%로 높은 회사가 된 것이다. 즉 매년 주주자본이 약 30%로 늘어나는데, 이것의 시장가격인 시가총액이 올라가지 않는다면 이상한 일일 것이다. 즉 이 회사는 지금의 자본이익률을 유지하면 앞으로도 꾸준하게 주가가 올라갈 것이다.

◎ 사례 4: 게임빌

이 회사의 시가총액은 매우 변동이 심하다. 2011년 중반에 약 150억

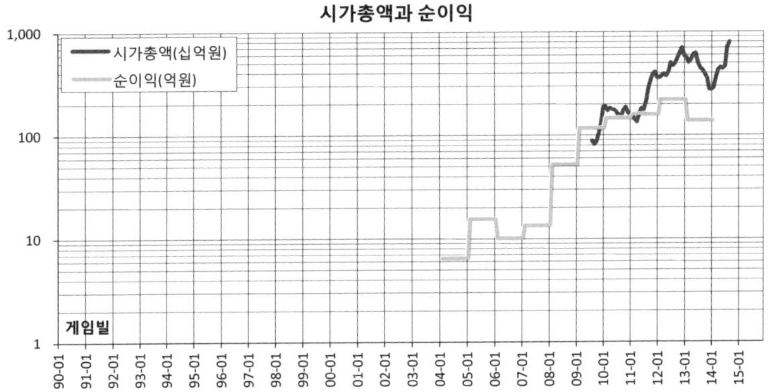

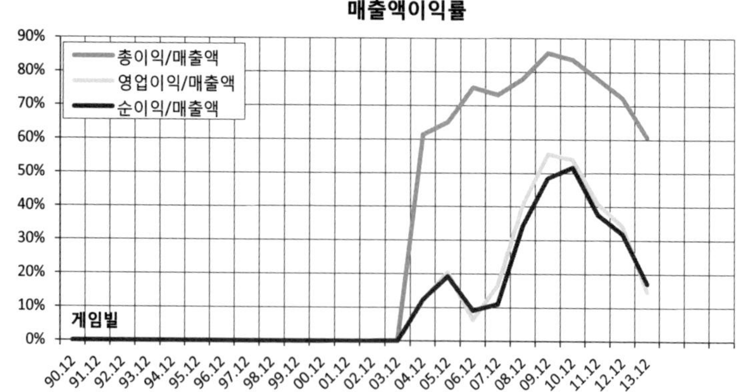

원에서 2012년 말 7,000억 원으로 엄청나게 올랐다. 그후 2013년 말에 다시 3,000억 원으로 떨어졌다가 지금은 다시 8,000억 원으로 올라섰다.

무엇이 이 회사의 주가를 이토록 심하게 움직이게 만드는 것일까? 주가를 순이익과 비교해보면 상장 이후 이 회사의 이익은 매우 빠른 속도로 올라갔다. 2012년에 최고를 기록한 후 지금은 영업이익이 과거의 3분의 1 수준으로 떨어졌다. 그럼에도 불구하고 최근에 이 회사의 주가는 다시 엄청난 속도로 올라가고 있다. 이는 시장이 이 회사의 장래를 미리 내다보고 움직이기 때문이다. 특히 이 회사처럼 원가율이 높지 않은 회사는 이익의 변동이 매우 심하므로 장래를 밝게 본다면 주가도 매우 높이 올라갈 수 있다. 최근에 이 회사는 증자와 보유현금으로 관계회사 투자를 늘렸다. 시장에서는 이런 움직임을 매우 긍정적으로 보는 모양이다. 그러나 이런 전망은 매우 불확실하다. 지금의 주가는 이익에 비해서 매우 높은 수준이다. 이 회사에 투자하는 투자자들은 이 회사가 안고 있는 투자위험을 잘 판단해야 할 것이다.

미래수익할인 방법
_주식은 채권의 동생

이제 가치 평가의 또 다른 방법인 미래수익할인 방법을 알아보자. 먼저 '적정한 주가란 있을 수 있는가'라는 질문부터 다시 시작하자. 더 나아가면 주식만이 아니라 시장의 과일이든 강남의 부동산이든 도대체 적정한 가격이란 있을 수 있는가? 대답은 '있다'이나 그 값은 사람마다 그리고 시기마다 달라지게 된다. '사람마다 생각하는 적정 주가의 수준이 서로 다르다'는 것과 '적정 주가란 없다'라는 것은 아주 많이 다르다.

다시 화투놀이의 예를 들면 고스톱에서 1점의 크기는 미리 정해두면 모두에게 그리고 다시 바꾸기까지는 같지만 주식시장에서 기업 가치 1단위의 값은 시시각각 변하는 투자자들의 생각에 따라서 계속 달라진다. 회사 가치 수준이 이렇게 달라진다고 회사에 가치가 없는 것은 아니다. 주식 가격이 회사의 가치와는 아무런 관계 없이 움직인다고 생각한다면 그 사람에게는 주식시장이 단순한 놀이터일 것이며, 그런 사람은 이 놀이터에서 때로 큰 낭패를 당하게 된다. 바로 조금 전까지 기업 이익 1원을 주가 20원으로 값을 매기고 있더니만 갑자기 10원으로 그 값이 바뀌는 일이 일어나기 때문이다. 이런 면에서 보면 주식시장이 화투판보다 더 복잡한 것은 확실하다.

이처럼 기업 가치 1단위의 값어치가 쉽게 변하는 주식시장에서 큰 낭패를 당하지 않으려면 투자자들은 회사의 적정한 가치를 계산하는 자기 나름의 기준이 있어야 한다. 이런 기준을 갖고 있으면 시장에서 기업 이익 1원의 값어치를 20원에서 10원으로 바꿀 때 시장의 집단 심리가 만들어내는 어리석음에서 벗어나 투자의 좋은 기회를 찾을 수 있다.

모든 물건의 가격은 보통 그 물건을 사서 얻는 효용(주식일 경우에는 투자수익)이 그 물건을 사는 데 필요한 돈의 조달 비용(예를 들면, 금리 또는 다른 곳에 투자했을 때 벌 수 있을 예상 수익=기회비용)보다 약간 높은 근처에서 만들어진다. 다시 말하면 주식을 비롯한 자산의 적정 가치는 그 자산에 투자해서 나오는 예상 수익과 그 자산을 사기 위한 자금을 조달하는 비용을 이용해서 찾아낼 수 있다. 만약 예상 수익이 비용보다 훨씬 더 크면 다른 사람들도 여기로 모인다. 그래서 자연히 그 자산의 가격은 올라간다. 반대로 수익이 비용보다 적으면 당연히 투자하려는 사람이 없을 것이므로 그 자산의 가격이 내려간다. 이렇게 해서 이론적으로는 모든 자산의 가격은 예상 수익과 자본 비용이 균형을 맞추는 지점에서 만들어진다.

적정 주가를 예상 수익과 비용의 관계로 계산할 수 있다고 하면 웃을 사람들이 많을 것이다. 좀 극단적인 경우이긴 하나 1만 원 하던 주가가 10배 올라서 10만 원이 되었다. 이 가격이 다시 10배 올라 100만 원이 되지 못할 이유를 어디서 찾을 수 있을까? 주식시장은 화투놀이와 다르다. 화투놀이에서는 1점의 값을 100으로 올리자고 서로 약속을 해야 이런 일이 일어나지만 주식시장에서는 서로 아무런 약속 없이도 이런 일이 일어날 수 있다. 어떤 사람들은 가격이 100배나 오르면 그것은 너무 비싸다고 말할 것이다. 정말 그런가? 그럼 무엇에 비해서 비싸다는 것인가?

그 회사가 갖고 있는 가치에 비해서 비싸다고 말할 것이다. 회사를 하나의 자산이라고 보자. 그러면 이 자산의 가치는 어떻게 결정할 수 있는가? 당연히 이 자산이 벌어들이는 수익에서 그 자산의 가치가 결정된다. 만약 주식이 시장에서 거래되지 않는 회사일 경우, 이 회사를 사려면 얼마를 주어야 할까? 어쩔 수 없이 그 회사가 무엇을 하는 회사이며, 돈을 얼마나 벌고 있는지, 그리고 무엇보다 앞으로 사업 전망이 좋은지를 생각할 것이다. 즉 자산 가격이란 그 자산에서 벌어들일 예상 수익을 떠나서는 설명하기가 불가능하다. 기업을 하나의 자산이라고 보면 기업의 가치, 즉 적정 주가도 그 기업이 벌어들이는 이익을 떠나서 설명하기는 어렵다.

그런데 문제는 이런 수익이나 비용이 확정된 것이 아니라 앞으로 우리에게 들어올, 즉 예상 수익과 예상 비용이라는 점이다. 우리는 앞으로 수익이나 비용이 얼마가 될지를 지금 예상하고, 그 예상을 근거로 어떤 자산, 예를 들면 기업의 적정 가격을 지금 판단해야 한다. 회사의 경영자가 새로 설비 투자를 하거나 새로운 사업 분야로 진출할 때도 역시 예상 수익과 투자 자금의 조달 비용을 비교해서 지금 투자를 결정한다. 경영자가 투자 결정을 할 때나 투자자가 적정 주가를 판단할 때 앞으로 어떤 일이 일어날지 잘 모르는 불확실한 상황에서 의사 결정을 내리는 것은 같다.

앞으로 어떤 일이 일어날지 미리 아는 것은 거의 불가능하다. 예를 들어 미국이 중국과의 갈등관계를 잘 풀어서 세계 경제가 동반 성장할 것인지 아니면 갈등관계를 만들어내 세계 경제가 계속 불안한 상태를 유지할 것인지 그 결과는 짐작하기 어렵다. 그러나 그렇다고 모든 것이 불확실한 것은 아니다. 오늘 경쟁력이 있는 회사가 내일 갑자기 경쟁력이 없어지는 것은 아니다. 내일 갑자기 지구가 사라지는 것도 아니다. 주식시장에 폭락이 와도 길거리를 나가보면 여전히 사람들은 왔다갔다하며 축구장에서는 축구 경기를 한다. 불확실성이 높은 회사도 있고, 낮은 회사도 있다.

수요보다 공급이 많으면 물가는 내려간다. 그러나 물가는 계속 내려갈 수 없다. 물가가 자꾸 내려가면 경쟁력이 낮은 회사가 먼저 망하고, 공급이 줄며, 금리도 떨어져 다시 수요가 살아나면 물가는 다시 올라간다. 경상수지 적자가 누적되면 그 나라의 통화 가치는 떨어진다. 그러면 그 나라의 수출품 가격이 상대적으로 내려가서 수출이 늘어나 경기가 다시 회복할 기회를 갖게 된다. 비록 수학 공식처럼 확실하지는 않더라도 사람이 사는 세상에는 불확실한 가운데서도 나름대로 경험 법칙과 합리적인 의사 결정 원리는 있다.

어떤 의미에서 보면 투자란 불확실성의 세계에서 최대한 불확실성을 줄여가는 과정이다. 투자에 성공하려면 다른 사람에게는 불확실해 보이는 것에서 확실한 것을 찾아내는 능력이 필요하다. 만약 세상이 불확실하지 않다면 나의 이 능력은 아무런 소용이 없다. 즉 세상이 불확실하다는 것은 나에게 문제가 아니라 무엇인가를 해볼 수 있는 기회가 된다.

이미 짐작했겠지만 주식에 적정 가격이 있다고 하더라도 실제 주가가 이 적정 가격에 머물러 있는 것은 아니다. 주식의 가격은 언제나 시계추처럼 오른쪽과 왼쪽을 왔다갔다 하면서 거품과 바닥을 만들어낸다. 가만히 멈추어 있지도 않지만 계속해서 왼쪽으로 올라가기만 하거나 오른쪽으로 올라가기만 할 수도 없다.

이런 사실들을 전제로 이제 구체적으로 적정 주가를 계산하는 방법을 알아보자. 위에서 본 것처럼 원칙은 간단하나 실제로 이것을 적용하려면 약간은 복잡한 과정을 거쳐야 한다. 그러나 초등학교 산수 수준이다. 가장 손쉬운 방법은 다음과 같다.

〈가게를 사면 벌 것으로 예상하는 투자 수익률〉

투자금액: 100억 원
가게에서 나올 것으로 예상되는 연간수익: 10억 원
투자수익률: 10÷100 = 10%

갑이라는 사람이 100억 원을 가지고 어떤 가게를 사려고 한다. 갑이 그 가게의 매출 장부를 보니 지금까지 매년 10억 원의 수익이 났다. 갑은 가게의 장부도 보고, 이것저것 자신이 알고 있는 상식과 경험 그리고 주변 사람들로부터 들은 정보를 종합해보고 앞으로도 이 가게에서 연간 10억 원의 수익은 날 것이라는 생각이 들었다.

〈국채를 사면 벌 것으로 예상되는 수익〉

국채의 시장 수익률이 지금 5%라고 가정하면
100억 원으로 가게를 사지 않고 국채를 사면 여기서 나오는 수익은
100억 원×0.05 = 5억 원

만약 갑이 이 돈으로 그 가게를 사지 않고 국채를 사면, 지금 실제 시장에서 거래되고 있는 국채의 수익률이 5%라고 했을 때 연간 약 5억 원(100×0.05=5)의 수익이 나온다. 국채에서 나오는 수익 5억 원은 확실하게 보장된 것이다. 만약 가게에서 나오는 수익 10억 원도 국채 수익만큼 확실하다면 갑은 물론이고 누구나 같은 100억 원으로 국채를 사지 않고 가게를 살 것이다. 100억 원을 투자하여 국채에서는 매년 5억 원을 벌지만 가게에서는 매년 10억 원을 벌기 때문이다. 국채를 사려던 사람들이 모두 국채를 버리고 가게를 사려고 몰리면 자연히 가게의 가격은 올라간다. 결

국 가게의 가격은 200억 원 근처에서 멈추게 된다. 가게의 가격이 200억 원이면 이 가게에서 나오는 투자 수익은 국채와 마찬가지로 10÷200=5%가 된다.

그러나 실제로 가게 주인이 가게를 200억 원에 내놓으면 아무도 그 가게를 사려고 하지 않는다. 왜냐하면 두 곳에서 나오는 수익률은 언뜻 보면 같아 보이지만 국채에서 나오는 수익이 가게에서 나오는 수익보다 훨씬 안전하고 확실하기 때문이다. 우리는 여기서 미래수익의 성격, 즉 수익의 확실성이 자산 가격을 결정하는 데 아주 중요한 기준이 된다는 것을 알게 된다.

〈수익률과 수익을 알 경우 투자 금액은?〉

연간 예상 투자 수익: 5억 원
연간 예상 투자 수익률: 5%
그 투자 자산의 가격은? 투자수익÷투자수익률
= 5억 원÷5%=5÷0.05=100억 원

이것을 거꾸로 계산해도 마찬가지다. 국채에서 매년 나오는 수익이 5억 원이고 투자 수익률이 5%라면, 그 국채의 가격은 연간 수익 5억 원을 수익률 5%로 나누면 5÷0.05=100억 원이 된다. 즉 미래수익을 알고, 그 수익으로 얻을 수 있는 수익률을 설정하면 그런 수익률과 수익을 만들어 내는 자산의 적정 가격을 알 수 있다.

〈가게에서 나오는 수익의 성격이 국채에서 나오는 수익과 비슷하다면〉

가게의 적정 가격은?
예상 수익÷국채 수익률=10÷0.05=200억 원

만약 가게에서 나오는 수익 10억 원이 국채만큼 확실하다면 10억 원을 국채 수익률 5%로 나누면 이 가게의 가격은 10÷0.05=200억 원이 된다. 그러므로 만약 이 가게를 100억 원에 살 수 있다면 적정 가격 200억 원에서 50%나 더 싸게 사는 것이다.

그러나 가게에서 나오는 수익은 국채에서 나오는 수익과 그 성격이 다르다. 비록 갑이 가게에서 앞으로 수익이 매년 10억 원 나올 것으로 예상했지만 실제로 수익이 10억 원보다 많아질 수도 있고 적어질 수도 있다. 가게에서 나오는 수익이 10억 원보다 더 적어질 수 있으므로 이런 위험을 생각하면 가게의 값어치는 200억 원이 아니라 그보다 더 낮아야 한다. 즉 미래수익이 예상한 것보다 적을 가능성이 크면 클수록 또는 미래수익의 변동성(불확실성 혹은 위험)이 높으면 높을수록 그 자산의 값어치는 낮아져야 한다. 얼마나 낮아져야 하는가? 여기서부터가 문제다.

사람에 따라서 가게 수익이 불확실한 정도를 서로 다르게 평가할 것이다. 만약 갑이 가게 수익이 아무리 낮아지더라도 5억 원 이하로 떨어질 가능성은 거의 없다고 확신한다면 갑이 이 가게를 살 수 있는 안전한 가격은 100억 원이 된다. 즉 가게에서 매년 나오는 예상 수익 10억 원을 국채 수익률 5%로 나누어서 얻은 자산 가격 200억 원보다 50%가 낮은 100억 원이 된다. 갑은 이 가게의 적정 가격을 100억 원이라고 생각하지만, 을은 200억 원에서 20%를 낮춘 160억 원이라고 생각할 수도 있다.

이처럼 가게에서 나오는 매년의 수익 흐름(현금흐름)을 국채의 수익률로 계산하여 가게의 구입 가격을 계산한 후 이를 다시 일정한 비율로 할인하는 것은 가게에서 나오는 수익의 성격을 국채에서 나오는 수익의 성격으로 만들어가는 과정이기도 하다. 가게를 살 가격(가게의 적정 가격)은 가게에서 매년 나올 것으로 예상되는 수익을 처음에 국채의 수익률로 계산한 다음, 이를 다시 얼마로 더 낮출 것인지는 그 가게에서 나올 수익의 질(성격)에 따라서 다르며, 그 수익의 질 또한 평가하는 사람의 주관적인 판단에 따라서 달라지게 된다. 국채에서 나오는 수익의 성격과 국채 이외의 다른 자산에서 나오는 수익의 성격이 갖는 차이를 우리는 1장에서 살펴보았다. 그때 우리는 이 차이를 위험 프리미엄이라고 불렀다.

〈연간 10억원 이익을 내는 회사의 적정 가치는?〉

1) 이 회사에서 나올 미래 예상 수익: 연간 10억원

2) 이 수익 흐름의 가치를 알려면 할인율, 즉 투자 수익률이 필요함. 할인율을 지금의 국채 수익률 5%로 할 경우, 회사의 현재 가치는?
10억원÷5%=10÷0.05=200억원

3) 이 회사 수익의 성격을 국채 수익의 성격으로 바꾸기 위해 필요한 할인 정도는? 만약 50%라면 이 회사의 적정 가치는?
200억원÷2=100억원

이제 주식으로 돌아오자. 여기 어떤 회사가 있는데 앞으로 연간 10억원의 이익을 낼 것으로 예상된다. 이 회사의 적정 가치는 얼마일까? 위에서 본 것과 같은 방법으로 계산하면 된다.

먼저 10억 원을 지금의 국채 수익률 5%로 나눈다. 그러면 200억 원이 나온다. 그러나 이 회사의 연간 이익 10억 원의 성격 또는 질이 국채투자에서 얻는 수익과 같지 않다. 국채에서 나오는 수익보다는 질이 떨어진다. 그러므로 이 회사의 적정 가격은 200억 원보다 낮아져야 한다. 얼마나 낮아질 것인가? 이익이 많이 불확실하면 많이 낮아져야 하고, 약간 불확실하면 조금만 낮추어도 된다. 가능성이 낮긴 하지만 나쁠 경우 이익이 10억 원이 아니라 절반인 5억 원으로 떨어질 수 있다고 하자. 그러면 200

억 원에서 약 50%를 더 낮춘 100억 원에 사면 이 사람은 손실을 볼 가능성이 아주 작아진다. 100억 원에 이 회사를 사서 다행히 예상한 대로 10억 원의 이익이 생기면 국채보다 더 높은 10%의 수익률을 얻게 되며, 혹시 이익이 10억 원 이상으로 더 늘어나면 10% 이상의 투자 수익도 볼 수 있다. 바로 이것이 국채에서는 맛볼 수 없는 주식에서만 가능한 투자 매력이다. 만약 이 수익이 장기로 복리로 늘어난다면 두 가지 투자에서 나오는 수익률의 작은 차이는 나중에 엄청나게 벌어진다.

여기서 더 생각해야 할 것이 두 가지 있다. 하나는 이런 주가 판단 방법이 모든 회사에 다 적당한 것은 아니다. 이런 방법을 적용하기 적당한 회사는 가능한 한 예상 이익이 확실한, 즉 회사의 이익이 영업 환경의 변화에 영향을 적게 받는 회사다. 경기 순환에 영향을 많이 받거나 기술 변화가 빠르거나 새로 생긴 회사보다는 경기 순환 주기에 상관없이 소비자가 반드시 필요로 하는 제품을 생산하며 경쟁력이 있어서 시장을 지배하는 회사를 선택하는 것이 좋다.

두 번째는 과연 국채 수익률로 계산한 것에서 다시 50%나 그 이상 낮은 가격으로 시장에서 살 수 있느냐 하는 점이다. 이런 방법을 적용하기에 가장 좋은 시기는 전체 시장이 크게 하락하여 대부분의 사람들이 주식에 투자하는 것을 겁내는 시점이다. 그리고 시장에서 별로 관심을 가지지 않는 회사에 적당하며, 시장이 아주 잘못 판단하고 있다고 확신이 드는 회사에 주로 사용한다. 이런 방법을 사용하기 가장 손쉬운 방법은 평소에 자신이 좋아하고 실력 있는 회사(선수)를 미리 보고 있다가 가끔 한 번씩 시장이 큰 실수를 하여 그 회사의 값어치를 잘못 평가할 때 그 선수를 경기장에 내보내는 것이다.

미래수익할인 방법으로 본 사례 분석

우리는 이미 배수법에서 진로발효를 사례로 분석해보았다. 이번에는 미래수익할인법으로 같은 회사의 적정 주가 수준을 알아보기로 하자. 여기서 진로발효를 선택한 것은 이 회사의 적정 가치를 찾아내는 게 목적이 아니라 독자들에게 미래수익할인법의 과정을 설명하기 위해서다.

◎ 사례: 진로발효

최근(2014년 10월 16일 현재) 진로발효의 총발행 주식수는 752.4만 주이고, 주가는 29,100원이다. 즉 시가총액은 약 2,200억 원이다. 그리고 최근을 기준으로 지난 1년 동안의 순이익은 180억 원이다.

이제 미래수익할인법을 사용하기 위해서는 이 회사의 미래수익을 예측해야 한다. 그러나 모든 회사가 그러하듯이 어떤 회사의 미래수익을 예측한다는 것은 매우 어려운 일이다. 먼저 우리는 이 회사의 과거 순이익의 질을 살펴보아야 한다. 그러기 위해서는 가장 기본적으로 이 회사의 사업의 성격을 살펴보아야 한다.

이 회사는 일반인의 기호품인 소주의 원료를 공동판매회사에 납품하고 있다. 즉 매출액이 늘어나는 속도는 매우 낮지만 반면에 사업의 성격이 단순하고 매우 안정적이라는 것을 짐작할 수 있다. 실제로 이 회사의 매출은 분기별로 매우 안정적이다. 한편 매출액이익률은 과거에 강한 계절성을 가지고 있었으나 최근에는 이것이 많이 둔화되면서 이익률이 올라가는 중이다. 즉 이 회사의 순이익의 질은 매우 안정적이라는 것을 짐작할 수 있다.

이를 기초로 이 회사의 미래수익할인 가치를 계산해보자. 먼저 장기 이익 증가 속도는 약 3% 정도라고 본다. 그리고 이 회사에 투자해서 기대할 수 있는 수익률을 약 10%라고 생각하자. 그렇게 하면 이 회사의 적정한 가치는 180×(1+0.03)/(0.1-0.03)=2,650억 원이 된다. 이는 지금의 시장 가격인 2,200억 원보다 조금 높은 수준이다. 즉 이 회사의 주가는 앞으로 좀 더 올라갈 여지가 있다는 의미다. 그러나 우리의 예측이 잘못될 수도 있으므로 약간의 안전마진을 갖기 위해 위에서 계산된 적정 가치를 좀 더 할인할 필요가 있다. 이렇게 되면 지금의 시가총액은 이 회사의 적정 가치에 거의 가까운 수준이라고 짐작할 수 있다.

그러나 한편으로 이 회사의 자본이익률을 보면 지금 약 30%를 조금 넘는 수준으로 상장회사 중에서도 매우 높은 수준에 있다. 즉 이 회사는 과거의 자본이나 새로 자본으로 들어가는 이익에서 약 30%의 새로운 이익이 나오고 있다는 의미이다. 이를 고려한다면 순이익이 앞으로 약 3%로 늘어날 것이라는 가정은 너무나 약하다. 물론 이 회사의 지금 매출액이익률이 이미 과거의 높은 수준으로 올라와서 여기서 더 올라가기는 좀 어려울 것이라는 생각도 할 수 있다. 그러나 이런 여러 가지를 고려한다고 하더라도 이 회사는 앞으로 상당 기간 많은 이익을 내고 또 풍부한 현금을 가질 것으로 볼 수 있다. 따라서 이 회사의 주가는 앞으로도 충분히 올라갈 가능성이 있다고 본다.

| 돈의 시간 가치[Time Value of Money] |

투자자들이 반드시 알아야 할 산수 중의 하나가 돈이 갖고 있는 시간 가치를 계산하는 것이다. 종이 위에 1만 원이라고 잉크로 찍힌 돈의 가치가 언제나 1만 원인 것은 아니다. 돈의 가치는 종이돈에 찍힌 금액으로 고정되어 있는 것이 아니고 이 1만 원으로 무엇을 할 수 있느냐에 따라 달라진다. 즉 이 1만 원의 가치는 사람에 따라서 다를 수 있고, 같은 사람이라도 시간이 흘러가면서 그 가치가 달라질 수 있다. 그 중에서도 가장 중요한 것은 시간이 흘러가면서 돈의 가치가 달라지는 측면이다. 예를 들어서 오늘 아는 사람이 나에게 와서 내일 돌려줄 테니 1만 원만 빌려달라고 하면 웃는 얼굴로 빌려줄 것이다. 그러나 10년 뒤에 돌려줄 테니 1만 원을 빌려달라고 하면 그 사람 얼굴을 여러 번 쳐다볼 것이다. 이것은 바로 돈의 가치가 시간이 흘러가면서 달라지기 때문이다. 이것을 교과서에서는 '돈의 시간 가치'라고 부른다.

보통 돈의 가치는 시간이 가면서 떨어진다. 가장 큰 이유는 돈으로 살 수 있는 다른 물건의 가격이 올라가기 때문이다. 이것 외에도 오늘 내 손에 있는 1만 원은 확실한 1만 원이지만 10년 뒤에 내 손에 들어올 1만 원은 비록 약속은 했지만 어떻게 될지 모른다. 그리고 오늘 내 손에 1만 원이 있으면 지금 당장 그 돈으로 내가 사고 싶은 것을 살 수 있지만 10년 뒤 내 손에 들어올 돈으로 지금 무엇을 살 수는 없다.

그래서 오늘 1만 원의 가치가 10년 뒤에도 같은 가치를 가지려면 당연히 10년 뒤에는 그 돈이 1만 원 이상 되어 있어야 한다. 오늘 1만 원의 가치가 10년 뒤에는 얼마가 될 것인지 또는 10년 뒤 얼마의 돈이 오늘 1만 원과 같은 가치를 가질 것인가를 찾아내는 것이 투자에서는 아주 중요하다. 여기서 미래 어떤 시기에 내 손에 들어올 돈을 오늘의 돈 값으로 바꿔주는 것을 할인[discount]이라고 말한다.

1년 뒤에 받을 105원의 현재 가치는? 예를 들어서 오늘 100원을 은행에 빌려주면 1년 뒤에 은행이 105원을 돌려준다고 하자. 105원을 원금과 이자로 구분하면 100+5가 된다. 이것을 더 정확히 공식으로 나타내면 100×(1+0.05)=100×1.05=105

가 된다. 즉 이자로 5원이 붙었고, 이 5원은 원금 100원에 대해 5%다. 이 5%를 이자율이라고 부르기도 하고, 수익률이라고 하기도 한다. 이제 이것을 거꾸로 해보자. 즉 은행이 1년 뒤에 돌려주겠다고 한 105원을 수익률 5%로 나누면 1년 뒤 105원의 현재 가치는 100원이 된다. 이때는 5%를 수익률이라고 부르지 않고 할인율이라고 부른다. 즉 우리는 미래에 들어올 돈의 크기와 할인율을 알기만 하면 이제 그 돈의 가치를 계산할 수 있다.

〈투자 수익률은?〉

투자 금액(PV)이 100원이고 1년 뒤 회수 금액(FV)이 105원이면,

1년의 투자수익 또는 이자(CF)=105-100=5원이고,

1년의 투자 수익률 또는 이자율(r)=CF÷PV=5÷100=0.05=5%이다.

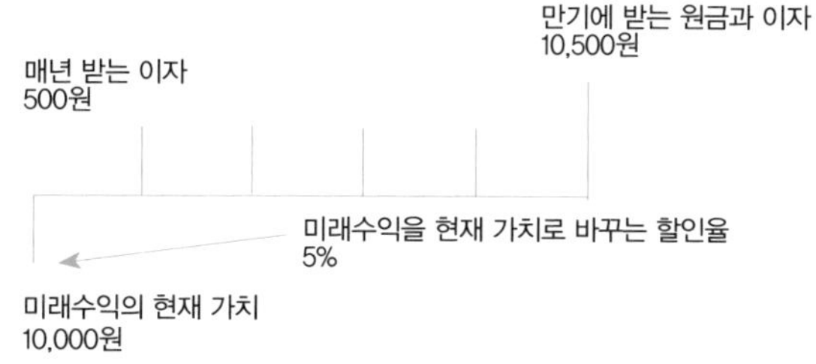

〈할인율은?〉

지금의 투자 금액[PV]에 1년 이자를 더하면 1년 뒤 회수 금액[FV]이 되므로,

PV+CF=FV, 여기에 CF=PV×r을 넣으면,
PV+PV×r=FV
PV(1+r)=FV가 되어, PV=FV÷(1+r)가 된다.

즉, 1년 뒤에 들어올 수익 105와 할인율 5%를 알면, 1년 뒤 105의 현재 가치는

105를 할인율(1+0.05)로 나누면 된다.

105/(1+0.05)=100

5년 만기 국채의 현재 가격은? 예를 들어서 어떤 사람(정부)이 앞으로 5년 동안 매년 500원의 이자를 주고 마지막에 1만 원을 돌려줄 테니 지금 1만 원을 빌려달라고 하여 빌려준다면, 즉 국채에 투자한다면 이때 나의 투자 수익률은 5%가 된다. 이것을 거꾸로 보면 앞으로 5년 동안 매년 500원이 들어오고 마지막 해에 1만 원이 들어오는 투자 기회에서 최소 5%의 투자 수익은 보아야겠다고 생각하면 지금 국채를 1만 원 이상에 사면 안 된다. 1만 원보다 더 비싸게 사면 나의 투자 수익률은 5%보다 더 낮아진다. 1만 원보다 더 낮은 가격에 사야 투자 수익률이 5%보다 더 커진다.

〈5년 만기 국채의 현재 가격 계산 원리〉

연간 이자 500원,
만기에는 이자와 함께 1만 500원이 들어오는 현금흐름(수익)이 있고,
이 투자 자산의 기대 수익률이 5%라면, 이 자산(국채)의 현재 가격은?

기간	이자 및 원금	할인 배수 5%인 경우	현재 가격	할인배수 계산공식
1	500	1.050	476	(1+0.05)^1
2	500	1.103	454	(1+0.05)^2
3	500	1.158	432	(1+0.05)^3
4	500	1.216	411	(1+0.05)^4
5	10500	1.276	8,227	(1+0.05)^5
			10,000	

* 투자 후 첫해에 들어오는 수익(현금흐름)은 500원이다. 이 500원을 5%의 수익률로 할인하여 (1+0.05)^1=1.05. 현재 가격으로 만들면 500÷1.05=476원이 된다. 같은 방법으로 매년 들어오는 현금흐름을 할인한 후 이를 모두 합하면 이 투자에서 들어오는 전체 현금흐름의 현재 가격은 바로 1만 원이 된다. 즉 이 자산을 1만 원에 사면 위와 같은 현금흐름이 들어올 경우 이 투자의 수익률은 5%가 된다.

채권처럼 이미 앞으로 들어오는 돈이 확정되어 있는 경우에 내가 지금 투자하는 금액(빌려주는 금액)이 커지면 커질수록 나의 투자 수익률은 낮아지고 반대로 투자 금액이 낮아지면 낮아질수록 나의 투자 수익률은 높아진다. 즉 투자 수익률과 투자 금액은 서로 반대로 움직인다.(여기서 투자 수익률, 할인율, 최소 요구 수익률, 기대 수익률, 금리, 시장 수익률, 내부 수익률, 기회비용, 자본 조달 비용 등은 모두 한 어머니의 뱃속에서 나온 쌍둥이들이다. 상황에 맞게 약간씩 둘러서 사용할 뿐이다.)

〈미래 투자 수익이 확정된 경우 투자 금액과 투자 수익률은 방향이 반대〉

투자 금액(상÷하)×투자 수익률(하÷상)=미래 투자 회수 금액(확정)

*미래 투자 회수 금액이 이미 확정되어 있는 경우, 투자 금액과 투자 수익률은 서로 반대로 움직인다. 그래서 채권의 수익률이 올라간다는 말은 바로 채권 가격이 내려간다는 것과 같은 말이다.

매년 이자가 확정된 영구 국채의 현재 가격은? 이번에는 정부가 앞으로 매년 영원히 1만 원을 주는 영구 국채를 판다고 하자. 이때 나는 얼마를 주고 사면 좋을까? 결론은 아주 간단하다. 내가 요구하는 또는 기대하는 수익률에 달려 있다. 만약 나의 요구 수익률이 5%라면 1만 원÷0.05=20만 원이 된다. 즉 지금 20만 원을 정부에 투자하면 정부는 1년이 지나면 5%에 해당하는 1만 원을 돌려준다. 즉 나의 투자 수익률은 5%다.

이처럼 미래에 들어오는 수익이 매년 일정하게 고정되어 있는 경우 그 미래수익을 현재 가격으로 할인하는 방법은 미래수익을 요구 수익률로 나누면 된다. 위에서처럼 매년 영구히 들어오는 미래수익이 1만 원이고, 연간 요구 수익률이 5%인 경우, 이것의 현재 가격은 1만 원÷0.05=20만 원이 된다.

〈돈의 시간 가치 ①: 매년 같은 수익이 영원히 나오는 경우〉

현재 가치=연간 수익÷요구 수익률

매년 이자가 늘어나는 영구 국채의 현재 가격은? 이제 마지막으로 한 가지 경우만 남았다. 만약 정부에서 매년 1만 원이 아니라 첫해는 1만 원을 주고 그 다음 해부터는 매년 3%씩 더 늘려서 준다고 하면 어떻게 될까? 이때도 나의 요구 수익률이 5%라면 당연히 내가 투자하는 금액(살 수 있는 가격)은 앞에서 본 20만 원보다 더 올라갈 것이다. 정부는 그냥 매년 1만 원씩만 주어도 국채를 20만 원 받고 팔 수 있는데, 여기에 매년 3%씩 복리로 늘어나는 돈을 돌려주므로 당연히 20만 원보다 더 높은 값에 팔려고 할 것이다. 이것을 계산하는 공식은 먼저 나의 요구 수익률 5%에서 미래수익이 늘어나는 속도인 3%를 빼고, 남은 것으로 첫해에 들어올 수익 1만 원을 나눠주면 된다. 즉 1만 원÷(0.05-0.03)=50만 원이 된다.

〈돈의 시간 가치 ②: 수익이 일정한 속도로 늘어나는 경우〉

현재 가치=첫해의 수익÷(요구 수익률-수익 증가 속도)

우리는 지금까지 미래수익이 국채처럼 안전하고 고정된 경우만 살펴보았다. 그러나 현실에서 많은 경우 미래수익은 안전하지도 않고, 확정적이지도 않다. 예를 들어 주식의 경우 내가 지금 1만 원을 주고 어떤 주식을 산다고 해서 앞으로 들어오는 미래수익이 국채처럼 안전하며, 확정되어 있는 것도 아니다.

그렇지만 돈의 시간 가치라는 기본 개념은 모든 투자에 언제나 적용된다. 예를 들어 어떤 사람이 사과나무를 팔려고 한다. 이 나무에서 앞으로 매년 몇 개의 사과가 열릴지 그리고 그 사과의 가격이 얼마가 될지는 아무도 정확히 알지 못한다. 이런 불확실한 상황에서 사는 사람과 파는 사람은 모든 상상력을 동원해서 사과나무 한 그루의 매매 가격을 정할 것이다.

비슷한 예로 저기 덤불 속에 새들이 날아 들어왔다 나갔다 한다고 하자. 투자란 덤불 속에 있는 여러 마리 새를 잡기 위해 옆에 있는 그물을 잡으려고 내 손 안에 있는 한 마리 새를 버릴 것인지를 결정하는 것이다. 매일 하나씩 알을 낳은 어미 닭을 오늘 몇 개의 알을 받고 다른 사람에게 넘길 것인지를 결정하는 것이다. 투자란 지금 내 손 안에 있는 확실한 한 마리 새나 한 개의 달걀을 불확실한 여러 마리의 새나 여러 개의 알과 바꾸는 것이다. 미래불확실성의 정도를 알아채고, 이 불확실성을 줄이는 방법을 찾아내고 이 불확실성을 돈으로 환산할 수 있는 능력이 투자라고 할 수 있다.

이런 불확실성에 대한 태도는 투자자마다 다르다. 또 이것이 집단으로 모이면 나라마다 다르다. 어떤 투자자 또는 어떤 나라는 이런 불확실한 상황에 대응하는 심리적 그리고 이성적 연습이 되어 있지 않아서 상대적으로 연습이 되어 있는 사람이나 나라에 쉽게 당하기도 한다. 한국이 1997년 겪은 외환위기는 대표적인 사례다. 1999년의 인터넷 주가 거품의 붕괴, 그리고 외환위기 이후 일어난 카드회사의 위기, 2007~08년의 미국 금융위기, 2011년의 유럽국가 부도위기도 마찬가지다. 앞으로도 이런 사례는 계속 나타날 것이다.

|자산 가치와 수익 가치의 비교|

여기 자기 돈 50과 남의 돈 50으로 자산 100인 회사가 있다고 하자. 이 회사의 가치는 얼마인가? 가장 쉽게 생각나는 것은 이 회사가 갖고 있는 자산의 가격이 100으로 장부에 올라 있으니 이 회사의 가치는 100이라고 말할 수 있다. 이 중에서 50은 남의 돈이므로 이것을 제외하고 나면 주주의 돈은 50이고, 만약 이 회사의 발행 주식수가 10이라면 이 회사의 1주당 가치는 주주 가치 50을 발행 주식수 10주로 나눈 5가 된다. 이것을 회사의 **자산 가치**라고 부른다.

〈회사의 자산 가치〉

회사의 총 자산=100
회사의 부채=50이면, 회사의 주주 가치는? 총자산-부채=50
회사의 발행 주식수=10주이면, 회사 주식 1주의 가치는? 50÷10=5

회사 장부에 올라온 자산 가치

총자산 100	부채 50
	주주자본 50

이 회사 총자산은 100이고
이 중 부채가 50이므로 주주자본의 가치는
총자산 100에서 부채 50을 뺀 50이다.
만약 발행 주식수가 모두 10이라면
1주의 장부상 주주 가치는 50÷10=5가 된다.

그런데 많은 경우 회사 장부에 올라 있는 자산 가격은 그 자산의 실제 가치를 제대로 반영하지 못한다. 예를 들어, 장부에는 기계 10이라고 올라 있어서 실제로 그 기계를 시장에 팔려고 내놓거나 그만한 기계를 다시 사려면 10보다 더 낮은 가격에 팔리거나 때로는 더 높은 가격에 사야 할 경우도 있다.

나아가서 회사가 갖고 있는 가치 중에는 장부에 올라오지 않은 것들도 많다. 회사가 그 동안 쌓아놓은 회사의 이미지나 직원들의 머릿속에 들어 있는 영업 지식 등 여러 가지가 있을 것이다. 그러므로 단순히 회사 장부에 올라 있는 금액을 보고 회사의 가치를 결정하는 것에는 무리가 따른다.

그렇지만 회사의 자산 중에서 최소로 건질 수 있는 자산의 가치를 생각해볼 수는 있다. 예를 들면 회사의 자산 중에서 예금이나 유가증권, 외상매출 또는 재고 자산처럼 실제 그 자산의 시장 가격에 가깝게 장부에 기록된 자산들도 있다. 이런 것을 **운전 자산**이라고 부른다. 위의 회사에서 이 운전 자산의 장부 금액이 70이라고 하면 여기서 남의 돈 50을 뺀 20은 거의 확실한 주주의 몫이다. 즉 이 회사의 주식 시가총액이 최소 20 이하로 낮아지면 이 회사의 주가는 회사의 가치에 비해서 낮다고 생각할 수 있다. 이것은 주식시장의 전체 분위기가 나빠져서 주가가 계속 떨어질 경우에 어디까지 떨어질 수 있을지 그 범위를 생각할 때 하나의 기준이 된다.

그런데 이 방법이 갖는 가장 큰 약점은 이 회사가 앞으로 이익을 내지 못하고 손해를 낼 경우다. 지금은 비록 20만큼의 주주 가치를 확실하게 갖고 있지만 앞으로 장사를 해서 이익을 내지 못하고 오히려 손해를 내면 주주 가치는 점점 더 낮아지게 된다. 즉 어떤 회사의 자산 가치란 그 자산이 앞으로 만들어낼 수익과 깊게 연결되어 있다.

만약 이 회사가 자산 100에서 매년 10의 수익을 만들어낸다고 하자. 이럴 경우 이 회사의 가치는 얼마나 될까? 이처럼 수익을 기준으로 그 회사의 가치를 판단하는 것을 회사의 **수익 가치**라고 부른다. 이 회사의 수익 가치를 알아내려면 이 수익 10 속에 자산 100을 마련하기 위해 들어간 자본 비용이 있는지 없는지를 먼저 생각해야 한다. 먼저 자본 비용이 들어가 있지 않다고 보자.

이 회사는 자산 100을 마련하기 위해서 남의 돈 50과 자기 돈 50을 집어넣었다. 이 자산을 마련하기 위한 자본(이때는 자산이 아니라 자본이라고 부른다) 100은 공짜가 아니다. 당연히 여기에는 비용이 붙는다. 그러므로 이 회사는 수익 10에서 자본 100을 마련하기 위한 비용, 예를 들어 10을 제외해야 실제로 회사가 번 수익이 나온다. 보통 영업보고서에는 자본 비용 중 남의 돈을 빌리는 데 들어간 비용은 이자로 계산해서 비용으로 처리한다. 그렇지만 자기 돈, 즉 주주의 돈에는 비용이 들어가지 않은 것으로 처리한다.

그리고 많은 경영자들이 주주의 돈은 비용이 들어가지 않은 공짜 돈이라고 생각한다. 누가 투자 수익을 바라지 않고 공짜로 회사에 돈을 넣겠는가? 왜 경영자들은 회사채라는 종이쪽지를 주고 마련한 남의 돈에는 이자가 들어가는 줄 알면서 주식이라는 종이쪽지를 주고 마련한 주주의 돈에는 그만한 대가를 돌려주지 않아도 된다고 생각하는 것일까? 그러므로 투자자들은 회사의 수익을 볼 때 손익계산서에 나오는 수익 또는 이익에서 남의 돈을 빌린 대가인 이자를 준 뒤의 이익인지 아닌지를 먼저 보아야 한다. 그리고 이자가 나가고 난 뒤의 수익이나 이익이라도 여기에는 주주의 돈을 사용한 대가로 나가야 할 자본 조달 비용은 아직 나가지 않았다는 것을 알고 있어야 한다.

그러면 주주는 회사에 투자하면서 어느 정도의 수익을 요구 또는 기대할 것인가? 당연히 회사가 많이 돌려줄수록 좋겠지만 말이다. 일반적으로 기업이 회사채를 발행할 때 비용을 치른다. 지금은 투자자에게 7~8%의 이자를 준다. 즉 회사채를 사는 사람들은 이 정도의 투자 수익을 기대한다. 주식에 투자하는 사람은 자연히 이보다 더 높은 투자 수익을 기대한다. 회사채는 주식에 비해서는 미래에 들어올 투자 수익이 더 안정적이다. 주식은 회사채보다 미래에 들어올 수익이 더 불안하므로 당연히 우리가 머릿속에서 상상하는 투자 수익이 더 높아야 한다. 만약 주식에서 들어올 미래 투자 수익률이 회사채와 비슷하거나 더 낮다면 누가 주식에 투자하겠는가? 모두 주식보다 더 안정적인 회사채에 투자하려고 할 것이다.

회사의 수익이 자본 비용과 같을 경우 다시 원래의 예로 돌아와서 이 회사가 매년 10의 수익을 내고, 여기에는 아직 자본 조달 비용을 빼지 않았다고 하자. 그리고 이 회사의 자본 조달 비용이 10(이것을 조달 원본 100과 비교하면 10%가 된다)이라고 하자. 그러면 이 회사는 실제로 1년 동안 장사를 해서 얼마를 새로 남긴 것인가? 수익 10에서 비용 10을 빼고 나면 남긴 것이 없다. 이 회사는 기존에 갖고 있던 자산에다 아무런 새로운 가치도 보태지 못한 것이다. 즉 이 회사의 수익에서 출발하여 계산한 회사의 가치는 회사의 자산 가치 100과 같아진다.

이것을 실제로 계산 공식에 넣어보자. 우리는 앞에서 정부가 매년 일정한 이자를 줄 경우 수익률을 알면 그 미래수익의 가치가 지금 얼마인지 계산하는 공식을 알고 있다. 즉 매년의 미래수익 10을 기대 수익률(할인율, 자본조달 비용) 10%로 나누면 된다. 10÷0.1=100이 되어 이 회사의 수익 가치는 이 회사의 자산 가치 100과 같다. 더 쉽게 생각하면 회사는 아무런 가치도 새로 만들어내지 못하므로 회사의 가치는 바로 지금 회사의 자산 가치인 100이다.

회사의 수익이 자본 비용보다 큰 경우 만약 이 회사가 자산 100에서 매년 10이 아니라 15의 수익을 만들어낸다고 하자. 이 경우에는 자본 조달 비용 10을 빼고도 이 회사는 매년 5라는 수익을 새로 만들어서 회사가 갖고 있는 기존의 자산 가치 100에다 보탠다. 이 경우 이 회사의 수익 가치는 얼마가 될까? 계산하는 방법은 두 가지다.

〈회사의 수익 가치: 미래수익이 10인 경우〉

회사 장부에 올라 있는 총 가치 100

회사가 자산 100에서 매년 만들어낼 수익 10

회사가 자산 100을 마련하기 위해 지불해야 할 비용 10÷100=10%이면,

회사 미래 수익의 현재 가치는? 10÷0.1=100

자산에서 나오는 미래 수익이 10일 경우
미래 수익 10으로 계산한 이 회사 자산의 가치는?
할인율이 10%라면 10÷0.1=100
회사 가치 100에서 부채 50을 빼면 주주 가치는 50
이것을 발행 주식수 10으로 나누면
1주의 가치는 5

방법 1 매년의 수익 15를 자본 조달 비용(투자자의 요구 수익률) 10%로 나누면 15÷0.1=150이다. 즉 이 회사의 수익 가치는 150이 되어 자산 가치 100보다 더 높다. 그러면 수익 가치(총가치) 150에서 남의 돈 50을 빼면 남은 100은 바로 주주의 몫이 되고 이것을 발행 주식수 10으로 나누면 1주당 가치는 10이 된다.

방법 2 매년 수익 15에서 자본 조달 비용 10을 빼고 남은 5의 현재 가치를 계산하는 것이다. 이것은 회사가 매년 새로 보태는 가치인데 이것을 **경제적 부가 가치**EVA, Economic Value Added라고 부르기도 한다. 매년 새로 보태질 5의 현재 가치는 같은 방식으로 5를 투자자의 요구 수익률 10%로 나누면 5÷0.1=50이 된다. 이 50을 회사가 현재 갖고 있는 가치인 장부 가치 100에 보태면 역시 이 회사의 수익 가치는 150이 되어 방법 1과 같은 값을 얻게 된다.(여기서 50은 경제적 부가가치가 되는데, 먼저 '부가가치'란 말은 새로 가치를 보탠다는 의미로 사용하며, '경제적'이란 표현이 붙은 것은 자본의 조달 비용을 부채 비용만이 아니라 주주 자본에도 비용이 들어간 것으로 보았다는 의미에서, 즉 회계적 가치가 아니라 경제적 가치라는 의미에서 사용하고 있다.)

우리가 여기서 알아낸 중요한 사실은 회사가 자산에서 수익을 만들어내더라도 그 수익의 크기가 조본 조달 비용보다는 더 커야 한다는 점이다. 그래야 회사의 가치가 점점 커지게 된다. 만약 수익이 비용보다 더 작으면 오히려 이 회사는 가치를 점점 까먹고 있는 것이다. 이런 회사는 회사의 시가총액이 당연히 회사의 장부 가치보다 더 낮아진다. 반면에 수익이 자본 비용보다 더 큰 회사는 회사의 시가총액이 회사의 장부 가치보다 더 커진다.

문제는 어떻게 회사가 계속 자산에서 자본 조달 비용보다 더 높은 수익을 낼 수 있을까 하는 점이다. 어떤 회사가 이처럼 장사를 잘한다면 당연히 다른 회사도 여기에 덤빌 것이다. 즉 회사는 다른 회사와 다른 경쟁력을 갖고 있어야 한다. 그래야 자본 비용보다 더 높은 수익을 오랫동안 낼 수 있다.

〈회사의 수익 가치: 미래수익이 15인 경우〉

방법 1

회사가 자산에서 매년 만들어낼 수익 15

회사가 자산을 마련하기 위해 들어갈 비용 10÷100=10%이면

회사 미래수익의 현재 가치는? 매년 미래수익÷요구 수익률=15÷0.1=150

회사의 주주 가치는? 총 가치-부채=150-50=100

회사의 총 발행 주식수 10주면, 회사 1주의 가치는? 100÷10=10

방법 2

회사가 자산에서 매년 만들어낼 수익 15

회사가 자산을 마련하기 위해 들어간 비용 10(또는 10%=10÷100)이면

회사가 매년 새로 만들어내 회사에 보태는 순수익은? 수익-비용=15-10=5

이 미래 수익의 현재 가치는? 매년 미래 수익÷요구 수익률=5÷0.1=50

회사의 총 가치는? 기존의 가치+새로 보태는 가치=100+50=150

자산에서 나오는 미래 수익 15와
자산 100을 마련하기 위한 비용이 10인 경우

방법 1

회사 총 가치=15÷0.1=150
여기서 부채 50을 빼고 남은 주주 가치 100을
발행 주식수 10으로 나누면 1주의 가치는 10

방법 2

수익 15에서 비용 10을 뺀 5만이 회사가 새로 보탠 가치임
이 5의 현재 가치는 5÷0.1=50
이것을 회사의 기존 가치인 100과 합치면 이 회사의 총가치는 150
여기서 부채 50을 뺀 100이 주주 가치임
이것을 발행 주식수로 나누면 1주당 가치는 10

이런 의미에서 보면 어떤 회사가 어떤 경쟁력을 갖고 있으며, 그 경쟁력이 얼마나 오래 갈 것인지를 찾아내는 것이 내년에 회사가 얼마의 이익을 내는지 알아맞히는 것보다 몇십 배, 몇백 배나 더 중요하다. 우리는 4장에서 이미 이 문제를 다루었다.

마지막으로 회사의 수익이 매년 고정되어 있는 것이 아니라 매년 일정하게 늘어난다고 하자. 앞에서는 수익이 매년 10으로 고정되어 있는 것으로 보았다. 만약 위의 회사가 자산 100에서 매년 수익 10을 고정적으로 만들어내는 것이 아니라 첫해에 10을 만들어내고 그 다음부터 수익이 매년 5%씩 늘어난다고 하자. 이럴 경우 이 회사의 수익 가치는 얼마가 될까? 계산 공식은 이미 위에서 국채의 가격을 계산할 때 보았다.

먼저 할인율은 투자자의 요구 수익률 10%에서 수익의 성장률 5%를 뺀 5%가 된다. 이것으로 첫해 수익 10을 나누면 10÷(0.1-0.05)=200이 된다. 즉 이 회사의 수익 가치는 200이다. 여기에서 남의 돈 50을 뺀 150이 주주 가치가 되고, 발행 주식수 10으로 나눈 15가 1주당 가치가 된다. 위의 공식에서도 알 수 있듯이 당연히 수익이 늘어나는 속도가 빠르면 빠를수록 회사의 가치는 올라간다. 과거 1990년대 말 인터넷 주식 거품 시기에 이익도 나지 않은 어떤 회사의 시가총액이 1조를 넘어간 경우가 있었다. 투자자들은 앞으로 이 회사 이익이 빠른 속도로 늘어날 것으로 생각했던 것이다.

〈회사의 수익 가치: 미래 수익이 일정한 속도로 늘어나는 경우〉

첫해의 수익: 10

이익이 늘어나는 속도: 5%

미래 수익의 현재 가치＝첫해의 수익÷(요구 수익률-수익 성장률)

＝10÷(10%-5%)=200

이런 미래 성장은 아주 불확실하다. 1~2년 뒤에 어떤 일이 일어날지도 잘 모르는데 어떻게 영원히 수익이 5%씩 늘어날 것으로 가정할 수 있겠는가? 그러므로 기업의 가치를 생각할 때 미래 수익이 늘어나는 것으로 가정할 경우는 아주 조심해야 한다. 가능하면 지금 수준의 수익을 계속 내는 것으로 가정하는 것이 좋다. 그리고 무엇보다 중요한 것은 수익을 매년 안정적으로 내는 것이다. 어느 해는 수익이 20이었다가 어느 해는 5 또는 -5가 된다든가 하는 일이 일어나면 회사의 가치를 찾아내기가 아주 어렵다. 이런 회사의 가치는 떨어진다. 그러므로 회사의 가치를 찾아내는 방법이 그 효과를 내려면 미래 수익이 안정적일 회사를 먼저 찾아내야 한다.

그리고 그 회사가 미래 수익을 안정적으로 낼 수밖에 없는 배경, 즉 경쟁력의 근거를 찾아야 한다. 그래서 그 경쟁력이 얼마나 오래 갈 수 있을 것인지를 생각해야 한다. 그러므로 가치투자를 하려면 자연히 투자자가 잘 아는 회사 또는 이해하기 쉬운 회사를 선택해야 한다. 그래야만 가치투자라는 방법이 지닌 장점이 최대한 살아나기 때문이다.

|적정 할인율을 찾아내는 방법|

어떤 자산의 현재 가치를 짐작하려면 그 자산이 만들어내는 미래수익의 흐름을 현재 가치로 바꾸어야 한다. 이때 미래수익의 흐름을 현재의 가격으로 바꾸는 것을 할인이라고 말하고 이때 사용하는 값을 할인율이라고 말한다.

예를 들어 2012년 12월 31일에 내 손에 들어올 105원의 가치는 2012년 1월 1일에는 105원보다는 낮은 얼마가 될 것이다. 1년 뒤 105원의 가치를 지금 얼마의 가치와 같도록 만들어주는 값이 바로 할인율이다. 다른 말로는 1년 동안 자본이 만들어낼 투자 수익률이라고 할 수 있다. 할인율은 투자 수익(미래 현금흐름)이 내 손에 들어오는 미래의 어느 시점에서 뒤를 돌아 지금을 바라보는 것이고, 투자 수익률은 지금에서 출발해서 나의 투자 수익이 나올 미래 어느 시점을 바라보는 것이다.

1년 뒤 105원의 가치를 지금 얼마라고 볼 것인지는 사람에 따라서 달라진다. 1년 동안에 자본이 5%의 수익을 낼 것이라고 생각하는 사람은 할인율 5%를 사용하여 1년 뒤의 105원은 지금 100원의 가치를 가진다고 생각할 것이다(105÷1.05=100). 만약 어떤 사람이 자신은 1년 동안에 자본을 투자해 10% 정도 수익을 낼 수 있다고 생각한다면 이 사람은 자본 할인율을 5%가 아닌 10%를 사용할 것이다. 이 사람에게 1년 뒤 105원의 가치는 지금 100원보다 낮은 94.5원이 된다(105÷1.1=94.45).

이렇게 사람마다 사용하는 자본 할인율이 서로 다르다. 그러면 나의 할인율은 얼마인가? 그런데 이 질문은 좀 이상하다는 생각이 든다. 할인율이란 내가 어느 자산에 투자해서 얻고 싶은 투자 수익률이기도 하다. 당연히 이 투자 수익률은 높으면 높을수록 좋은 것이 아닌가? 나는 5%보다는 10%를 얻고 싶고, 10%보다는 더 높은 20%를 얻고 싶고, 좀 이상하다는 생각이 들기는 하지만 50%, 100%, 아니 가능하다면 최대한 높은 투자 수익률을 얻고 싶다.

그렇다. '가능하다면'이다. 실제로 내가 얻을 수 있는 또는 얻을 것 같은 수익률은 내가 욕심내는 수익률이 아니라 그럴 가능성이 있는 수익률이다. 예를 들어 지금 시장에서 투자 수익률이 10%인 어떤 자산의 가격이 1만 원에 거래되고 있다고 하자. 나는 투자 수익률 10%에는 만족하지 못하고 최소 20%는 되어야 한다면 이 자산을 지금 시장 가격 1만 원에 사서는 안 된다. 자산 가격이 이보다 낮아질 때까지 기다려야 한다. 만약 자산 가격이 이보다 더 떨어지지 않으면 나는 이 자산에 투자할 기회를 갖지 못한다. 즉 나는 시장보다 더 높은 투자 수익률을 바라지만 이것을 달성할 가능성은 거의 없다. 그래서 어쩔 수 없이 나의 기대 투자 수익률을 시장 수익률에 맞추어간다.

내가 시장 수익률보다 더 높은 20%의 투자 수익을 낼 수 있는 자산에 접근할 수 있는 길이 전혀 없는 것은 아니다. 그것은 다른 사람들이 겁을 내고 잘 가지 않는 자산이다. 즉 위험이 높은 자산이다. 예를 들면 벤처 회사와 비슷한 것이다. 그 자산에서 만들어낼 수익의 질이 낮아서 다른 사람들이 겁을 내기 때문에 그 자산의 가격은 낮은 수준에 있을 것이다. 즉 내가 시장 평균보다 더 높은 투자 수익을 내려고 욕심을 부리려면 다른 사람들이 보지 못하는 무엇이 내 눈에는 보이든가(그럴 자신이 있든가) 아니면 다른 사람보다 투자 손실에 대해 겁이 적어야 한다.

내가 갑이라는 자산에 투자할 때 적용할 수 있는 할인율은 갑이라는 자산이 아닌 다른 여러 자산, 즉 을, 병, 정 등 중에서 가장 실현 가능성이 높은 자산에서 나오는 수익률, 예를 들어 이것을 을이라고 하면, 을의 수익률을 기준으로 잡으면 된다. 만약 갑에서 나올 투자 수익률이 을에서 나올 투자 수익률보다 더 낮다면 굳이 갑에 투자할 이유가 없다. 그래서 내가 자산 갑에 투자할 때 요구하는 최소 수익률은 을에 투자해서 얻을 수 있는 투자 수익률이 된다. 예를 들어 어떤 친구가 동업을 하자면서 최소 10%의 투자 수익은 보장해주겠다고 할 때 내가 이것을 포기하고 다른 곳에 투자할 때는 이 자산에서 내가 요구하는 투자 수익률 또는 할인율은 최소 10%는 넘어야 한다. 이것을 기회 비용이라고도 한다.

그런데 가만히 생각해보니 갑이라는 자산에 투자할 때 적용할 할인율을 결정한다고 시작해서는 결론이 이상하게 을이라는 자산을 끌고 와서 대충 넘어가려고 한다. 아마도 을을 물으면 병이 나오고 병을 물으면 정이 나오고 이렇게 끝없이 도망갈 것이다.

나에게 맞는 할인율을 결정하는 요소는 두 가지다. 하나는 나의 능력에 달려 있다. 내가 높은 수익률을 낼 수 있다면 나는 높은 투자 수익률, 즉 높은 할인율을 요구할 수 있다. 이것은 단순히 내 욕심에서 나오는 수익률이 아니다. 어느 정도 실현 가능성이 높은 수익률이다. 그러므로 나의 능력이 다른 사람의 능력과 크게 다르지 않다면 내가 요구하는 수익률 또는 바라는 수익률은 평균적인 사람들이 바라는 수익률, 즉 시장 수익률과 크게 다르지 않아야 한다.

다른 한 가지는 투자 대상이다. 다시 말해 투자 대상에 따라 내가 요구하는 수익률은 달라진다. 돈을 단기 금융 자산에 넣어둘 때는 현재 금리인 1년에 3% 정도의 투자 수익률에 만족한다는 의미가 이미 깔려 있다. 그러나 이 돈을 예를 들어 3년 만기 회사채에 투자한다면 3%가 아니라 8% 전후의 투자 수익률을 요구한다는 말이다. 당연히 3%보다 높은 8%의 수익률을 요구하는 대신 더 높은 투자 위험을 질 각오가 되어 있어야 한다. 그리고 만약 자본을 주식에 투자한다면 최소한 회사채의 8%보다는 더 높은 투자 수익률을 요구한다는 말이다. 주식 중에서도 벤처 성격이 강한 회사에 투자한다는 것은 최소한 10%보다는 더 높은, 예를 들면 최소 20%의 투자 수익률을 요구한다는 의미다. 이런 식으로 투자하는 대상 자산의 성격에 따라서 요구하는 투자 수익률은 달라진다. 이것은 그 대상 자산의 가격 변동 정도 또는 그 자산에 투자해서 나오는 수익의 확실성 정도가 다르기 때문이다.

종합하면 내가 어떤 자산에 투자할 때 요구하는 투자 수익률(할인율)은 나의 투자 능력과 투자 대상 자산에서 나올 수익의 확실성 정도에 따라서 달라진다. 일반적으로 주식에 투자할 때는 국채에 투자해서 나오는 수익률(이를 무위험 수익률이라고 부른다)에다 주식에 투자할 때의 투자 위험(투자 손실을 볼 수도 있다는 위험)을 보상해줄 정도의 수익률(위험 보상 수익률)을 합친 수익률을 적용한다.

예를 들어 국채 수익률을 5%라고 보고, 주식에 투자할 때 위험을 대가로 추가로 요구하는 수익률이 5%라면 내가 주식에 투자할 때 요구하는 수익률(할인율, 자본비용)은 5%+5%=10%가 된다. 그러나 이 공식을 실전에 적용할 때는 많은 어려움이 따른다. 국채 수익률은 시장 수익률을 가지고 오면 되지만 주식의 위험 보상 수익률은 앞에서 본 것처럼 사람에 따라서 그리고 개별 주식의 질에 따라서 달라지므로 쉽게 찾아내기가 어렵다. 그래서 굳이 기대 투자 수익률을 위험 수익률과 무위험 수익률로 나누어보는 것은 크게 도움이 되질 않는다.

이것의 대안으로 생각해볼 수 있는 것은 한 나라의 주식투자 수익률은 장기로 보면 결국 그 나라의 장기 성장률을 넘어서기 어렵다. 나아가서 나의 주식투자 수익률은 다시 장기로 보면 시장 수익률을 크게 벗어나기 어렵다. 만약 한국의 장기 경제 성장률이 물가 상승률을 포함해서 7~8%라고 한다면 나의 투자 능력이 크게 떨어지지 않는다면 나의 장기 투자 수익률 역시 7~8%로 보면 될 것이다. 자신의 투자 능력이 평균적인 사람보다 좀더 높다면 10% 정도면 될 것이다. 이것을 기준으로 그 당시의 경기 순환 또는 시장 금리 수준 또는 물가 상승률을 고려하여 나의 투자 수익률을 정하면 된다. 다시 말하면 나의 투자 수익률을 정하기 위해 정밀한 계산 공식을 사용할 필요는 없다. 나에게 맞는 투자 수익률을 정하는 데 정밀한 계산 모형을 사용하는 것은 마치 어른이 먹을 음식을 만든다면서 이가 없는 어린아이 음식을 만들 때 사용하는 분쇄기를 돌리는 꼴이다. 이런 분쇄기 사용이 시간 낭비라는 것을 알면서도 사용하는 경우도 있을 것이다. 자신의 주장을 그럴듯하게 보이고 싶을 때다.

주가와 심리

우리는 기본적으로 주가가 싼지 비싼지를 판단하는 기준을 회사의 가치라고 생각한다. 그리고 그 가치는 회사가 앞으로 만들어낼 이익의 크기와 질에 달려 있다고 본다. 그래서 지금까지 회사의 가치를 가격으로 나타내는 방법들을 알아보았다. 그렇다고 시장에서 언제나 주가가 회사의 가치를 반영하면서 움직인다고 주장하는 것은 아니다. 주가와 기업의 가치는 배와 닻의 관계 같다고 할 수 있다. 배가 닻을 내린 곳에서 멀리 벗어나지는 못하지만 닻에 고정되어 있는 것도 아니다. 때로는 닻과 배를 연결한 줄이 길어질 수도 있고, 배가 다시 닻을 내린 곳으로 돌아오기까지 몇 년이 걸릴 수도 있으며, 실제 닻의 위치는 계속 바뀔 수 있다. 이처럼 주가와 회사 가치도 느슨한 끈으로 연결된 채 때로는 움직이는 방향이나 속도가 서로 달라지면서 둘 사이의 거리가 사방으로 멀어졌다 가까워졌다 하는데 이런 상황의 주요 배경 중 하나는 인간이 지닌 판단 능력의 한계와 인간이 원시시대부터 지니고 내려오는 변하지 않는 심리적인 속성에서 비롯된다. 이것을 통틀어 여기서는 인간의 심리라고 부르기로 한다.

사람들은 어떤 현상을 보면 항상 여기서 일정한 법칙성을 찾아내려는 경향이 있다. 실제로 아무 법칙성이 없는 곳에서도 억지로 무엇인가 변화

원리를 찾아내려고 한다. 그래야 불안에서 벗어날 수 있기 때문이다. 주식시장도 마찬가지다. 주가 변동에서 어떤 법칙성을 찾아보려는 시도는 오래 전부터 있었다. 이런 노력은 당연히 그 시대 주류 사고의 틀에 제약을 받는다.

주가 변동에서 법칙성을 찾으려는 노력들

주식시장은 누구나 참여할 수 있다는 면에서 보면 민주적이다. 거래소 앞에서 구두를 닦는 사람도, 인류 역사 최고의 과학자인 뉴턴과 경제학자 케인즈도 주식투자를 했다. 뉴턴은 돈을 잃었고, 케인즈는 벌었다. 뉴턴은 남해주식회사에 투자해서 큰 돈을 잃은 후 "천체의 움직임은 계산할 수 있으나 시장의 변화는 계산할 수 없다"고 말했다. 머리가 좋다고 투자 성과도 좋은 것은 아니다.

워렌 버핏은 주식투자는 아이큐 160이 130을 이기는 게임이 아니라고 말했다. 세계에서 가장 아이큐가 높다는 멘사 회원들의 투자 실적이 시장 평균보다 더 낮았다는 실증 분석도 있다. 많은 사람들이 주식시장의 형태를 연구했지만 아무도 여기에서 수학공식과 같은 법칙성을 찾아내지 못했다. 영원히 찾아내지 못할 것이다.

뉴턴이 물질의 움직임을 지배하는 만유인력의 법칙을 찾아낸 이후 물질세계를 지배하는 원리로 사회 현상을 설명하려는 시도가 곳곳에서 일어났다. 뉴턴이 찾아낸 법칙성의 핵심은 균형이다. 사과는 땅으로 떨어지나 지구의 주위를 도는 달은 사과와 달리 지구와 일정 거리를 유지하고 있다. 이것은 달이 지구에서 벗어나려는 힘과 지구가 달을 당기는 힘이 균형을 이루고 있기 때문이다. 일시 불균형이 일어나더라도 기본은 언제나 균형이다. 근대 경제학의 체계를 만든 학자들은 이런 균형 원리를 경제학에도 그대로 적용하여 가격은 수요와 공급이 만나는 균형점에서 결정된다고 말했다.

사람은 물질에 구속받는 경우가 많으므로 사회 현상에도 어느 정도는 물리의 세계 같은 법칙성이 작용하지만 완전하게 물리 법칙이 작동하지는 않는다. 즉 사회 현상의 한 요소인 사람은 앞으로 어떤 일이 일어날 것인지를 예상하고 이를 이용하려 하므로 대부분의 사회 현상은 균형 상태보다는 불균형 상태의 연속이라고 보아야 할 것이다. 예를 들어, 고속도로에 차가 많이 밀리는 시간을 피하려고 새벽에 출발했는데 모두 비슷한 생각을 하는 바람에 새벽에 도로가 가장 복잡해지는 경우와 같다.

경제학에서는 이처럼 사람이 갖고 있는 기대를 집어넣어 경제 현상을 설명할 수밖에 없다. 그러나 만약 인간이 자기 멋대로 기대를 한다면 경제학을 비롯한 모든 사회 과학은 학문이 될 수가 없다. 그래서 경제학에서는 인간이 갖고 있는 특성인 기대를 받아들이되 이것에다 '합리'(합리라는 말은 '이성'의 사촌쯤 되는 말이다)라는 단어를 붙여 '합리적인 기대'라고 한정지었다. 인간은 자신에게 이익이 되는 방향으로 합리적으로 기대하므로 여전히 경제 현상에서 법칙성을 찾아낼 수 있으며, 이 법칙성은 결국 물리의 세계와 마찬가지로 균형의 법칙이라고 말해왔다.

주가가 대부분의 정보를 합리적이고 즉각적으로 반영한다는 견해

인간이 합리적으로 판단하고 행동한다고 믿는 사람들은 주가도 주식시장에 참여하는 모든 사람이 미래에 일어날 일을 합리적으로 판단한 결과로 만들어지며, 시장 가격은 언제나 적정한 가격이라고 말한다. 이처럼 주가가 언제나 앞으로 일어날 만한 일을 미리 반영해버린다면 보통의 투자자들은 더 이상 주가가 어디로 갈지 예측해볼 여지가 없어진다. 이미 예측할 만한 일들은 모두 주가에 반영되어 있기 때문이다. 그래서 예측을 잘하여 남보다 더 높은 수익을 얻겠다는 생각은 애초에 버려야 한다.

주식시장에 대한 설명이 더욱 힘을 얻게 된 것은 실제로 전문 투자자들도 계속해서 전체 시장보다 더 높은 투자 성과를 내기가 어렵기 때문이다. 이런 입장에서 주식시장을 바라보면 더 높은 투자 성과를 내려고 힘들게 개별 회사를 조사할 필요가 없다. 왜냐하면 주가는 언제나 가장 그럴듯한 가격, 더 강하게 말하면 그럴 수밖에 없는 가격에서 만들어지기 때문에 개별 투자자가 아무리 애를 써도 전체 시장보다 더 높은 투자 성과를 내기 어렵다. 개별 투자자가 보통의 경우(보통의 위험을 질 경우) 장기로 올릴 수 있는 가장 높은 투자 성과는 시장 전체의 상승률 정도다.

이렇게 되면 계산이 빠른 사람은 만약 주가가 시장 생각을 반영하여 움직인다면 지금 시장은 무슨 생각을 하며, 이 생각이 앞으로는 어떻게 바뀔 것인지에 관심을 갖게 된다. 만약 이것만 알 수 있다면 확실히 높은 투자 수익을 낼 수가 있다. 즉 자신의 기대는 중요하지 않고 다른 사람들의 평균적인 기대, 즉 시장의 기대(생각, 예상)가 중요해지는 것이다.

케인즈는 이것을 미인선발대회에서 우승자를 알아맞히는 내기에 비유했다. 우승자를 알아맞혀서 상금을 타려면 자기 생각에 미인이라고 생각되는 사람을 찍어서는 안 된다. 그렇다고 가장 많은 사람들이 각자 가장 미인이라고 뽑을 사람을 찍어도 안 된다. 내가 나의 기준을 버리고 다수의 기준을 생각하듯이 다른 참가자들도 모두 자기 기준을 버리고 다수의 기준(이것이 무엇인지는 모르지만 참가자 각자가 자기 생각에 미인이라고 생각하는 기준이 아닌 것은 분명하다. 아마도 그날 아침에 신문이나 방송에서 가장 가능성이 높다고 말한 어떤 후보일지도 모른다)을 중요하게 생각할 것이다. 즉 주식시장을 움직이는 힘은 나의 기준도 아니고 다수의 기준도 아니고 다수가 생각하는 다수의 기준, 그것이 무엇인지를 알아맞히는 게임이 되는 것이다.

주식시장의 이런 속성을 다음의 실험으로 설명하기도 한다. 예를 들어 참가자 100명에게 1에서 100까지 숫자를 주고 각자가 적어낸 숫자의 평균에서 5를 뺀 값을 맞힌 사람에게 상금을 준다고 하자. 각자가 적어낸 숫자의 평균은 얼마가 될까? 처음에 사람들은 45를 적어내려고 할 것이다. 그러나 한번 더 생각하면 40을 적어낸다. 여러 번 생각하면 할수록 이 값은 점점 작아진다. 이 머리 굴리기가 몇 차례나 일어날까?

이런 관점에서 시장을 보면, 여기 회사는 좋으나 아직 시장에 알려지지 않아서 값이 싼 미인 회사가 있다고 하자. 그럼 이런 회사를 지금 사야 할 것인가? 내가 이 주식을 미인 주식이라고 보는 것은 중요하지 않다. 시장이 이 회사를 미인 주식이라고 투표해주어야 한다. 만약 앞으로도 오랫동안 시장에 알려지지 않으면 내가 주식을 산 이후 오히려 주가가 내려갈 수도 있다. 그리고 좋은 회사라는 것이 시장에 알려지기 전에 예상하지 못했던 일이 일어나서 회사가 정말로 나빠져버릴 수도 있다.

이와 비슷한 예로 인기 연예인이나 인기 작가를 들 수 있다. 어떤 회사나 투자자가 앞으로 가능성이 있어 보이는 가수나 인기 작가에게 미리 투자한다고 하자. 나중에 이 사람이 정말 인기 연예인이나 작가가 될 수도 있지만 실력이 있음에도 불구하고 대중의 관심을 끌지 못할 수도 있다. 미리 투자한 회사나 투자자가 그런 시기가 올 때까지 기다리는 동안 그 가수나 작가에게 미처 예상하지 못한 나쁜 일이 생겨서 대중의 관심을 끌 가능성이 거의 사라져버릴 수도 있다.

주식투자에도 이와 똑같은 투자 위험이 따라다닌다. 이런 위험을 피하고 싶다면 기다렸다가 시장이 이 회사에 관심을 갖기 바로 전에 이 회사의 주식을 사야 한다. 이런 투자 방법을 '시장 움직임 알아맞히기 timing the market'라고 말하는데 이것은 아주 예민한 감각을 지닌 경험이 많은 고수만이 할 수 있다. 물론 더 고수는 이런 방법을 사용하지 않는다. 그런데 이 방법은 주식을 잘 모르는 사람이 적은 돈을 가지고 용돈을 벌려고 투자할 때 가장 즐겨 사용하는 방법이기도 하다.

이런 관점에서 주식시장을 바라보면 주식투자에서 좋은 성과를 내기란 정말 어렵다. 좋은 성과를 내기 위해서는 시장의 기대가 무엇인지 알아내는 것이 중요한 것이 아니라 시장의 기대가 앞으로 언제쯤 어디로 움직일 것인지를 예상해야 하기 때문이다. 이 '시장 기대의 변화'는 한동안 고정되어 있을 수도 있지만 계속해서 움직인다. 나의 기대와 시장의 기대를 구분하는 것도 어려우며, 의식적으로 구분했다 하더라도 과연 시장의 기대가 앞으로 어떻게 움직여나갈지 짐작하기는 어렵다. 즉 시장 지수보다 더 높은 투자 성과를 내기란 정말 어렵다는 말이다.

예를 들어, 나는 북한 핵 문제가 잘 풀릴 것이라고 보고 주식을 샀는데 시장이 북미 사이에 긴장이 커진다고 생각하면 나는 투자 손실을 보게 된다. 여기서 시장은 어떻게 생각할 것인지 미리 알기도 어렵지만 알았다 하더라도 나의 생각을 버리고 시장의 생각을 따라가기란 심리적으로 쉬운 일이 아니다. 만약 결국 나의 생각이 맞을 것이라고 고집한다면 나는 언제 주식을 사야 하나? 시장의 생각이 나의 생각으로 바뀌기 바로 전, 또는 시장에 북핵 위기가 충분히 반영된 직후에 사야 한다. 그럼 나는 이 시점을 알아맞힐 수 있을까? 오래된 투자 경험과 폭넓은 지식이 부족한 일반 투자자는 거의 불가능하다고 봐야 한다. 그럼 전문 투자자는 가능할까? 아마도 절반은 맞히지만 절반은 틀리지 않을까?

가치투자에서는 이처럼 시장이 어디로 움직일지 알아맞히는 것은 불가능하다고 보며, 처음부터 이런 시도를 하지 않는다. 대신에 가치투자는 인간의 심리가 때로는 주가를 너무 위로 밀어 올리기도 하고 때로는 너무 밑으로 내리기도 한다고 생각한다. 그래서 이것을 잘 이용하려고 한다. 즉 우리가 앞에서 본 것과 같은 방법으로 그 회사의 적정 가치를 찾아낸 후 이를 시장 가격과 비교하여 투자 결정을 내린다. 다른 말로 하면 가치투자를 하는 사람들은 앞으로 주가가 올라갈 것인지 내려갈 것인지를 맞히려고 하지 않는다. 지금의 주가가 비싸 보이는지 싸 보이는지를 판단하려고 한다. 다른 사람들이 누구를 미인이라고 생각하는지는 전혀 중요하지 않다. 내 눈에 미인이면 그냥 미인이다. 그만큼 자신의 판단에 확신을 가지고 있다. 자신의 판단이 틀려서 투자 손해를 보는 것은 어쩔 수 없다고 생각한다. 이런 정도의 위험은 받아들일 수밖에 없다고 생각한다.

주가에는 인간 이성의 한계와 심리적 결함도 들어가 있다는 견해

주식시장에서 가장 편리한 말이자 가장 믿기 어려운 말이 "그것은 이미 시장에 반영되었다"는 말이다. 어떤 좋은 정보나 나쁜 정보가 나왔을 때 이미 그 효과는 시장에 반영되었다는 것이다. 그냥 짐작일 뿐이다. 증명할 길이 없다. 더욱 황당한 것은 회사의 실적이 나빠졌거나 실업자 수가 늘어나면 주가가 떨어지는데 어떤 경우는 똑같은 일이 일어나도 주가가 올라간다. 이런 현상은 모두 투자자들이 투자 성과를 높이기 위해서 서로 경쟁적으로 남보다 한발 앞서 움직이려고 하기 때문에 일어난다.

겉으로 보아서 같은 현상에 시장이 서로 반대로 반응하는 이유를 설명하기는 결코 쉽지 않다. 그냥 어둠 속에 묻혀 있다. 그러다 보니 주가 변화와 동시에 또는 앞뒤로 일어난 우연한 사건을 막연한 추측이나 억지로 끌고 와서 주가 변화를 인과관계로 설명하려는 유혹과 무지에서 벗어나기 어렵다. 그러다 보니 주식시장에서는 법칙이나 인과관계가 없는 경우에도 인과관계를 찾으려는 어리석은 일이 자주 일어나기도 한다. 주식시장에서 일어나는 새로운 정보에 대한 시장, 즉 다수 투자자의 반응을 '합리적인 기대'라는 틀로 바라보기 어려운 측면이 강한데도 말이다.

주식시장을 움직이는 투자자 집단의 행동이 얼마나 합리적인지 그 정도를 말하기는 어렵다. 어느 때는 아주 합리적일 것이며, 또 어느 때는 바보 같거나 미친 것처럼 보이기도 할 것이다. 우리는 역사에서 주식시장이 거품을 만들어내는 것을 여러 번 보았다. 이처럼 주식시장의 합리성 정도는 나라마다 그리고 시기마다 다르다. 만약 주식시장이 언제나 합리적으로 움직인다면 우리가 지금까지 이야기해온 가치투자는 아무런 의미가 없다. 아니 이런 방법을 통해서 남보다 더 나은 투자 성과를 올릴 기회는 거의 없다. 가치투자는 기본적으로 주식시장에서 인간 집단이 만들어내는 주가는 대부분의 경우 기업의 가치를 반영하고 있지만, 일시적으로 또는 소수의 경우는 주식시장의 가격이 회사의 기본 가치를 반영하지 않고 있다고 본다. 이것은 투자자 집단이 인간이기 때문이다.

인간이 자주 비합리적으로 판단하고 행동하는 것은 이미 오랜 옛날부터다. 인간의 역사를 약 200만 년이라고 보면 주식시장이라는 현상을 체계적으로 연구하기 시작하여 하나의 이론을 만들어낸 것은 겨우 40~50년밖에 안 된다. 인간의 역사를 하루 24시간이라고 보면 현대 투자 이론이 나온 것은 겨우 2초밖에 안 된다. 지난 40~50년 동안 대학이 가르쳐온 투자론에서는 주가가 이용 가능한 모든 정보를 반영하고 있다고 주장해왔다. 즉 주가는 합리적으로 만들어지며, 주식시장은 아주 효율적이라고 말해왔다. 주가를 복잡한 수학공식을 이용하여 계산 가능하다고 말한 사람들이 노벨 경제학상을 받기도 했다. 그런데 지난 2002년에는 이와는 정반대로 경제 및 금융시장에서 인간이 비합리적으로 의사 결정을 내리는 과정을 연구한 두 사람이 노벨 경제학상을 받았다.

이들이 연구하는 분야를 행위금융론Behavioral Finance이라고 부른다. 이들의 주장을 정리하면 인간은 미래처럼 정보가 불충분한 상태에서 의사결정을 내릴 때는 비합리적인 결정을 많이 내린다는 것이다. 이런 비합리적인 측면은 다음 두 가지에서 온다. 하나는 인간이 갖고 있는 이성과는 구별되는 감정이고, 다른 한 가지는 이성의 한계인 인식의 오류이다. 이런 현상들의 몇 가지 유형을 정리해보면 다음과 같다.

여러 가지 유형 중에서 주식시장에 가장 큰 영향을 주는 것은 투자자들이 새로운 변화에 대해 지나치게 반응하거나 반대로 중요한 새로운 변화임에도 불구하고 그것을 무시하는 경우이다. 시장이 미래를 너무 낙관적으로 보아서 주가에 거품을 만들어내거나 반대로 미래를 너무 비관적으로 보아서 주가를 지나치게 떨어뜨리기도 한다. 후세인이 잡혔다는 다음날 주가가 크게 올라갔으나 바로 이튿날 다시 주가는 크게 떨어졌다. 그래도 하루 만에 원래의 자리로 돌아왔다는 것이 어쩌면 여전히 시장이 현명하다는 증거일지도 모른다.

시장이 좋은 것은 너무 좋게, 나쁜 것은 더 나쁘게 과민 반응하기도 하지만 때로는 좋은 정보에는 전혀 반응하지 않고 나쁜 정보에만 반응하여 주가를 낮추거나 반대로 나쁜 정보에는 전혀 반응하지 않고 좋은 정보에만 반응하여 주가를 지나치게 올리기도 한다. 즉 시장은 심하면 이미 구체적으로 발생한 사실을 반영하기는커녕 무시해버리기조차 한다.

인간은 한번 생각을 굳히고 나면 이 생각을 바꾸려고 하지 않는 경향이 있다. 이것은 색깔 있는 안경으로 세상을 보는 것처럼 이미 어떤 생각에 사로잡혀 있어서 새로 들어오는 정보를 왜곡하여 받아들이는 현상을 말한다. 이런 고정 관념은 우리가 일상생활에서 수없이 저지르고 만나는 현상이며, 때로는 무서운 결과를 가져오기도 한다. 이것이 무서운 것은 다른 모든 심리 현상과 마찬가지로 자신이 그러고 있다는 것을 알지 못한다는 사실이다. 그래서 여기서 빠져나오기가 어렵다. 고정관념이 자존심과 만나면 비록 자신이 고정관념에 빠져 있다는 것을 알아도 반성하려고 하지 않는다. 심하면 자신과 다른 생각을 갖고 있는 사람들은 판단력이 모자란다든가 자신에게 악의적인 감정이 있다고까지 생각하게 된다.

예를 들어서 주가가 올라갈 것이라는 생각이 들었고, 이 생각을 옆 사람에게 이야기해버린 경우, 경기가 나빠지고 있다는 통계가 나오면 이를 무시해버린다. 그리고 경기가 좋아지고 있다는 정보가 나오면 이것에만 매달린다. 이것이 심해지면 부정적인 정보는 정보 자체가 왜곡되었다고 말하며, 부정적인 정보를 전달하는 사람마저 미워하게 된다. 어떤 투자자가 이런 상태가 되면 이것은 이미 투자 행위가 아니다. 투자가 희망이나 기도로 바뀌어버린 것이다.

미국의 경우 주식시장은 지난 1982~99년까지 17년 동안 14배 올라갔다. 그러나 한국의 경우는 지난 1989년부터 2005년까지 16년 동안 주가가 1000을 넘지 못하다 2007년에야 2000을 넘었다. 당연히 미국과 한국의 투자자가 주식시장을 바라보는 생각이 다를 것이다. 또는 자신이 과거에 겪은 성공이나 실패라는 아주 제한된 경험을 일반화하여 앞날을 예상하려고 한다. 그리고 이렇게 한번 시나리오를 만들고 나면 자신의 생각을 부정하는 사실들은 의도적으로 무시하거나 깊이 생각하더라도 결국은 버리고, 반대로 자신의 생각을 지지하는 사실들은 조금의 주저함도 없이 받아들인다.

이런 고정관념에서 벗어나는 한 가지 방법은 과거를 가능한 한 길게 보는 것이다. 그렇게 하면, 좋은 회사가 있어서 주가 그래프를 일봉으로 보니 주가가 엄청 빠르게 올라가서 포기하려고 했는데 이를 월봉으로 보니 여전히 저기 바닥 근처에서 헤매고 있다는 것을 발견할 수도 있다. 또는 1990년대의 신경제를 1920년대의 신경제와 비교하면 1990년대 후반 지나친 주가 상승 뒤에 오는 주가 폭락을 피할 수 있는 지혜를 얻을 수도 있었을 것이다.

사람은 실수를 인정하기 싫어한다. 잘못된 판단으로 자신이 산 주식이 많이 내려갔음에도 그냥 그 주식을 들고 있다. 여러 가지 이유를 붙인다. 이미 많이 떨어져서 팔아봐야 돈이 얼마 되지 않는다든가 혹시 예상하지 않은 좋은 일이 일어나서 어쩌면 본전이라도 건질지 모른다고 한다. 그러나 사실은 자신의 실수를 인정하기 싫은 것이다. 팔아버리면 결국 자신의 실수를 확인하는 것이 되어버린다. 더욱 심한 것은 만약 팔았는데 팔고 난 후 주가가 올라갈 수도 있다는 두려움이다. 이런 일이 일어나면 정말 비참해진다. 어떤 투자자가 이런 상태에 놓이면 이것은 투자를 하는 것이 아니라 자기 자신의 심리와 자존심 싸움을 하고 있는 격이 된다.

다음은 군중 심리다. 재미있는 일화가 있다. 어떤 유전 개발업자가 죽어서 천당에 갔는데 이미 천당이 꽉 차서 자리가 없었다. 천당 문지기에게 허락을 받고 유전 개발업자들로 가득 찬 방문 앞에서 고함을 질렀다. "저기 지옥에 유전이 발견되었다." 방문이 열리고 사람들이 무리를 지어 지옥으로 달려갔다. 이것을 바라보던 그 사람은 천당 문지기에게 "나도 가봐야겠다. 혹시 정말일지 모른다" 하고는 따라서 내려갔다고 한다. 예비군복을 입으면 사람이 달라진다든가, 빨간불인데도 다른 사람이 건너면 같이 지나가는 등 우리는 혼자서는 못하는 행동을 집단으로는 쉽게 한 경험이 많이 있다.

젊은 사람들이 같은 상표 가방을 메고, 같은 신발을 신거나 옷을 입는 패션의 유행은 인간이 원시시대부터 갖고 내려오는 대표적인 집단 본능이다. 집단 행동이 무서운 것은 전염 효과를 갖기 때문이다. 특히 좁은 곳에 여러 사람이 몰려 있는 경우에는 집단 효과가 극적으로 확대된다. 극장에서 "불이야" 하면 서로 먼저 출입구로 몰려서 피해가 더 커진다. 아마도 주식시장이 서로 눈치 보기로는 가장 좁은 공간일 것이다.

다른 사람을 따라 하거나 눈치를 보는 것은 자신이 혼자서 다른 길을 갈 경우에 만약 그것이 틀리면 바보가 된다는 두려움 때문이기도 하다. 다른 사람을 따라 하다 틀리면 모두 같이 틀리므로 보통 사람이 되지만, 혼자서 따로 가다 틀리면 바보가 된다. 그래서 결국 사람들은 대부분 남의 눈치를 보는 바보가 되어버린다.

주식시장이 갖고 있는 전형적인 집단 현상을 역으로 이용하는 투자방법을 '다수와 반대로 투자하기Contrarian Investing'라고 한다. 이런 방법을 사용하는 사람들은 여러 사람들이 흥분하여 주식을 사기 위해 몰려들면 조용히 빠져나오고 반대로 사람들이 두려움에 떨면서 서로 먼저 주식을 팔려고 하면 차분하게 주식을 산다.

그러나 실제로 이런 방법은 말은 쉬우나 행동에 옮기기는 어렵다. 처음 얼마 동안은 자신의 독립적인 생각을 지키지만 시장이 자신의 생각과 달리 다수가 생각하는 쪽으로 움직이면 시간이 갈수록 마음이 약해지고 결국은 포기하는 경우가 대부분이다.

또 재미있는 일은 심리 회계라고 불리는 현상이다. 같은 금액의 돈인데도, 월급으로 받은 돈 100만 원은 집으로 갖고 가나 상여금으로 받은 돈 100만 원은 술집으로 가지고 간다. 같은 금액이고 같은 값어치를 갖는데도 이를 어느 회계 항목으로 넣느냐에 따라서 정신적으로 그 값어치를 다르게 느끼는 것이다. 이런 현상은 기업 경영에서도 자주 나타난다. 같은 인건비 10억 원인데도 이것을 그냥 인건비로 처리하면 많아 보이지만 이것을 연구개발비로 처리하면 별로 부담스럽게 느끼지 않는다.

주식투자에서 정신적 회계는 다른 많은 심리적인 왜곡 현상과 연결되어서 나타난다. 예를 들어 1만 원에 산 주가가 처음에 5,000원으로 떨어지는 과정에서는 팔까 말까 많이 망설이지만 5,000원으로 떨어진 이후에는 그냥 포기해버린다. 이것은 게으름, 포기, 막연한 기대, 변화 후에 다시 갖게 될 실망에 대한 공포 등 여러 가지 현상과 연결되어 있다. 이런 정신적인 회계를 막는 한 가지 방법은 투자 원칙을 세우고 철저히 그 원칙을 지키는 것이다.

또 다른 예로는 사람이 갖고 있는 지나친 자신감이다. 자신감이 나쁜 것은 아니지만 지나치면 투자에서도 손실을 보게 된다. 많은 사람들이 자신은 다른 사람보다 더 착하다고 생각할 것이고, 자신은 다른 사람보다 운전을 더 잘한다고 생각할 것이며, 많은 의사들이 자신은 다른 의사보다 치료를 더 잘한다고 생각한다. 또 많은 창업주들이 자신이 성공할 가능성이 더 높다고 생각하며, 많은 선거 후보자들은 바로 자신이 당선된다고 말한다. 그리고 많은 투자자들이 자신은 시장이 올라가고 내려가는 것을 남들보다 더 잘 맞힐 수 있다고 생각한다. 그리고 자신이 찾아낸 정보를 더 믿으며, 그것을 부정하는 정보는 무시해버리고, 자신의 과거 경험을 더 중요하게 생각한다. 이렇게 한 가지 생각에 너무 매달리면 미래를 잘못 예측하게 됨은 물론이고, 심한 경우는 이미 현실에서 일어나고 있는 새로운 변화마저도 눈치채지 못한다. 사실 대부분의 사람들은 이미 나타난 변화도 알지 못한다.

주식시장에서 자기 확신은 주로 시장의 단기 흐름을 맞히려는 시도로 나타난다. 시장이 올라갈 것으로 보았는데 다행히 올라가면 더욱 더 자신의 능력을 과신하게 되며, 반대로 떨어지면 핑계를 댄다. 단기로 주식을 자주 사고파는 사람들 중에는 두 부류의 투자자들이 있다. 하나는 앞으로 어떻게 될지 모르므로 조금 벌거나 조금 손해가 나면 얼른 팔아버리는 사람들이고, 다른 부류는 자신이 단기 주가의 흐름을 알아맞힐 수 있다는 생각으로 사고팔고를 되풀이한다. 자만하면 정확히 맞히려고 한다.

그러나 미래에 어떤 일이 일어날지는 맞히기 힘들다. 아니 지금 이미 일어나고 있는 일도 잘 알지 못하는 경우가 대부분이다. 정확히 맞히려고 선택의 폭을 좁히면 좁힐수록 정확히 틀릴 가능성은 더 커진다. 이런 자기 과신에서 생기는 실수에서 벗어나는 한 가지 방법은 분할 매수와 분할 매도이다. 우리는 오늘 사지 못하거나 팔지 못하면 마치 내일 세상이 끝나는 것처럼 행동하는 경우가 자주 있다. 시간이 적이 되면 실패 가능성이 높고 친구가 되면 성공 가능성이 높아진다.

이외에도 많은 사례와 현상들이 있다. 예를 들면 질문을 던지는 방식이 이미 대답에 큰 영향을 준다든가 내려간 주식이 처음 산 가격으로 다시 올라오기만 하면 바로 팔겠다고 아무런 근거도 없고 누구도 기억해 주지 않고 혼자만 기억하는 처음 산 가격을 기준으로 들고 나오는 경우, 혹은 단기 정보로 장기 예측하기, 가랑비에 옷 젖듯이 작은 변화의 누적이 만들어내는 큰 효과 무시하기 등 수없이 많은 사례들을 찾아낼 수 있다.

행위금융이론은 아직 초기 단계에 있다. 여러 가지 의미 있는 사례들이 아직 개념으로 잘 정리되지 못했고, 개념끼리 맺는 관계도 아직 분명하지 않다. 나아가서 이런 현상들을 구체적으로 투자에 어떻게 이용할 것인지는 앞으로 더욱 많은 연구가 나올 것이다. 어쨌든 행위금융이론에서 다루는 내용들이 단순한 호기심 이상의 의미를 던지는 것은 분명하다.

이런 주장들이 사실이라면 나 아닌 어떤 것, 즉 유전인자에 이미 코드화된 것에 내가 지배당하는 일에서 벗어날 수 있으며, 투자에서도 나 아닌 어떤 것에 지배받아서 자신도 모르게 저지르는 실수를 피할 수도 있다. 결국 우리는 이런 심리적인 왜곡 현상을 객관화함으로써 그런 왜곡에서 벗어나는 길을 열 수 있으며, 실제로 벗어나기 위해서는 더 많이 생각하고 노력해야 한다. 우리는 지금 겨우 하루 24시간 중 2초에 해당하는 지식으로 주식시장을 바라보고 있는 것이다.

시장 흐름과 떨어져 독립적으로 주가를 볼 수 있는 능력

위에서 본 심리적인 현상과는 성격이 다르지만 자신이 내린 결정에 자신을 갖지 못하는 것은 인간 인식 능력이 지닌 한계 때문이기도 하다. 주식시장이란 본래가 그렇게 복잡하고 변화가 심해서 사람이 도저히 알아맞힐 수 없는 것일 수도 있고, 주식시장이라는 현상을 담아내는 인간의 인식 모형에 한계가 있을 수도 있다. 설령 주식시장 자체가 너무 복잡하고 변화가 심해서 이를 알아낼 수 없다고 하더라도 여기서 그만둘 수는 없다. 그러므로 우리가 할 수 있는 일은 주식시장의 변화를 담아내는 인간 인식의 틀을 더 정교하게 만드는 것이다. 이를 위해서는 시장에 영향을 주는 정보와 오히려 시장을 왜곡시키는 소음을 구분할 수 있어야 하고, 그 정보가 가진 내용이나 힘을 정확히 해석할 수 있어야 한다. 매일 신문이나 방송에 나오는 것만이 정보가 아니다. 우리는 실제로 밤길에 돈을 잃어버리고는 빛이 비치는 가로등 밑에서만 돈을 찾고 있는지도 모른다.

최근의 유럽 위기를 해결하는 과정에서 나온 새로운 정보를 보고 많은 사람들이 지금까지 유럽 경제에 대해 그리고 유럽과 다른 나라들이 맺고 있는 관계에 대해 모르는 것이 많았다는 것을 깨달았을 것이다. 세상 돌아가는 일을 많이 아는 투자자의 투자 성과가 반드시 높은 것은 아니다. 그러나 세상에 일어나는 중요한 변화를 해석하는 능력을 갖게 되면 투자 손실을 조금이라도 더 줄일 수가 있고, 투자 성과를 높일 수 있는 기회가 많아진다는 것은 분명하다.

예를 들면, 기업이 만들어내는 미래수익을 현재 가격으로 할인하는 미래수익할인 모형은 주식시장의 변화를 담아내는 한 가지 인식의 틀로 사용된다. 주가이익배수도 마찬가지다. 주가이익배수라는 도구를 단순히 하나의 숫자로만 생각하면 그것은 절대로 복잡한 주식시장을 담아내는 도구가 될 수 없다. 결국 이 도구를 사용하는 투자자의 생각 범위가 기업 이익이라는 중간점을 매개로 한쪽으로는 기업의 경쟁력에까지 이르고 다른 한쪽으로는 시장 심리에까지 연결되어 있어야 한다. 그렇게 해야 비로소 주가이익배수라는 도구가 가진 힘과 매력을 느낄 수 있다.

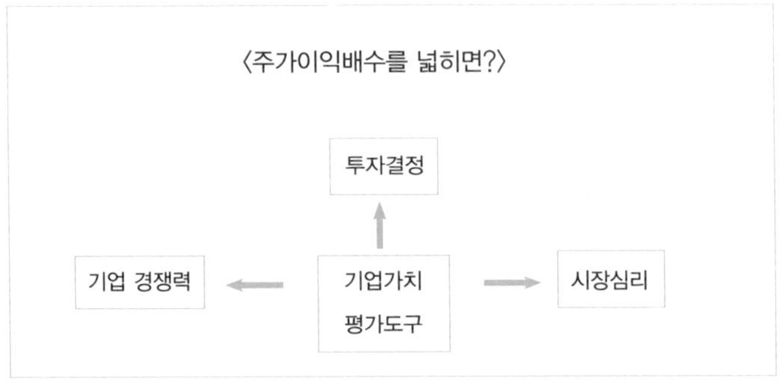

이렇게 보면 주식투자가 결코 만만한 일이 아니라는 생각이 든다. 주식투자가 쉬운 일이든 아니든, 투자를 하는 사람들은 계속할 것이며, 신문이나 방송에서 주가가 올라간다는 소리를 들으면 사람들은 다시 시장에 몰려들 것이다. 저축이 점차 쌓여가면 결국 한국에도 주식투자 인구의 비중이 지금보다 더 높아질 수밖에 없다. 이왕 하는 일이라면 스스로 예측해보고 맞히기도 하고 틀리기도 하고, 틀리면 무엇이 잘못되었는지 확인도 하다 보면 이런 일에서 재미도 느낄 수 있고, 이런 과정을 통해서 투자 성과도 더 높일 수 있을 것이다.

기업 가치 평가에 대한 오해

'기업의 적정 가치'라는 말은 많은 오해를 낳는다. 기업의 적정 가치를 인정하는 사람이든 인정하지 않는 사람이든 이 말을 오해하는 경우가 많다.

첫 번째 오해는 거의 기계적으로 계산 공식을 적용하는 경우다. 예를 들어, 어떤 자료에 "그 회사의 적정 배수는 12.5이므로 적정주가는 1만 4,500원이다"라는 표현이 있다면 나는 이 말을 믿지 않는다. 어떤 회사의 적정 배수를 소수점 1단위까지 생각하고 회사의 적정 주가를 백 원 단위까지 이야기하는 것은 좀 우스운 일이다. 기업의 가치를 재는 자는 눈금이 그렇게 좁지 않다. 그렇게 눈금이 좁은 자가 있다고 하면 그것은 아직 기업의 가치가 무엇인지 모르고 하는 말이다.

기업 가치를 정확히 계산하려고 할수록 이것은 점점 그 가치에서 멀어지게 된다. 기업의 가치란 지나가는 사람을 보고 살이 쪘는지, 말랐는지, 적당한지를 아는 정도면 된다. 이것을 알기 위해서 체중계로 그 사람의 몸무게를 잴 필요는 없다. 또 목욕탕의 물이 목욕하기에 적당한지 알기 위해서 온도계가 필요한 것은 아니다. 손가락으로 느끼는 것으로 충분하다. 기업의 가치란 이런 정도의 것이다.

두 번째 오해는 기업에는 누구나 인정할 수밖에 없는 단 하나의 적정한 가치가 있다고 생각하는 것이다. 예를 들어, 어떤 사람이 어떤 회사의 적정 가치가 1만 원이라고 말한다고 그 회사의 적정 가치가 나에게도 1만 원이 되는 것은 아니다. 그 사람이 보는 그 회사의 미래와 내가 보는 미래는 다를 수 있다. 그 회사의 미래가 나의 눈에 들어오지 않으면 나는 아직 적정 가치를 이야기할 준비가 되어 있지 않은 것이다.

예를 들어, 최소한 지금 이 회사가 1년에 한 주 당 1,000원의 이익 또는 현금흐름을 만들어내고 있는데 앞으로도 상당 기간 이 정도의 이익을 만들어낼 수 있을 것 같다든가 또는 최소한 회사가 지금보다는 더 좋아질 것 같다는 짐작은 들어야 한다. 그러므로 증권회사의 한 분석가가 어떤 회사의 적정 주가를 1만 원이라고 했는데 실제 주가가 1만 원이 되지 않았다고 그 사람이 틀렸다고 말해서는 안 된다. 중요한 것은 그 사람이 왜 그 회사의 적정 주가를 1만 원이라고 생각하는지 그 근거를 보아야 한다. 그 근거가 타당한지, 자신은 그것에 동의하는지 아닌지가 중요하다.

그 사람이 회사의 사장이든 유명한 분석가이든 누가 그 회사의 적정 주가를 1만 원이라 말했다고 그것이 누구나 동의할 수 있는 객관적인 값이라고 생각하는 것은 큰 잘못이다. 어떤 회사의 적정 주가는 주관적일 수밖에 없다. 절대로 2+2=4와 같이 누구나 인정할 수밖에 없는 객관적인 값이 될 수는 없다.

이미 앞에서 여러 번 밝혔듯이 기업의 가치를 숫자로 나타내려는 순간부터 이미 그것은 객관이기를 포기해야 한다. 그리고 한번 조사해서 나온 적정 가치가 고정되는 것도 아니다. 회사가 변해서 변할 수도 있고, 투자자가 그 회사를 보는 관점이 변해서 변할 수도 있다. 그러므로 투자자들이 회사를 볼 때는 처음부터 회사의 영업에 중요하면서도 잘 변하지 않는 것을 찾아내야 한다.

세 번째 오해는 기업의 적정 가치를 계산하기 위해서 복잡한 공식을 사용하고 공식에 집어넣는 변수가 많으면 많을수록 더 정확한 값을 계산할 수 있다는 생각이다. 그러나 다른 많은 모형과 마찬가지로 가치 평가를 하는 공식 역시 여기에 쓰레기가 들어가면 나오는 것은 진주가 아닌 쓰레기다. 그러므로 그 모형에 집어넣는 예상 값, 즉 회사가 앞으로 장사를 잘할 것인지 못할 것인지와 같은 예상 값이 정밀한 계산 공식보다 훨씬 더 중요하다.

네 번째 오해는 적정 가치와 시장 가격에 차이가 나면 무조건 시장 가격이 잘못된 것이라고 생각하는 것이다. 많은 경우 시장 가격은 기업의 가치를 가깝게 반영한다. 그러므로 시장 가격과 적정 가치의 차가 크면 먼저 자신이 계산해낸 기업 가치를 의심해보아야 한다. 그래도 기업의 가치가 믿을 만하다면 그때는 좋은 투자 기회를 갖게 된 것이다.

다섯 번째 오해는 기업의 적정 가치를 찾아내는 과정은 무시하고 그 결과인 숫자, 예를 들면 1만 원에만 매달리는 것이다. 적정 가치 1만 원보다 더 중요한 것은 기업의 적정 가치를 찾아내는 과정에서 얻어낸 그 회사에 대한 감각과 그 회사의 가치를 좌우하는 핵심 요소다.

이렇게 하여 기업의 가치 평가까지 마쳤다. 이제부터 우리가 할 일은 주사위를 높이 던지는 일이다. 인간은 던진 주사위가 공중에서 돌아갈 때는 우연이지만 땅에 떨어지면 필연이 되는 그런 삶을 살아간다. 떨어진 주사위의 눈금이 내가 원하는 것이 아니라고 실망하거나 좌절할 필요는 없다. 다시 용기를 내어 주사위를 던지면 된다. 결국 우리의 삶이란 "다시 한번 더"라고 소리치며 하늘 높이 주사위를 던지는 것이 아닐지….

하상주의 가치투자

초　판 1쇄 발행 2012년　2월 25일
개정판 2쇄 발행 2016년 12월 10일

지은이 하상주
펴낸이 이윤희
펴낸곳 돈키호테

등록 제2005-000031호
주소 03506 서울시 은평구 증산로3길 5-15, 503호
전화 02-2649-1687
팩스 02-2646-1686
E-mail jamoin@naver.com

ISBN 978-89-93771-06-0 03320
가격 17,000원